U0491534

本书出版得到教育部高校示范马克思主义学院和优秀教学科研团队建设项目(项目批准号:18JDSZK123)、广东农工商职业技术学院出版基金资助

形而上学批判的
否定性逻辑
——霍克海默批判理论研究

李晓培 著

M. Max
Horkheimer

中国社会科学出版社

图书在版编目（CIP）数据

形而上学批判的否定性逻辑：霍克海默批判理论研究/李晓培著.—北京：中国社会科学出版社，2020.8
ISBN 978 - 7 - 5203 - 7114 - 8

Ⅰ.①形… Ⅱ.①李… Ⅲ.①霍克海默（Horkheimer, Max 1895 - 1973）—社会批判论—研究 Ⅳ.①B516.59 ②C91

中国版本图书馆 CIP 数据核字（2020）第 164102 号

出 版 人	赵剑英
责任编辑	朱华彬
责任校对	张爱华
责任印制	张雪娇

出　　版	中国社会科学出版社
社　　址	北京鼓楼西大街甲 158 号
邮　　编	100720
网　　址	http://www.csspw.cn
发 行 部	010 - 84083685
门 市 部	010 - 84029450
经　　销	新华书店及其他书店
印刷装订	北京市十月印刷有限公司
版　　次	2020 年 8 月第 1 版
印　　次	2020 年 8 月第 1 次印刷
开　　本	710×1000　1/16
印　　张	17
插　　页	2
字　　数	252 千字
定　　价	99.00 元

凡购买中国社会科学出版社图书，如有质量问题请与本社营销中心联系调换
电话：010 - 84083683
版权所有　侵权必究

序

王宏维

晓培获博士学位几年了，他的教学和科研工作都干得很好，博士论文即将出版，邀我写个序，是很高兴的事，欣然答应了。

本想等放寒假了，时间充裕，好好看看他的博文和其他文献再写吧。

然而，世事难料，天有不测风云。

2020年初，新冠病毒引发的疫情先肆虐中国武汉，后在世界各国和地区流行起来了，势头凶猛。从1月到4月宅于家中，一是保护自己，二是支持抗疫。所听都是关于疫情的数字播报，所看都是关于疫情的各种信息，连绵不断，日渐严重，延宕数月。

世界笼罩在巨大的灾难之中，生活正为新冠病毒改变。

内心焦虑，难以平静。这个序，就是在这个非常时期写的。

为写序，起了多次头，换了多次思路。一直对自己说：就只涉及晓培的博士论文吧，就只写与晓培博士论文有关的吧。然而，每每坐在电脑前，写写，再写写，写不了，就不要了。

一边是形而上学，且是形而上学批判。另一边是惨烈之现实，是严峻的生死搏斗。搅和着国内外的各种政治、经济、社会及思想文化的动荡，与疫情相关的真假信息铺天盖地：封城封国，甩锅大赛，医护艰苦卓绝，病患诊断救治……

冲击、冲撞如此之强烈。

如果说，在奥斯维辛①之后写诗是残忍的。

那么大疫当前，形而上学的思考是否也残忍呢？或在当下应如何思考形而上学呢？这是与霍克海默形而上学批判有关联吗？

的确需思考再思考，这些是之前我学哲学、教哲学并未涉及的。

说回写序。

当然，既已答应写序了，还是得回到写序。

先回顾一下晓培的博文吧。

对法兰克福学派及其理论的探讨一直受中国学界关注，社会批判理论则是关注的中心，由此亦产生了数量相当可观的硕博学位论文。晓培在考虑其博士学位论文选题时，选取了法兰克福学派创始人和批判理论奠基人霍克海默，决定进行霍克海默形而上学批判思想研究。相比之下，该选题较冷，难度亦较高。

记得曾经与晓培谈过对该选题的一些担忧。

其一，文本及其阅读问题。霍克海默的著作是德文写的，而国内现有中译本有些译自英文，晓培的阅读亦限英文。其二，收集到并了解对霍克海默形而上学批判的专门论著有难度。而一直以来，我有个不能忘却的标准，即研究某人物的思想须有基本的文本文献要求，即"六本书"（该人物自己撰写的三本著作，其他人撰写的该人物思想研究的三本著作）。那是20世纪80年代我读硕士期间，曾听中国社科院哲学所邱仁宗先生向一研究生发问：与你学位论文选题有关的"六本书"是什么？那研究生说：什么"六本书啊？老师。"当时，包括我在内的在场研究生其实都不知道。至今，也许仍有做人物思想研究的不知道"六本书"的说法，或并不以此为基本要求。其三，作为法兰克福学派批判理论的创始人，霍克海默开展的形而上学批判及其对哲学、对马克思主义的影响，要作出准确而有依据的评析，也有相当的难度。

---

① 奥斯维辛集中营是纳粹德国在第二次世界大战期间修建的一千多座集中营中最大的一座，有上百万人在此惨遭杀害，被称为"死亡工厂"。该集中营在波兰南部奥斯维辛市，由纳粹党卫军领袖海因里希·希姆莱1940年4月下令建造。

晓培仍决定迎难而上。

经努力，他收集到了近期国外有关霍克海默批判理论出版的两本英文专著，以及 *Telos* 等外刊上的多篇相关论文（均列入了晓培博文的参考文献）。依据相对充足的文献文本，经解读梳理，晓培写了霍克海默形而上学批判的文献综述，明确了自己博文探讨的方向和思路。而将对这一批判性质的确定为关键所在，对其研究及研究写作十分重要。正如晓培所述，西方哲学史上的形而上学探究和形而上学批判连绵不断，浩如烟海。对形而上学的理解大致有两种，第一种是将形而上学作为第一哲学，即将形而上学看作对超验存在的思考；第二种是把形而上学上学看作与辩证法相对的、追求肯定与统一的一种思维方式。他认为，霍克海默所开展的形而上学批判属于第二种，即"形而上学"被认为是一种"肯定性"（总体性/同一性）思维方式。正是从这个角度从发，霍克海默批判了晚期资本主义的经验主义、实证主义及传统理论，目的就在于揭示隐匿其中的形而上学，即"肯定性"（总体性/同一性）思维。

进而，晓培的博文分析了现霍克海默形而上学批判本身蕴含的悖论，并捕捉了其间悲观主义的"无奈"。霍克海默认为形而上学的"肯定性"是法西斯极权主义的思想基础，需彻底清理批判；但它同时又是苦难大众的慰藉心理良药，是人们难以摆脱的。这是一深刻洞见。终究，霍克海默的批判未能摆脱形而上学"幽灵"的纠缠，而其在批判之中推进的"否定性"，亦成为形而上学的另一种范式。

这些依据文本解读所作的有深度的评析，是晓培博士论文的亮点。

在肯定霍克海默形而上学批判诸多价值和意义时，该博文还指出霍克海默的批判体现了对极权制度下苦难的关注，即其批判贯穿着对现实苦难的正视，对处于苦难中民众的关切与拯救。然而，批判虽深刻悲壮，霍克海默却仍未能寻找到摆脱苦难、通向幸福道路。当然，这并不能减弱霍克海默"拯救人们于水火"的思想奋斗和人道情怀。

身处全球新冠疫情之中，形而上学批判与苦难的关系，是写序过程中一直紧跟我的问题。其间，翻看了《霍克海默集——文明批判》

的笔记选 5. 形而上学①。此处篇幅虽短，却较直接说明了霍克海默对形而上学的理解与批判。在一般情况下，这个小部分可能被忽略。但当身处重大灾难之时，则感触倍增。

霍克海默在感慨人们理解形而上学一词是多么不一致时，认为任何一种形而上学都揭示了对事物本质的认识。在一切知名和不知名的哲学教授及非哲学教授看来，事物的本质就是这样的，可以研究它，考察它，"但不会反对现存的社会制度"。的确，传统形而上学是不反对，或不直接反对现存社会制度的，即便这个社会制度糟糕透顶。霍克海默还指出，一些哲学家尽管得出了许多哲学的、科学的、伦理学的结论，甚而能提出一个"理想共同体"的图景来，"但是对于阶级关系却不甚了了"。的确，传统形而上学是不探讨，或不直接探讨阶级关系的，阶级关系无疑是具体的，与对本质探求相去甚远。而最后，霍克海默说："但我深知，形而上学家一般对人类的痛苦关心甚少。"的确，传统形而上学是不探讨，或不直接探讨人类痛苦的，关心亦甚少。而这三个方面。恰恰正是马克思主义理论和马克思主义者的使命所在，亦是霍克海默批判指向的核心所在。

毋庸置疑，霍克海默的形而上学批判体现了马克思主义肩负的伟大历史使命，是一种思想的必然。遗憾的是，囿于时日，霍克海默未能对此有更深远的建树。

时至当下，要改变形而上学研究不反对现存社会制度、对阶级关系不甚了了以及甚少关心人类痛苦的问题，依旧争议多、难度高。在此，不得不提及法国哲学家列维纳斯②，其具有翻转意义的是作了形而上学的伦理学宣言，宣称"道德不是哲学的分支，而是第一哲学"。且强调，伦理是于世界存在之外的，伦理是超出本体论的，并非奠基于本体论之上。伦理使人走出自然状态，具备了超自然、超历史、超世界的视野，本体论对此无从解释。所以，伦理学即第一哲学，形而

---

① 曹卫东主编：《霍克海默集》，渠敬东等译，上海远东出版社2004版，第349页。
② 伊曼努尔·列维纳斯（Emmanuel Levinas, 1906－1995）法国当代著名哲学家，出生于立陶宛犹太家庭，在批判传统西方认识论和存在论中，提出异质、差异、他人等的重要概念与思路，揭示了从伦理维度重建形而上学的可能性。

上学则在伦理关系中上演。列维纳斯认为：暴力、战争、杀人都是本体论发展的极致。就像奥斯维辛纳粹集中营——不能从思想上统一他，就从肉体上消灭他。暴力强行把他者同化为同一，杀人是"同一"最后的手段。

列维纳斯对传统西方形而上学的批判，强烈而鲜明，十分震撼！

而在激越批判的同时，列维纳斯仍对形而上学的发展充满了信心。正如康德所说："世界上无论什么时候都要有形而上学"，"每人，尤其是每个善于思考的人，都要有形而上学"。①

最后，祝贺晓培出版博士论文，并希望他继续深化形而上学批判研究。

2020 年 4 月 8 日

---

① ［德］康德：《未来形而上学导论》，庞景仁译，商务印书馆1978年版，第163页。

目 录

绪论 …………………………………………………………… 1

  一 选题的研究意义 ………………………………………… 3
  二 国内研究综述 …………………………………………… 5
  三 国外研究综述 …………………………………………… 9
  四 本书的思路及结构 ……………………………………… 15

第一章 形而上学批判及其二重性 ………………………… 18

  第一节 形而上学批判的"元问题" ……………………… 18
  第二节 形而上学批判的基本进路 ………………………… 29
  第三节 从"形而上学"到"行而上学"
     ——社会哲学式的拯救之路 ……………………… 39
    一 从天国到人间——人本主义的回归 ……………… 40
    二 从肯定到否定——批判意识的重塑 ……………… 43
    三 从形式逻辑到辩证逻辑——辩证法的出场 ……… 46

第二章 形而上学批判的思想渊源 ………………………… 50

  第一节 从"辩证唯物主义"到"辩证的"唯物主义
     ——对马克思主义的继承和发展 ………………… 51
    一 对旧唯物主义范式的批判 ………………………… 52
    二 形而上学与唯物主义 ……………………………… 57
    三 实证主义与唯物主义 ……………………………… 63
    四 霍克海默"辩证的"唯物主义观 ………………… 68

第二节 从"抽象的人本主义"到"历史人本主义"
——对现代西方哲学的继承与超越 ………………… 71
一 形而上学批判的人本主义渊源 ………………………… 72
二 形而上学批判对抽象人本主义的继承 ………………… 74
三 形而上学批判对抽象人本主义的超越 ………………… 79

第三节 时代化与化时代
——对早期西方马克思主义的继承与超越 ………… 83
一 形而上学批判的早期西方马克思主义背景 …………… 84
二 形而上学批判对早期西方马克思主义的继承 ………… 85
三 形而上学批判对早期西方马克思主义的超越 ……… 89

第三章 形而上学批判的实践向度 ……………………………… 94

第一节 权威主义的形而上学基础 ………………………… 94
一 权威主义与形而上学的复杂关联 ……………………… 95
二 权威主义的形而上学变种 ……………………………… 98
三 权威主义形而上学与家庭 …………………………… 100
四 霍克海默权威主义批判的影响 ……………………… 103

第二节 科学中的形而上学预设 …………………………… 107
一 从批判到联姻——科学与形而上学的复杂关联 …… 107
二 走向一种新极权——科学发展中工具理性的
形而上学变种 ……………………………………… 114
三 霍克海默科学观的影响 ……………………………… 118

第三节 文化工业中隐藏的形而上学"图式" …………… 120
一 类型——文化工业中形而上学"图式"的
多元面貌 …………………………………………… 121
二 影响——文化工业中被压抑的抗议逻辑 …………… 125
三 拯救——文化工业中形而上学"图式"的消解 …… 129

第四章 形而上学批判的理论向度 ……………………………… 136

第一节 实证主义对形而上学的批判 …………………… 137

一　老实证主义对形而上学的批判 …………………… 137
　　二　逻辑实证主义对形而上学的批判 …………………… 139
第二节　实证主义的困境 …………………………………… 142
　　一　忽视主体性，走向抽象的同一性 …………………… 143
　　二　概念推理游戏，脱离社会实践 ……………………… 146
　　三　无法解决的悖论逻辑 ………………………………… 148
第三节　实证主义走向欺骗的形而上学 …………………… 152
　　一　实证主义沦为欺骗的工具 …………………………… 152
　　二　实证主义走向新的独断论 …………………………… 154
　　三　实证主义充当了形而上学的新变种 ………………… 156
第四节　实证主义的形而上学特征 ………………………… 158
　　一　理论研究独立于社会之外 …………………………… 159
　　二　形式逻辑 ……………………………………………… 161
　　三　肯定性的思维方式 …………………………………… 164

第五章　形而上学批判的社会哲学的完成 ………………… 170
第一节　形而上学批判与批判理论的关系 ………………… 172
　　一　形而上学批判是批判理论构建的逻辑起点 ………… 172
　　二　形而上学批判是批判理论的重要内容 ……………… 175
　　三　形而上学批判是批判理论的思想内核 ……………… 178
第二节　批判理论的反形而上学特征 ……………………… 181
　　一　反对主客二分 ………………………………………… 182
　　二　反对构建体系哲学，改革文风 ……………………… 183
　　三　反对肯定性思维方式，提倡否定性批判 …………… 186
第三节　批判理论的逻辑结构 ……………………………… 189
　　一　倡导历史性原则 ……………………………………… 189
　　二　理论与实践统一性原则 ……………………………… 192
　　三　理性能动性原则 ……………………………………… 195

第六章　形而上学批判的意义及其局限性 ················ 199

　　第一节　形而上学批判的意义 ······················ 200

　　　　一　创建批判理论——为法兰克福学派奠定重要
　　　　　　理论基石 ································· 201

　　　　二　拒斥形而上学——与后现代主义不期而遇 ········ 207

　　　　三　时代化的批判理论——对马克思主义的
　　　　　　推进和发展 ······························· 217

　　　　四　批判理论化时代——对中国当代的启示意义 ······ 221

　　第二节　形而上学批判的局限性 ···················· 224

结语 ·· 231

参考文献 ·· 237

附录 ·· 248

后记 ·· 259

绪　　论

马克斯·霍克海默（Max Horkheimer）是德国第一位社会哲学教授，法兰克福学派的创始人，在20世纪30年代致力于建立一种社会批判理论，他认为马克思主义就是批判理论，提出要恢复马克思主义的批判性，对现代资本主义从哲学、社会学、经济学、心理学等方面进行多方位的研究批判。1930年霍克海默继维也纳著名的马克思主义研究者、法学家、政治家格吕贝格之后，任法兰克福社会研究所所长。他继承了格吕贝格重视经验和历史研究的学术传统，但又对这个传统进行了修改，突出了哲学在经验和历史研究中的地位，以对人的具体实践形式的批判为任务，发表了一系列有关批判理论的文章，开创了法兰克福学派的社会批判理论。

霍克海默的思想，受叔本华生活意志论的影响，具有明显的悲观主义情调。后来他研究并吸收了黑格尔、马克思和弗洛伊德哲学思想。但纵观他批判理论，总是贯穿两条主线：一是对现实社会问题进行经验性的批判研究，二是对现代哲学的形而上学思维方式进行社会哲学式的拯救。霍克海默对形而上学的批判，其目的是探讨造成现代人"异化"现实背后的哲学基础，从而构建一种有别于体系化的传统理论的批判理论。霍克海默在1930年就任社会研究所所长后，发表了《社会哲学的现状与社会研究所的任务》一文。认为："'社会哲学'，就是指对并非仅仅作为个体的而是作为社会共同体成员的人的命运进行哲学阐释。因此，社会哲学主要关心那些只有处于人类社会生活关系中才能够理解的现象，即国家、法律、经济、宗教，简言之，社会哲学从根本上关心人类的全部物质文化和精神文化。"① 以前的哲学都对人类命运做了研究，但霍克海默认为这些研究都有一个弊端，就是专注形而上学的建构，满足于从形式上揭示人类的命运，而不能深入到社会劳动活动当中去说明人类的行为，没有把理性的批判贯彻到现实生活当中。他认为哲学既不是一种观念，也不是一种蓝图，不应把哲学当作工具，当作抽象的公式，仅仅从概念上去定义哲学，任何哲学的定义应在历史进程中去获得全部意义。他强调哲学的理性应是历史的，而不是一个空洞的概念。正是从这种关注历史与现实的哲学思维方式出发，霍克海默通过对唯物主义和唯心主义的争辩，批判了包括德国古典哲学集大成者黑格尔在内的传统形而上学的思维方式，把其哲学建立在关注社会现实的唯物主义的基础之上；通过对晚期资本主义社会的政治、文化、科学的深入研究，揭示了它们的形而上学倾向；通过对形而上学最新攻击的逻辑实证主义的深刻批判，揭示了逻辑实证主义从反形而上学到最终变成形而上学新变种的悖论，从而批判了包括逻辑实证主义在内的传统理论的形而上学特征，并以此为哲学基础详细阐明了批判理论与传统理论的根本区别，并最终构建了批判理论的逻辑结构。

霍克海默反对体系型的文本建构，他认为社会哲学的任务乃在于对晚期资本主义的异化现实进行"问题式"的研究和批判，在解决问题中贯穿一种内在的逻辑结构（即反对形而上学）。因而，霍克海默在写作的方式上进行了文风改革，他一生中没有大部头专著，他后来出版的著作大多都是之前发表的一系列论文集。其主要代表作有：《作为理论哲学与实践哲学之间链环的康德的判断力批判》（1925）、《资产阶级历史哲学的开端》（1930）、《黑格尔与形而上学问题》（1932）、《朦胧——在德国的笔记》（1934）、《真理问题》（1935）、《传统理论和批判理论》（1937）、《启蒙的辩证法》（与阿多诺合著，1947）、《理性之蚀》（1947）、《对西德社会科学的审视》（1952）、

---

① ［德］马克斯·霍克海默：《社会哲学的现状与社会研究所的任务》，王凤才译，《马克思主义与现实》2011年第5期。

《论自由》（1962）、《工具理性批判》（1967）、《批判的理论》（1968）、《社会哲学研究》（1972）、《转变中的社会》（1972）、《出自青春期——小说与日记》（1974）。这些霍克海默的文化遗产为我们这个时代提供了有益的教诲。

一 选题的研究意义

本书以"霍克海默形而上学批判研究"为选题，主要基于以下几方面考虑：

第一，目前学界对霍克海默形而上学批判研究不系统，此选题的目的在于补充和完善对这一重要课题的研究

霍克海默作为法兰克福学派主要创始人物之一，其构建的批判理论为法兰克福学派奠定了重要的理论基础，但是，目前国内外学界对霍克海默理论研究尤其是从其形而上学批判的角度探讨其理论的逻辑结构的研究还不系统，霍克海默遭到了学界不应有的冷遇。对霍克海默形而上学批判研究多集中于探讨西方马克思主义研究或法兰克福学派研究中的某个章节（例如：[德]罗尔夫·魏格豪斯的《法兰克福学派：历史、理论及政治影响》，[美]马丁·杰伊的《法兰克福学派史》，陈学明、王凤才的《西方马克思主义前沿问题二十讲》等），或者以霍克海默传记的形式出现（例如：[德]H.贡尼、R.林古特的《霍克海默传》，商务印书馆1999年版），或者以对霍克海默思想理论中某个方面为选题的硕士、博士论文研究（截至2014年，以霍克海默为选题的博士论文2篇，硕士论文6篇），或是学者从不同理论视域对霍克海默思想理论的某个方面进行的研究。学界对霍克海默理论的研究零星的、局部的涉及其形而上学批判的内容，但是，就目前研究来看，无论从选题还是研究内容上都没有对霍克海默形而上学批判展开系统的研究。因此，以"霍克海默形而上学批判研究"为选题对于完善霍克海默的思想研究具有一定的理论意义。

第二，霍克海默形而上学批判是研究其社会批判理论的理论基础

霍克海默形而上学批判研究是构建批判理论的重要基础。霍克海默对近代唯心主义形而上学倾向的批判为批判理论奠定了唯物主义基础，对晚期资本主义社会经验主义研究揭示了它们的形而上学倾向，对现代逻辑实证主义的批判中揭示了逻辑实证主义从反形而上学充当了"欺骗"的工具，沦为了"朴素的形而上学"，由此，我们发现"形而上学批判"是霍克海默批判理论构建的重要组成部分，是霍克海默企图把人从奴役中解放出来的一个哲学基础。我们认为，霍克海默对法西斯主义、西方资本主义极权社会、文化工业及科技功能等方面的批判，实际上都是"形而上学批判"思想的一个投影。法兰克福学派其他重要人物（阿多诺、马尔库塞、哈贝马斯等）的批判思想也可从霍克海默"形而上学批判"思想中寻找到理论源泉。因此，霍克海默形而上学批判在霍克海默以及法兰克福学派思想研究中具有重要理论意义。

第三，霍克海默形而上学批判对西方马克思主义的发展产生理论影响

一方面，只有在"西方马克思主义"发展的整个逻辑—历史背景中才能更好地理解霍克海默形而上学批判产生的根源；另一方面，也只有在详细研究了霍克海默形而上学批判后才能更清楚西方马克思主义发展的脉络。霍克海默形而上学批判在20世纪30年代后以不同的形式被不同派别的西方马克思主义理论家所吸收（例如，生态马克思主义、女性主义等），批判理论成为那个时代的符号。霍克海默形而上学批判对西方马克思主义的发展产生重要理论影响。

第四，研究霍克海默形而上学批判对思考中国当下社会现实具有指导意义

霍克海默对科技功能的批判、对大众文化工业的批判以及对极权社会的批判其目的是要改变奴役人的现实，清除形而上学的思维方式，恢复人的主体性和批判性。当下中国特色社会主义市场经济快速发展，在以"经济建设为中心"的战略发展中，中国取得了举世瞩目的经济成就，同时在发展中也暴露了许多问题。比如，在环境被日益破坏的情况下，我们如何理解科技发展中的形而上学倾向？在传统文化被逐渐消解的过程中如何理解文化工业发展中的形而上学倾向？在走向全球化的过程中我们如何保持自主性？当这些问题浮现出来时，我们会突然意识到好像遭遇到了霍克海默要批判的相似的问题。的

确，科技发展中的形而上学倾向（科技万能论）在当下中国产生了什么影响？大众文化工业发展中形而上学倾向（大众文化的同一性）对中国民族文化产生何种影响？中国人在当代发展中有没有面临正在消解的主体性的危险？对这些问题的回答，霍克海默的形而上学批判无疑给我们提供了深刻的见解。

二 国内研究综述

目前，国内学界对霍克海默形而上学批判的研究主要集中在关于霍克海默对实证主义的批判研究、霍克海默批判理论的特色研究、霍克海默批判理论的来源研究以及霍克海默批判理论的困境等方面，而关于霍克海默形而上学批判的思想零星地反映在这些研究的文本中，通过梳理国内学者的观点，我们可以发现霍克海默形而上学批判思想是其构建批判理论的真正发源地。

（一）形而上学的历史演变与霍克海默形而上学批判研究

关于"形而上学"的研究一直是学界特别是西方马克思主义研究的一个重要课题，通过梳理形而上学的历史演变，我们可以更好地把握和理解霍克海默形而上学批判的理论特色。常健认为："西方哲学家对形而上学的'讨伐'，是沿着两个方向进行的：一是以经验主义和逻辑经验主义为代表的科学主义的反形而上学，二是以黑格尔、海德格尔和德里达为代表的非科学主义的反形而上学。反形而上学运动的历史显示：反形而上学总是无法彻底的，前面的反形而上学者总是被后来人批评为形而上学家。"但是，"从总体上看，追求反形而上学的彻底性，这本身就是一种形而上学。它不过是以绝对否定的方式表达出的形而上学。从理论上说，追求彻底的反形而上学，永远不会摆脱重新陷入形而上学的怪圈"[1]。同样，俞吾金认为："人既无法摆脱形而上学，也无法终止形而上学之思，而我们对形而上学发展史的研究正是为了更深入地理解形而上学的本质及其今后的发展趋向，从而使我们对人类命运的思考，尤其是对现代性问题的探索始终保持在哲

---

[1] 常健：《反形而上学还是后形而上学》，《文史哲》2002年第6期。

学应有的高度上。"① 孙正聿则认为:"对待形而上学的根本理念上看,可以区分为三种基本的理论形态:一是'不知其不可而为之'即把哲学当作'绝对真理'化身的'传统形而上学',它成为今人所诟病和'拒斥'的'形而上学的恐怖';二是'知其不可而不为之'即以'科学'取代'哲学'的'拒斥形而上学',它成为今人所反思和批判的'科学主义思潮';三是'知其不可而为之'即把哲学视为人的'形上'本性的理论表征的'形而上学追求',它成为今人所倡言或拒绝的'形而上学的复兴'。"② 仰海峰认为:"对于霍克海默来说,马克思的唯物主义不只是对现实的看法,更是一种实践的态度,它把世界看作一个整体,把理论与实践看作是一个整体。与形而上学从绝对永恒的实体、存在出发点不同,真正的唯物主义强调任何真实的东西都是物质的东西,这种物质的东西也是处于特定历史情境中的历史性存在,一般的观点对行为起决定作用的程度,在任何给定的时刻都依赖于行为主体所处的具体境况。"③ 我们发现霍克海默不像其他理论家在纯理论范围对形而上学展开批判,而是把其批判建立在唯物主义和实践的基础之上,由此形成了其"理论与实践"相统一的批判特色。

(二)关于霍克海默对朴素形而上学—逻辑实证主义的批判研究

关于霍克海默对朴素形而上学—逻辑实证主义的批判研究是学界研究霍克海默理论的一个焦点问题,国内学者从逻辑实证主义的思维方式、逻辑实证主义的影响等方面探讨了这一理论课题。陈蓓洁认为实证主义的思维方式就是一种形而上学的思维方式,"霍克海默抓住实证主义的形而上学本质所进行的批判是切中要害并富有成效的,他力图通过具有革命意义的'人类活动'来彻底实现对实

---

① 俞吾金:《形而上学发展史上的三次翻转——海德格尔形而上学之思的启迪》,《中国社会科学》2009 年第 6 期。
② 孙正聿:《哲学的形而上学历险》,《天津社会科学》2011 年第 5 期。
③ 仰海峰:《霍克海默与批判理论的早期规划》,《浙江社会科学》2009 年第 4 期。

证主义以及作为实证主义之本质的传统形而上学的超越"①。仰海峰认为:"当经验主义将现实永恒化时,他与形而上学一样,他对形而上学的批判就是一种虚假的批判。"②常健认为:"霍克海默指出,实证主义并没有摆脱传统形而上学的特征。它把实在解释为孤立的材料的总和,将自然规律视为不可改变的教条,认为只有科学已经承认的严格意义上的纯粹经验才能叫做知识。他认为,逻辑经验主义无法动摇形而上学的根本基础。"③由此,我们发现霍克海默对逻辑实证主义的批判在于揭示其形而上学的思维方式,为其批判理论奠定重要基础。

(三) 关于霍克海默形而上学批判的思想来源研究

关于霍克海默形而上学批判的思想来源研究,学界认为霍克海默的形而上学批判的思想来源与西方马克思主义早期代表人物叔本华的意志哲学思想,以及弗洛伊德的心理学思想有密切联系。吴友军认为:"卢卡奇、柯尔施的研究针对的对象都是'正统'马克思主义的实证化、教条化和意识形态化倾向,霍克海默的起点与这些批判是相同的,而且其批判方向也是一致的。这主要表现在,霍克海默也是沿着卢卡奇的社会历史辩证法的一个重要方面——人的主体性、创造性和柯尔施对人的主体能动性的高扬的理论方向前进的。"④朱艾雨认为:"正是由于对叔本华思想遗产的继承,也正是用叔本华的视角来看这个难以改变的不公正的世界,霍克海默最终与现实妥协并走向宗教神秘主义。不过,在霍克海默看来,叔本华的悲观主义正是希望之所在。叔本华和霍克海默都陷入了悲观主义,但他们的悲观主义是被希望所烛照的。"⑤

---

① 陈蓓洁:《霍克海默对实证主义的批判及其存在论基础》,《云南大学学报》(社会科学版) 2005 年第 6 期。
② 仰海峰:《霍克海默与批判理论的早期规划》,《浙江社会科学》2009 年第 4 期。
③ 常健:《反形而上学还是后形而上学》,《文史哲》2002 年第 6 期。
④ 吴友军:《霍克海默社会批判理论的形成及其困境》,《哲学动态》2008 年第 4 期。
⑤ 朱艾雨:《叔本华对霍克海默的影响——以批判理论的视角和情调为例》,《吉林师范大学学报》(人文社会科学版) 2008 年第 1 期。

（四）关于霍克海默形而上学批判的影响研究

关于霍克海默形而上学批判的影响研究是学界关注的重要研究领域，学界主要从霍克海默形而上学批判对现实的批判和对法兰克福学派后期人物思想的影响来探讨这一学术问题。何宝峰、杨晗旭认为："霍克海默开创的这种现代性批判范式不仅对于法兰克福学派的现代性批判具有理论的奠基意义，而且对生态马克思主义、女性主义以及后现代主义也具有重要的启示和价值。"① 作为法兰克福学派的第二代代表人物哈贝马斯，既传承了霍克海默形而上学的批判传统，又对其加以改造，使形而上学批判过渡到后形而上学批判。李嘉美认为："哈贝马斯对形而上学采用重构而非解构的方式，他没有徘徊在对形而上学或完全拒斥，或试图恢复的两极化怪圈里不能自拔，而是在批判中建构新的哲学范式，以图对形而上学的真正的超越。"② 傅永军认为："哈贝马斯要求对形而上学思维所倚重的先验理性进行批判，但批判旨在获得一个更充分的理性概念。"③ 谢永康认为："哈贝马斯的'交往行为理论'与霍克海默和阿多诺的'启蒙辩证法'显然遵循着两种不同的模式，哈贝马斯的'交往哲学'转向也首先被理解为社会批判理论路径上的转向。"④

（五）关于霍克海默形而上学批判的困境研究

关于霍克海默形而上学批判的困境研究是学界关注的重要领域之一。国内学界主要从霍克海默形而上学批判理论的悲观主义情调、形而上学批判的缺陷等方面来加以考察。李小兵认为："虽然霍克海默在对逻辑实证主义的批判中揭示了它的方法的根本缺陷并用辩证的方法去加以弥补，但是，他所理解的社会现实以及运用的辩证方法与马克思主义仍有一段距离。尤其是他试图以一种'诗意'的形而上学去

---

① 何宝峰、杨晗旭：《霍克海默批判理论的双重维度》，《湖北社会科学》2013 年第 3 期。
② 李嘉美：《哈贝马斯的后形而上学理论》，《国外社会科学》2008 年第 2 期。
③ 傅永军：《哈贝马斯论形而上学之思和后形而上学之思》，《社会科学战线》2003 年第 3 期。
④ 谢永康：《批判理论的范式转型及其问题——重思"后形而上学思想"与"否定的辩证法"的关系》，《中国社会科学》2009 年第 3 期。

打破逻辑实证主义对人及其现实的沉默,不能不说是开启了之后的'西方马克思主义'以美学的方式从事社会批判以及回归到人的心灵拯救的唯心主义道路。"① 吴友军认为:"传统理性哲学以笛卡尔、康德等为代表,强调理性对于理解和掌握世界的终极性和优先性,而霍克海默等现代哲学理论家拒斥的正是理性的终极合法性。但是,没有理性检审的规范是不可理解的,所以他们陷入了一种批判的绝境。"② 李隽认为:"一个经常出现的问题是,批判理论从来未加以明确界定理性到底是什么,辩证法在批评各种冒充为真理的体系时是壮观的,但要清楚地指出自己的假设和价值时,它就不怎么雄辩了。"③ 马俊领、刘卓红认为:"霍克海默的实证主义批判思想弥漫着一种严重的悲观主义论调,它的深层社会批判指向具有抽象的意味,这种理论批判和社会批判的理论规范基础是不明确的。"④

三 国外研究综述

关于霍克海默形而上学批判的国外研究主要体现在以下几个方面,中国学者翻译的霍克海默经典著作中外国学者作的导言(例如:[德]马克斯·霍克海默的《批判理论》),中国学者翻译的外国学者撰写的霍克海默传记(例如:[德] H. 贡尼、R. 林古特的《霍克海默传》),中国学者翻译的国外学者有关法兰克福学派的研究的著作中的有关霍克海默的研究部分(例如:[德]罗尔夫·魏格豪斯的《法兰克福学派:历史、理论及政治影响》,[美]马丁·杰伊的《法兰克福学派史》),以及现在还未翻译的外国学者针对霍克海默理论的相

---

① [德]马克斯·霍克海默:《批判理论》,李小兵等译,重庆出版社 1989 年版,中译本序第 21 页。
② 吴友军:《人道主义伦理批判的实质和局限——论霍克海默的社会批判理论》,《哲学研究》2008 年第 4 期。
③ 李隽:《霍克海默社会批判理论诠释》,《哲学堂》2004 年第 1 期。
④ 马俊领、刘卓红:《论霍克海默对实证主义的批判——启蒙批判早期进路研究》,《广西社会科学》2008 年第 11 期。

关研究等，如史迪克的《霍克海默：一种新的解释》（1992）。[①] 国外学者对霍克海默理论的研究可以归纳为：关于霍克海默对实证主义的批判研究，关于霍克海默批判理论的特色研究以及关于霍克海默批判理论的思想来源研究，这些对霍克海默的相关文本的研究从一定程度上反映了霍克海默形而上学批判理论的思想，具有重要的研究参考价值。

（一）形而上学的历史演变与霍克海默形而上学批判研究

哈贝马斯认为形而上学就是追求"一"的"同一性"的学说，"古代的唯物论和怀疑论，中世纪后期的唯名论和近代经验论，无疑都是反形而上学的逆流。但它们并没有走出形而上学思想的视野"[②]。卡西尔认为："对于康德来说，形而上学就是关于人的认识的第一根据的学说，而且在这里'根据'这个概念是在朴素而无害的意义上加以理解的，即这些根据指明了人的认识的最终原则，并使之变得可以理解；而对于海德格尔来说，超越则属于'关于根据的本质之追问的特定范围'。这种根据相当于'有限的自由'；自由，作为这种根据，

[①] 针对霍克海默进行专门研究的外文专著目前有两本，一本是霍克海默在美国流亡期间的英文著作：Eclipse of Reason，参见 Max Horkheimer, Eclipse of Reason, New York: The Continuum Publishing Company, 1974. 一本是史迪克（Stirk）研究霍克海默的专著：Max Horkheimer: A New Interpretation，参见 Peter M. R. Stirk, Max Horkheimer: A New Interpretation, Lanham: Barnes & Noble Books, 1992. 这本专著是外文少有的对霍克海默进行专题研究的著作，是解读霍克海默批判理论的重要参考文献。此外，还有一些重要的外文文章，例如 J. C. Berendzen, Suffering and theory: Max Horkheimer's early essays and contemporary moral philosophy, Philosophy and Social Criticism, Vol. 36, No. 9, 2010. Ryan Gunderson, Horkheimer's pessimism and compassion, Telos, 160 (Fall 2012). Halina Walentowicz, Max Horkheimer and his philosophy, Dialogue and Universalism, 2006, (5-6). J. C. Berendzen, Postmetaphysical thinking or refusal of thought? Max Horkheimer's materialism as philosophical stance, International Journal of Philosophical Studies, 2008, (5). John O'Neill and Thomas Uebel, Horkheimer and Neurath: restarting a disrupted debate, European Journal of Philosophy, 2004, (1). Konstantinos Kavoulakos, From Habermas to Horkheimer's early work: directions for a materialist reconstruction of communicative critical Theory, Telos, 130 (Spring 2005). Moss, Lenny; Pavesich, Vida, science, normativity and skill: reviewing and renewing the anthropological basis of critical theory, Philosophy and Social Criticism, 2011, (2). 这些外文文献为我们深入理解霍克海默的思想提供了重要的理论参考。

[②] ［德］于尔根·哈贝马斯：《后形而上学思想》，曹卫东、付德根译，译林出版社2012年版，第28、137页。

就是此在的深渊。"① 马丁·杰伊认为："霍克海默对黑格尔形而上学还有其他一些意见，最强烈的批评可能是对黑格尔的基本信条：所有知识都是无限实体的自我认识，换言之，即主体和客体，心灵和物质的同一，这种同一建立在终极性的绝对主体之上。"② 尼奥和托马斯（John O'Neill、Thomas）认为："事实上纽拉特和早期霍克海默更关心形成一种没有形而上学的唯物主义的风格。纽赖特所谓的物理主义代表了一种不承认形而上学的唯物主义的态度。霍克海默同样试图发展一种不降低为形而上学（特别是关于心灵和物质的形而上学）的唯物主义。"③ 本芮森（J. C. Berendzen）认为："需要注意的是霍克海默认为形而上学直接导致了不合理和痛苦。首先，形而上学是一种导致痛苦的社会安排，对形而上学的批判在于揭示其社会历史基础。其次，形而上学隐藏了社会安排造成痛苦的事实，它远离具体的生活环境，走向实体化的知性虚构。"④ 哈贝马斯认为："由于意识形态批判和理性批判总是不断地揭示出形而上学和蒙昧主义之间古老联盟的最新翻版，因此，霍克海默所提出的对策是很有说服力的。为了捍卫伟大哲学思想的那些概念母题，霍克海默把它们移植到了一种具有跨学科性质的社会理论的基本概念中，从而形成了新的视角。"⑤

（二）关于霍克海默对朴素形而上学——逻辑实证主义的批判研究

卡奥拉考斯（Konstantinos Kavoulakos）认为："与对当代社会历史情况及它所包含的可能性的激进主义相关，霍克海默的理论植根于解放社会的实践中。霍克海默尝试去除正如我们所看到的在经典的

---

① ［德］E. 卡西尔：《康德与形而上学问题——评海德格尔对康德的解释》，张继选译，《世界哲学》2007 年第 3 期。

② ［美］马丁·杰伊：《法兰克福学派史》，单世联译，广东人民出版社 1996 年版，第 57 页。

③ John O'Neill and Thomas Uebel, Horkheimer and Neurath: restarting a disrupted debate, *European Journal of Philosophy*, Vol. 12, No. 1, 2004, p. 85.

④ J. C. Berendzen. Postmetaphysical thinking or refusal of thought? Max Horkheimer's materialism as philosophical stance, *International Journal of Philosophical Studies*, Vol. 16, No. 5, 2008. p. 700.

⑤ ［德］于尔根·哈贝马斯：《后形而上学思想》，曹卫东、付德根译，译林出版社 2012 年版，第 16 页。

'传统理论'留下的困境,为一个非形而上学的思想铺路。这种思想超越了形而上学和科学主义、超越基础主义和相对主义。"① 本芮森(J. C. Berendzen)认为:"对于霍克海默,解放的社会科学的方法论要求是实证研究和解释性哲学的结合。在这方面,他是不完全不屑一顾形而上学,他认可形而上学者(尤其是马克斯·舍勒)的认识,即自然科学变得过于专业化和狭隘的发展前景。"② 马丁·杰伊认为:"霍克海默固然攻击黑格尔的同一性理论,但也觉得19世纪相同性质的批评走得太远了,在抛弃黑格尔为其绝对精神的哲学而建立的本体论时,实证主义者剥夺了理智在判断现实的真假时的任何权利,过分的经验论偏见导致事实的神圣化,而这同样是片面的。"③

(三)关于霍克海默形而上学批判的思想来源研究

H. 贡尼和R. 林古特认为:"对康德的研究使霍克海默看到,要从作为意志的实践理性的优先地位出发,把知性的全部立法当作理念指导的理论行为归附于实践理性。霍克海默也受到了叔本华的影响。在作为批判理论基础的悲观主义中,也可以见到叔本华关于历史是无意义的思想。叔本华关于生命意志的徒劳无益的观点,也出现在霍克海默早期对通过社会革命使世界发生变化这一理论所持的怀疑态度上。"④ 马丁·杰伊认为:"霍克海默对形而上学的敌意,部分是出于对僵化的马克思主义,即转化为一种现成真理大全的马克思主义的反动,除此以外,也反映了他读过的既非黑格尔也非马克思主义的书籍的影响,叔本华对理性和意志调和的可能性的极端怀疑论确实产生了效果,重要的还有19世纪晚期三位重要哲学家尼采、狄尔泰、柏格

---

① Konstantinos Kavoulakos, From Habermas to Horkheimer's early work: directions for a materialist reconstruction of communicative critical Theory, *Telos*, No. 130, 2005, p. 57.
② J. C. Berendzen. Postmetaphysical thinking or refusal of thought? Max Horkheimer's materialism as philosophical stance, *International Journal of Philosophical Studies*, Vol. 16, No. 5, 2008, p. 702.
③ [美]马丁·杰伊:《法兰克福学派史》,单世联译,广东人民出版社1996年版,第58—59页。
④ [德]H. 贡尼、R. 林古特:《霍克海默传》,任立译,商务印书馆1999年版,第29—30页。

森,他们都很强调思想与人类生命的关系。"① 甘德森(Ryan Gunderson)认为:"霍克海默社会思想贯穿他的一生,从20世纪30年代对跨学科的唯物主义强调和批判理论的构建,到20世纪40—50年代对工具理性和极权社会的批判,悲观主义贯穿了他一生。有些学者把霍克海默这一思想归因于受到叔本华的影响。霍克海默像其他法兰克福学派的思想家一样,被认为受到韦伯、弗洛伊德、齐美尔和尼采思想的影响。但是,对霍克海默思想影响最大的当数叔本华。"②

综上所述,国内外学界对霍克海默理论的研究集中探讨了其对实证主义的批判、批判理论的特色研究、批判理论的理论来源、批判理论的影响以及批判理论的困境,在这些研究中零星表达了霍克海默形而上学批判的有关思想,这为我们开展霍克海默形而上学批判研究提供了宝贵的理论素材。但是,总体来说这些研究所涉猎的领域并没有完整地表现出霍克海默以形而上学批判为基础而开创的批判理论的逻辑思路,对霍克海默形而上学批判的研究还停留在零星的、局部的问题研究上,存在一定的理论漏洞。具体表现在如下几方面:

第一,对霍克海默形而上学批判研究重视不够。从国内外学界发表的有关霍克海默批判理论的研究成果来看,学者们多集中于探讨霍克海默对实证主义的批判、批判理论的特色、批判理论的影响以及批判理论的困境等方面的研究,而从形而上学批判着手开展对霍克海默批判理论思想进行整体研究的几乎没有。而我们通过对霍克海默文本的考察发现,无论是霍克海默对唯心主义的批判,还是对以黑格尔为代表的传统形而上学的批判,抑或对逻辑实证主义的批判,其最基本的理论倾向是反对形而上学的思维方式。可以说,霍克海默正是通过清理传统的形而上学,来改变人们"肯定式"的思维方式,恢复人们的主体性,使人们摆脱极权社会对人的奴役,从而实现人的解放,所以,形而上学批判构成了霍克海默批判理论的重要基础。第二,对霍

---

① [美]马丁·杰伊:《法兰克福学派史》,单世联译,广东人民出版社1996年版,第49页。

② Ryan Gunderson, Horkheimer's pessimism and compassion, *Telos*, Vol. 2012, No. 160, 2012, p. 166.

克海默形而上学批判缺乏整体性研究。纵观学界对霍克海默理论思想的研究，我们发现霍克海默形而上学批判的思想只是零星地在其他相关的领域得到了部分说明，缺乏一种全面整体的研究。对形而上学批判理论的唯物主义基础的研究较少，考察霍克海默对以黑格尔为代表的传统形而上学的批判的内容不全面，探究霍克海默对实证主义形而上学倾向的意图不明显，缺乏一种对形而上学批判的全面的整体的研究。第三，对霍克海默形而上学批判研究缺乏逻辑性。在学界关于霍克海默的研究中，学者们在针对霍克海默理论中的某个问题探讨得较多，对霍克海默形而上学批判的逻辑思路研究得较少。霍克海默在构建批判理论时，不仅对传统哲学进行了清理，构建了反对体系化的批判理论，同时也对文风进行了改革。通过考察霍克海默的经典文本，我们发现，其批判理论的观点是通过数篇有针对性的论文构成的，形式上比较分散。但是，只要认真阅读，就会发现，这些文章之间有一种内在的逻辑关联。把握好这些经典文本的内在关联，才有可能把握霍克海默整体的理论思路。第四，对霍克海默形而上学批判的理解有偏见。通过考察学界的研究，我们发现，多数研究者认为霍克海默的批判理论建立在对传统理论特别是对实证主义的批判基础上的。但是，我们通过对霍克海默文本的考察发现，霍克海默对逻辑实证主义的批判正是要清理其形而上学倾向。在《对形而上学的最新攻击》一文中霍克海默认为，逻辑实证主义走向了绝对，沦为了朴素的形而上学。霍克海默要反对的是人类理性的极端化倾向，包括思辨理性（传统的形而上学）和工具理性（形而上学的变种——逻辑实证主义）。所以，仅从一方面考察批判理论的起源是不科学的。

因此，在梳理文献的基础上，本文通过形而上学批判这一视角，试图以此为主要线索，重新整合、评判霍克海默的理论思想，并以此为支点，批判性地考察了其理论内容、思想贡献和局限性，对霍克海默的思想进行了较为系统的研究，对推动霍克海默思想研究具有一定的理论意义。此外，本文通过对霍克海默思想的批判，试图为中国当下的改革开放注入新的思想血液，提供有益的教诲，具有一定的现实意义。本书通过理论努力实现了以下创新：从形而上学批判的角度来研究霍克海默批判理论，研究方法上有创新；提出霍克海默形而上学批判是霍克海默批判理论的逻辑起点、主要内容和思想内核，研究内容上有创新；认为霍克海默对逻辑实证主义的批判实质上是对传统形而上学思维方式的否定，他对传统理论的批判实际上就是对传统理论中形而上学思维方式的否定，研究思路上有创新。总之，本书通过理论努力，试图还原"本真"的霍克海默，并进而探索其批判思想的真谛，为当下时代提供一种思想借鉴和教诲。

四 本书的思路及结构

为了深入研究和挖掘霍克海默的思想，本书力争在全面梳理国内外文献的基础上，从形而上学批判的视角还原"本真"的霍克海默。为此，采用了以下几种研究方法：第一，文本研究。文本的研究是本书研究的关键，为研究霍克海默形而上学批判理论，除了要熟读霍克海默相关的文本之外，还要梳理国内外与此相关的文本，这样才能全面、准确地把握这一思想。第二，比较研究。对霍克海默形而上学批评理论的研究，不仅要考察其自身的著作，还要把这些文本还原到其产生的具体的历史条件下，通过对比其与现代西方哲学以及早期西方马克思代表人物的思想，才能对其科学定位。第三，点面结合。霍克海默的经典文本具有分散性的特征，是以"问题域"为研究对象而组成的数篇论文的集合，因此，要把握其整体思想，必须采取点面结合的方式，从具体的分散的论文中把握其总体的思想。在对大量文献进行深入分析和解读的基础上，我们发现在霍克海默的理论中贯穿着一种带有悲观主义的"否定性"逻辑，他的整个理论活动都可以在这种逻辑中得到合理解释。霍克海默最负盛名的理论贡献乃是开创了批判理论，为法兰克福学派奠定了重要理论基础，但是社会批判理论却是以形而上学批判为主要线索和核心构件。纵观霍克海默的理论活动，大致可以分为两种情况：一是继承了法兰克福学派重视经验研究的传统，提倡对晚期资本主义进行经验性的研究和解读，主要体现在对晚期资本主义政治、科学、文化等领域的批判方面；二是把晚期资本主义的经验现象上升到哲学的高度进行解读和分析，批判造成晚期资本主义社会"异化"的哲学思维方式。但从总体上，这两种情况都可以理解为一种对"肯定性"的形而上学思维方式的批判。霍克海默之所以如此猛烈地抨击晚期资本主义,除了那个特定的时代(法西斯主义盛行)所造成的悲惨的现实之外,更看到了"启蒙理性"无法摆脱的宿命,正如他在《启蒙辩证法》一书预言的一样:神话变成了启蒙,启蒙倒退为神话。但是,我们不能简单地把霍克海默判定为纯粹的悲观主义者,在其所涉猎的理论领域中,虽与"悲观主义"的幽灵时刻相伴,但也能隐约发现在其犀利的批判语言中仍然隐藏着"救赎"的强烈愿望。和同时代的阿多诺一样,霍克海默在其"否定性"的声音中,隐藏着变革现实的理论倾向。从一定程度上,他和阿多诺合著的《启蒙辩证法》一书中预示的"瓦解逻辑",从另一个层面恰恰是一种希望的开始。霍克海默主张的是要瓦解一种旧的世界秩序,一种"尘封不变"的思维方式。所以,在一定程度上,霍克海默的形而上学批判和他的批判理论是一致的。尽管霍克海默的批判理论被哈贝马斯归为"意识哲学"的范畴,但从哲学的"我思"出发,哈贝马斯的"交往行为理论"又何尝不是"我思"的结果呢?包括哈贝马斯在内的众多的伟大哲学家从根本上都未跳出"我思"的窠臼,从而也不能从真正意义上走出"意识哲学"的旋涡,这正是形而上学批判的宿命,也是"我思"的魅力所在,正是保持着这种"我思"的张力,形而上学经历了一段光辉灿烂的历史并预示着更加丰富的未来。这样,霍克海默的形而上学批判乃是一种特定"批判哲学"的类型,是一种在"理论实践"中对现实的召唤,因而,它当然具有重要的现实意义。

　　本书共六章内容,在绪论中探讨霍克海默形而上学批判的研究意义、国内外研究综述以及本书的思路和结构;第一章主要通过对霍克海默形而上学批判的二重性(即批判与拯救的话语)深入分析,揭示了其实质、内容和特色;第二章主要论述霍克海默形而上学批判的思想渊源,即辩证唯物主义、人本主义和早期西方马克思主义;第三章主要论述霍克海默形而上学批判的实践向度,即通过对晚期资本主义社会政治、科学、文化等领域的研究和批判,揭示了它们沦为了资本主义社会统治帮凶的本质特征;第四章论述了霍克海默形而上学批判的理论向度,即对形而上学的变种——实证主义的批判,通过形而上学与实证主义的比较,阐述了实证主义的困境,揭示了其已充当了"欺骗"工具的朴素形而上学的一般特征;第五章论述了霍克海默形而上学批判的目的——构建社会批判理论,即通过对包括逻辑实证主义在内的一切具有形而上学思维方式的传统理论的批判,确立了社会批判理论的逻辑结构;第六章论述了形而上学批判的意义及其局限性,揭示了其对法兰克福学派、后现代主义、马克思主义以及中国的影响,通过对霍克海默形而上学批判与哈贝马斯后形而上学的比较,揭示了两者之间的复杂关联,进而分析了霍克海默形而上学批判的局限性。

第一章　形而上学批判及其二重性

　　形而上学作为第一哲学，在西方哲学史的演进中吸引了无数的哲学家为之付出毕生精力，创造了无比灿烂的思想瑰宝，在一定意义上，一部西方哲学史就是一部形而上学的批判和拯救史。自古希腊哲学家的"存在"之思开始，途经中世纪的上帝存在的证明，到康德的哥白尼革命，最终黑格尔完成了形而上学体系的构建。形而上学发展的秘密何在？形而上学为何在遭遇一次次危机后又重获拯救？在现代，形而上学又遭遇什么危机，以致"拒斥形而上学"成为现代西方哲学的主流话语？霍克海默为何要批判形而上学以及实现了何种意义上的突破？要解答这一系列疑问，我们认为有必要而且必须重回形而上学的演进历史，以追问的态度打开形而上学的秘密之门。为此，首先要回答和解决如下几个问题，第一，形而上学批判的元问题是什么？第二，霍克海默的批判基本进路是什么？第三，霍克海默的形而上学批判有何特色？对于这些问题的追问和解答乃是我们研究霍克海默形而上学批判的重要前提。

第一节　形而上学批判的"元问题"

　　形而上学是什么？对于这个问题的解答构成了哲学史上最复杂的一个课题。形而上学（英文 Metaphysics，希腊文 ta meta ta physica，拉丁文 metaphysica），源于亚里士多德（Aristotle 公元前384—前322）的著作，但这个概念并非由亚里士多德所开创。公元前323年，亚历山大大帝病逝，由他开创的帝国迅速土崩瓦解。作为亚历山大的老师，亚里士多德被希腊人指控为不敬神的罪名，欲将其处死，亚里士多德被迫逃离雅典，在公元前322年病逝。在亚里士多德病逝后，吕克昂学院的第11代继承人安德罗尼柯（Andronikos Von Rhodos）在整理亚里士多德的旧稿和讲义时，对亚里士多德的学说进行了重新整理和编排，把研究自然界运动变化规律的手稿编撰在一起，称谓《物理学》（Physica），把研究经验之外的抽象问题的学说编撰在其后，命名为《物理学之后诸卷》（Metaphysica）。安德罗尼柯这个编撰学的安排在不经意间触动了"形而上学"的元问题。在希腊文中，meta这个前缀有之后、超越、基础的含义，这个正好和亚里士多德第一哲学（"being as being"）追问"存在背后的存在"的主题相吻合。形而上学作为一个哲学术语，是由日本明治维新时日本的著名哲学家井上哲次郎依据中国《易经·系辞》中"形而上者谓之道，形而下者谓之器"翻译而来，后传入中国，成为表述"第一哲学"的学术用语。

马克思和恩格斯则把形而上学看成是与辩证法相对立的一种思维方式。在马克思、恩格斯经典的文本著作中，可以得到确认。马克思在《神圣家族》《德意志形态》《哲学的贫困》《〈政治经济学批判〉导言》等文本中对形而上学的思维方式作出了深刻的批判。马克思在《神圣家族》中指出："施特劳斯和鲍威尔关于实体和自我意识的争论，是在黑格尔的思辨范围之内的争论。在黑格尔的体系中有三个因素：斯宾诺莎的实体，费希特的自我意识以及前两个因素在黑格尔那里的必然的矛盾的统一，即绝对精神。第一个因素是形而上学地改了装的、脱离人的自然。第二个因素是形而上学地改了装的、脱离自然的精神。第三个因素是形而上学地改了装的以上两个因素的统一，即现实的人和现实的人类。"[①] 在马克思看来，各种形而上学的版本，不过是变了花样的知性思维方式的变种而已，即在形而上学家那里，实体与精神是相分离的，他们看不到活生生的人的实践活动。总之，马克思把形而上学看成是与辩证法相对立的一种思维方式，"形而上学是一种反辩证法的思维和认识的方法。这里所讲的形而上学，是指脱

[①]《马克思恩格斯全集》第2卷，人民出版社1957年版，第176—177页。

离具体科学的哲学的一个部分，它用纯思辨的方法来阐述经验以外的各种问题，如关于存在的始源，关于世界的实质，关于上帝，关于灵魂，关于意志自由等等"①。同样，恩格斯在《路德维希·费尔巴哈和德国古典哲学的终结》《反杜林论》《自然辩证法》等文本中对形而上学的思维方式作出了深刻的分析和批判。在《反杜林论》中，恩格斯认为对自然界，以及人类历史进行考察在古希腊的哲人那里是以普遍而生动的辩证形式出现的，但自从15世纪下半叶之始，自然科学开始了分门别类的研究，这就导致了一种结果，即"把各种自然物和自然过程孤立起来，撇开宏大的总的联系去进行考察，因此，就不是从运动的状态，而是从静止的状态去考察；不是把它们看做本质上变化的东西，而是看做固定不变的东西；不是从活的状态，而是从死的状态去考察。这种考察方式被培根和洛克从自然科学中移植到哲学中以后，就造成了最近几个世纪所特有的局限性，即形而上学的思维方式"②。恩格斯接着言道："在形而上学者看来，事物及其在思想上的反映即概念，是孤立的、应当逐个地和分别地加以考察的、固定的、僵硬的、一成不变的研究对象。他们在绝对不相容的对立中思维；他们的说法是：'是就是，不是就不是；除此以外，都是鬼话'。"③在恩格斯看来，形而上学的这种"非此即彼"的思维方式乍看起来尤其合理，但一旦进入研究领域，便会碰到诘难。恩格斯指出："形而上学的考察方式，虽然在相当广泛的、各依对象性质而大小不同的领域中是合理的，甚至必要的，可是它每一次迟早都要达到一个界限，一旦超过这个界限，它就会变成片面的、狭隘的、抽象的，并且陷入无法解决的矛盾，因为它看到一个一个事物，忘记它们互相间的联系；看到它们的存在，忘记它们的生成和消逝；看到它们的静止，忘记它们的运动；因为它只见树木，不见森林。"④可以看出，马克思、恩格斯主要是从辩证法的角度对形而上学进行了分析和

---

① 《马克思恩格斯全集》第4卷，人民出版社1957年版，第138页。
② 《马克思恩格斯选集》第3卷，人民出版社2012年版，第396页。
③ 同上。
④ 同上书，第396—397页。

批判，并把它理解为一种静止地、片面地、孤立地看待事物发展的思维方式。由此，可以看出，对形而上学的理解大致可以分为两种不同的方式：一是把形而上学看成是一种对超验存在追思的学问，即把形而上学作为第一哲学；二是把形而上学看成是与辩证法相对的追求肯定与统一的一种知性思维方式。

问题的关键是，形而上学经历了漫长的历史演变，虽经历挫折但挫而不败，其动力何在？霍克海默对此如何评说？霍克海默的形而上学批判与传统形而上学批判和激进的形而上学批判有何区别？对于这些问题的解答乃是揭开霍克海默形而上学批判的重要理论前提。

一般来讲，形而上学可以被看作是追求经验之外的有关终极存在和终极关怀的一门学问。形而上学之思是人的理性结构的一种折射，而理性从来不满足受制于感性的有限的世界，它的内在结构中蕴藏着超越的逻辑，即超越变动不居的感性世界的"有限性"，追求隐藏在感性世界背后的"本质世界"。从而形而上学之思蕴含着一种"超越"的逻辑，即"超越'在场'的东西，去追求'不在场'的东西；超越当下的东西，去追求'非当下'的超验存在，这种'超越意识'构成了形而上学的根本性动机。只有否定和超越感性世界，通达超感性的理性世界，'自由'和'至善'才能真正达到，这是形而上学最深层的信念之一"[1]。正是这种形而上学的"超越"维度编织着形而上学演变的画卷，构成了形而上学演变的持续动力。但从另一个层面看，形而上学的"超越"维度中也包含着"收缩"的逻辑，即在"超越性"膨胀到一定程度时会走向自我"封闭"的圈子。从这个角度上可以解释形而上学为何会从一种批判走向另一种批判，形而上学为何会从一种形式被翻转为另一种形式。俞吾金教授认为形而上学的演变史经历了三次翻转，"首先是以笛卡儿、康德、黑格尔为代表的'主体性形而上学'对柏拉图主义的'在场形而上学'的翻转；其次是在主体性形而上学的内部，以叔本华、尼采为代表的'意志形而上

---

[1] 贺来：《论马克思哲学与形而上学的深层关系——"形而上学的终结"与"形而上维度的拯救"》，《哲学研究》2009年第10期。

学'对以笛卡儿、康德、黑格尔为代表的'理性形而上学'的翻转；最后是后期海德格尔的'世界之四重整体的形而上学'对其前期的'此在形而上学'的翻转"①。这种形而上学翻转的动力乃在于形而上学之思的"超越"与"收缩"的辩证逻辑。在和阿多诺合著的《启蒙辩证法》一书中，霍克海默从人类文明史的视角对理性膨胀和收缩作出了深刻的分析和评判。在霍克海默看来，启蒙理性中包含着"进步"与"倒退"的双重因素，这是无法避免的逻辑进程。因此，神话变成了启蒙、启蒙倒退为神话。在霍克海默看来，启蒙理性的演变是理性异化的必然结果。因此，我们有理由相信，作为人类理性的折射，形而上学的演变史也是一部自我异化的历史。对形而上学表现形式的划分，只能从理性的对象而不是理性自身，从前者出发，可把形而上学分为"本体论"（ontology）、"理性神学"（rational theology）、"理性宇宙学"（rationality and pumping science）、"理性心理学"（rational psychology），从后者出发一切形而上学皆可称为理性形而上学。

  从古希腊的巴门尼德对存在的追问开始，形而上学以追寻超验的"存在"为终极使命，走向了一条批判与拯救之路。柏拉图的"理念论"，亚里士多德的"第一哲学"，安瑟伦和托马斯"关于上帝存在的证明"，笛卡尔的"我思故我在"，康德的"哥白尼革命"，黑格尔"古典形而上学"的建构，形而上学以多种存在方式演绎了哲学史上蔚为壮观的思想盛宴。在经历了现代西方哲学尤其是逻辑实证主义者"拒斥形而上学"的激进历史后，现代西方哲学进入了"后形而上学"之思的新阶段，尤其是英美分析哲学在"语言哲学"的层面重新恢复了形而上学的研究。形而上学的演变历史至少证明了这样一个事实，即形而上学作为人类理性的一种思想倾向，有其存在的必要性，形而上学之思的超越与收缩，构成了其演变历史的核心动力，而"本质主义""基础主义""终极主义"构成了其不同历史阶段的共同理论特征。事实上，"康德早已告诫我们'世界上无论什么时候都要

---

  ① 俞吾金：《形而上学发展史上的三次翻转——海德格尔形而上学之思的启迪》，《中国社会科学》2009年第6期。

有形而上学'，而黑格尔甚至认为，'作为一个能思维的存在物，人是一个天生的形而上学家（eingeborner Metaphy siker）'"[1]。霍克海默在《对形而上学的最新攻击》一文中对实证主义尤其是逻辑实证主义完全拒斥形而上学的态度进行了深刻批判，他和康德一样认为形而上学作为人类理性的一种能力，不可能完全消亡。霍克海默对形而上学的批判更多是对其肯定性的思维逻辑以及脱离社会现实的批判，而不是否定形而上学本身的存在。在一定意义上，霍克海默试图实现形而上学从纯粹的"概念之物"（理念、存在）把握"非概念之物"（感性经验）的形式逻辑，过渡到"概念之物"与"非概念之物"融合的实践逻辑。霍克海默在人本主义的角度实现了形而上学范式的翻转。

霍克海默的形而上学批判既不同于传统的形而上学批判，也有别于激进的形而上学批判（例如，逻辑实证主义）。霍克海默的理想不是做形而上学家，而是要当社会哲学家。因此，霍克海默的文本，没有构建成像黑格尔那样庞大的严密的理论体系；相反，在他继任法兰克福社会研究所长后，一直致力于一种反体系的研究，即针对现实的具体问题进行哲学式的批判。和传统的形而上学批判家不同，霍克海默的形而上学批判是对形而上学的"肯定性"的思维方式的批判，而不是对形而上学具体形态的研究和批判。为更清楚地厘清霍克海默形而上学批判的理论进路，我们有必要把其与传统的形而上学批判和激进的形而上学批判做一个对比研究。

对超验存在的追思和批判，构成了不同时代形而上学研究的共同主题。我们不妨顺着传统形而上学发展的路径，考察一下其与霍克海默的形而上学批判区别。古希腊是哲学的发源地，当然也是形而上学之思的起源地。从泰勒斯之始，古希腊诞生了无数影响后世的哲学家，他们对世界"始基"的追问，对"存在"的研究，对"灵魂不死"的敬畏以及对"上帝"的崇拜，无疑以最朴素而富有内容的方式触碰到了形而上学研究的四个主题：即"存在论""理性宇宙学"

---

[1] 俞吾金：《形而上学发展史上的三次翻转——海德格尔形而上学之思的启迪》，《中国社会科学》2009年第6期。

"理性心理学"和"理性神学"。黑格尔言道:"一提到希腊这个名字,在有教养的欧洲人心中,尤其是在我们德国人心中,自然会引起一种家园之感。"① 其实,在亚里士多德之前,甚至是前苏格拉底时代,在古希腊已经开始有了对世界本源的思考,例如泰勒斯认为"水"构成了世界的本源,万物都是由水而生;阿那克西美尼认为世界的本源是"气";赫拉克利特认为"火"是万物的始基;毕达哥拉斯则认为"数"形成了世界的本源。总之,在前苏格拉底时代,古希腊的哲学家一般以具体的某种感性存在作为世界的本源,从形而上学的意义上来讲,这种哲学思考方式还未从真正意义上进入"超验"的领域,当然也就意味着前苏格拉底时代的哲学家还未进入形而上学家的行列。但是,前苏格拉底时代哲学家对世界的本源的思考,并非对形而上学的产生毫无贡献,至少他们开创了人类理性思考的时代,为后来者的形而上学之思提供了理性思索的动力之源。

在古希腊,真正意义上第一个触碰到形而上学之思的哲学家当数巴门尼德。巴门尼德(约公元前515—前5世纪中叶以后),作为前苏格拉底时代的最重要的一位哲学家,第一次以对"存在"的追问触碰到了形而上学。巴门尼德把认识领域划分为"真理"和"意见"两个领域,前者是关于"存在"的学问和知识,后者是关于感性世界的认识。在巴门尼德看来,"存在"是不变的"一",它是永恒的、不变的唯一。感性世界是流变的"多",属于意见的领域。巴门尼德的"存在论"思想对苏格拉底尤其是柏拉图产生了重要影响,在一定意义上,是他敲响了形而上学之门。保罗·爱德华兹(P. Edwards)在其主编的《哲学百科全书》的"形而上学"条中这样认为:"最恰当地说,形而上学开始于巴门尼德,因为在他残留的作品中表现,至少是暗示了作为一门独特的哲学探索的形而上学的一些典型特征。"②

哲学史进入苏格拉底时代,无疑开出了最绚丽的花朵。苏格拉底(公元前469—前399)的思想尤其是伦理学思想对后世产生了重要影

---

① 强以华:《存在与第一哲学》,武汉大学出版社1997年版,第16页。
② 同上书,第18页。

响。苏格拉底是以"心灵"和"神"作为哲学研究的对象，并提出了"美德就是知识"的哲学命题。在苏格拉底看来，"求真"和"求善"是统一的，因而，一个具有知识的人必定是一个讲道德的人。在苏格拉底看来，"关于善的概念的知识，即一般定义是心灵先天具有的，或者说是在人心中预先安排的，但是先天的并非现成的，并不是已经意识到的，所以需要诱发、开导，这就是他所谓的'精神助产术'。"① 我们无从考证亚里士多德这一思想是否对康德的《实践理性批判》产生了影响，但在康德的学说中我们至少发现其道德形而上学的先验命题和苏格拉底的思想有某种程度的相似性。在苏格拉底对知识的追求中，他一直相信"灵魂不朽"，我们可以通过柏拉图的《斐多篇》② 得以求证。柏拉图在《斐多篇》中柏拉图描述了苏格拉底饮鸩之前的对话。苏格拉底认为，肉体和灵魂是可以分离的，肉体与经验世界相关，是给我们带来烦恼的根源，"当心灵沉浸于其自身之中而不为声色苦乐所挠扰的时候，当它摒绝肉体而向往着真有的时候；这时的思想才是最好的；'这样的哲学家就鄙弃了肉体'"③。苏格拉底相信灵魂不死，真正的哲学家死后会升天。这次对话，终成其诀别。苏格拉底的思想对后世尤其是中世纪影响甚大，他对"善"的执着追求事实上已经悬设了"超验的存在"，他的学说在一定意义上敲开了"理性心理学""理性神学"之门。

作为苏格拉底的弟子，柏拉图（约公元前427—前347）从苏格拉底那里汲取了丰富的养分，并进行了创造性的发挥，提出了影响后世的"理念学说"。柏拉图汲取了巴门尼德的"存在论"思想并对其进行了创造性的发挥，"认为，理念不仅是多中之'一'（个别中的一般），而且是众多的'一'。这众多的'一'构成了他的理念世界，

---

① 强以华：《存在与第一哲学》，武汉大学出版社1997年版，第21页。
② 《斐多篇》之对于异教徒或自由思想的哲学家，就相当于福音书所叙述的基督受难和上十字架之对于基督教徒。参见［英］罗素《西方哲学史》上卷，商务印书馆2013年版，第168页。
③ ［英］罗素：《西方哲学史》上卷，何兆武、李约瑟译，商务印书馆2013年版，第173页。

这是唯一真实的本体世界"①。和巴门尼德不同的是，柏拉图试图通过"分有"和"模仿"的方式沟通理念世界和现象世界。但是，这种解释本身包含着深刻的悖论，受到了包括亚里士多德在内的后来者的批判和质疑。柏拉图的"理念学说"实际上已经预设了一个超验的"理念"的存在，并把这种存在看成是知识的来源。柏拉图主张要把理智世界和感性世界分开，认为前者属于知识领域，后者则属于意见领域，哲学家的任务乃在于对真理的洞见。在关于"洞穴的比喻"中，柏拉图生动演绎了理念的产生过程。柏拉图的"理念学说"事实上是对"共相"的深入思考，"理念"作为一种形式是经验世界的"共相"，也即一般。例如，"一个叫苏格拉底的人"和"一个叫柏拉图的人"，同时分享了"人"这个"共相"，苏格拉底和柏拉图作为特殊的个别分享了"人"这个一般的特征。柏拉图"理念学说"中这种一般与个别的关系，构成了后来形而上学的一般特征。此外，柏拉图对"灵魂不朽"以及"宇宙生成"的论述可以被看成是其"理念学说"的另一种形式的演绎。总之，柏拉图的学说对形而上学的创立有着重要的意义，"柏拉图关于理念的学说包含着许多明显的错误。但是尽管有着这些错误，它却标志着哲学上一个非常重要的进步，因为它是强调共相这一问题的最早的理论，从此之后共相问题便以各种不同的形式一直流传到今天"②。

事实上，在亚里士多德（公元前384—前322）之前，包括巴门尼德、苏格拉底以及柏拉图在内的哲学家虽然已经触碰到了形而上学的主题，但形而上学在他们的学说中是以一种不自觉的形式出现的，因而并未真正形成一门完整的学科。形而上学的诞生是和亚里士多德的名字联系在一起的。作为古希腊"百科全书式"的一个学者，亚里士多德第一次确立了"形而上学"作为"第一哲学"的理论地位，提出了形而上学研究对象，创造性地发展了"实体学说"，最终确立

---

① 强以华：《存在与第一哲学》，武汉大学出版社1997年版，第22—23页。
② ［英］罗素：《西方哲学史》上卷，何兆武、李约瑟译，商务印书馆2013年版，第160页。

了形而上学的学科地位。亚里士多德在《形而上学》一书中把研究"作为存在的存在"（实体）作为形而上学的研究对象，因此，可以说形而上学主要是研究实体的学说。亚里士多德批判地继承和发展柏拉图的"理念学说"，"亚里士多德的形而上学，大致说来，可以描述为被常识感所冲淡了的柏拉图"①。和柏拉图不同的是，亚里士多德认为真正的实体不是"一般"而是"个别"，"严格地说，只有个别事物才是实体，因为它们在存在上不依赖于其他主体，其他一切主体都依存于它们；它们在逻辑上不被其他主体所断言，却断言其他一切主体"②。在此基础上，亚里士多德还提出了"四因说"（即质料因、动力因、目的因、形式因）对"实体"的存在形式进行了更深入的说明。但在论述"形式"与"质料"的关系时，亚里士多德又强调了"形式"才是"实体"的界限，没有"形式"，一切皆无。"'形式'之于他（亚里士多德——笔者注），正如'理念'之于柏拉图一样，其本身就具有一种形而上学的存在，它在规定着一切个别的事物。"③ 他在论述"上帝"存在时，把"上帝"作为一种纯形式，仿佛又倒退了柏拉图的"理念学说"。亚里士多德关于"实体"的论证前后有较大的差别，论述也存在着难以解决的悖论，但这并不影响他在形而上学史上的重要地位，正是他的学说，才确立了形而上学的学科地位。

从巴门尼德到亚里士多德的古希腊哲学，可以说，是以一种朴素而富有内容的形式展开的形而上学之思的历史。古希腊哲学对"存在""灵魂""宇宙""神学"的探讨在一定意义上奠定了形而上学的研究对象，并以最初的形式构成了西方形而上学两千多年以来探索的主要课题。古希腊之后，形而上学在中世纪通过经院哲学家对"上帝存在"的本体论证明（代表人物有安瑟伦、托马斯等），逐渐完善且加深了对理性神学的构建；形而上学发展到近代，通过笛卡尔、史宾

---

① [英]罗素：《西方哲学史》上卷，何兆武、李约瑟译，商务印书馆2013年版，第207页。

② 强以华：《存在与第一哲学》，武汉大学出版社1997年版，第32页。

③ [英]罗素：《西方哲学史》上卷，何兆武、李约瑟译，商务印书馆2013年版，第212页。

诺莎、莱布尼茨等唯理论哲学家的努力，成功实现了对古希腊时期"在场"的形而上学的翻转，构建了"主体形而上学"；康德则通过"哥白尼式"的革命重现考察理想的界限以及形而上学科学形态，区分了"自在之物"和"现象世界"，第一次从人类理性的界限上对形而上学进行了系统的研究；康德之后，途经费希特、谢林之后，形而上学最终在黑格尔的哲学体系中完成了最典型的形态。总之，从古希腊到黑格尔形而上学逐渐演变为一部"批判"与"拯救"同步的发展史。

传统形而上学在追思超验存在的过程中，逐渐形成了追求"终极存在""绝对主义""非历史性""肯定性"的独特的思维方式。和传统形而上学批判不同，霍克海默的形而上学批判不是追溯形而上学的理论渊源和思想谱系，其关注的焦点不是形而上学的具体形态，也没试图通过对"超验存在"的追思去批判之前形而上学的各种类型。霍克海默把形而上学理解为一种忽视现实的"肯定性"的思维方式。在对待形而上学的态度上，霍克海默更接近马克思、恩格斯对待形而上学的理解。和传统形而上学家对形而上学进行纯粹哲学式的研究（例如柏拉图的"理念论"，亚里士多德的"四因说"、笛卡儿的"我思故我在"、康德的"先天综合判断"、黑格尔的"绝对精神"等）不同，霍克海默对形而上学的批判可以说不是一种"显性"的批判，而是一种"隐性"的批判。在霍克海默的具体文本中，例如，《科学及其危机札记》《唯物主义与形而上学》《权威与家庭》《对宗教的思考》《对形而上学的最新攻击》《传统理论与批判理论》《哲学的社会功能》《现代艺术和大众文化》等，直接针对形而上学具体形态的研究几乎没有，但他在对社会现实问题的考察以及对实证主义哲学的批判中，始终贯穿着一条鲜明的主线，即对形而上学的"肯定性"的思维方式进行辩证的思考和批判。霍克海默的形而上学同样和激进的形而上学批判（例如，逻辑实证主义）势不两立。在霍克海默的文本中，蕴含着用辩证法改造形而上学的努力，这一点我们可以在他对逻辑实证主义的批判中得到印证。在《对形而上学的最新攻击》一文中，霍克海默详细地剖析了实证主义从批判形而上学到最终走向朴素形而上学的宿命。和康德一样，霍克海默认为对形而上学的批判并非意味着形而上学的终结，事实上，形而上学作为人们理性的一种特有的思维方式，无论是在过去还是未来，都应有其存在的空间。霍克海默形而上学批判的目的与其说是要终结形而上学，毋宁说是试图把形而上学限定在一定的范围（就像康德所言，我们必须悬置知识，为信仰留下地盘），破除经院哲学式的研究方式，关注社会现实和人的命运，实现"形而上"与"形而下"的结合，对现实问题进行哲学式解读，这乃是霍克海默形而上学批判的真实目的，也是其构建批判哲学的真实用意。从这个意义上讲，霍克海默的形而上学批判同样蕴含着"批判"与"拯救"的二重性。

第二节 形而上学批判的基本进路

诞生于20世纪20年代初的法兰克福社会研究所，自成立之初，在首任所长格吕贝格的领导下一直倡导一种跨学科式的经验性研究。1930年霍克海默继任法兰克福社会研究所所长，继承了研究所重视经验主义研究的传统，但对其进行了社会哲学式的推进，创建了批判理论，为法兰克福学派奠定了重要理论基础。理论与实践，作为形而上学批判的两种维度并不是霍克海默主体意识的一种悬设，而是出于对资本主义现代性深层分析和批判的必然结果。在霍克海默看来，现代性不是一个抽象的概念，而是晚期资本主义社会的一种典型表征。现代性的进展伴随着工具理性的膨胀，造成了技术普遍化的社会。一方面，在工具理性的操纵下造成了一个物质多样化的社会；另一方面，工具理性无孔不入，渗透到了政治、经济、文化等各个领域，形成了对人们生活的全面控制，造成了人的全面异化。正是基于对晚期资本主义社会的这种深层矛盾的认识和把握，霍克海默的形而上学批判同时具有了理论与实践的双重维度，即他一方面通过对晚期资本主义社会的政治、科学、文化进行经验性的研究和批判，揭示导致人的全面异化的社会根源；另一方面，霍克海默没有仅仅停留在研究所早期经验研究的范围，他试图通过哲学的批判，寻找造成现代性问题的理论根源，他把理论批判的矛头指向了自笛卡尔以来传统哲学特别是逻辑实证主义的形式逻辑，认为正是这种脱离社会现实的知识体系导致了形而上学的"肯定性"思维方式，使人们丧失了批判反思的向度，变成了极权社会的附庸。通过理论与实践两个维度的深入研究和批判，霍克海默希望能清除潜存于社会实践领域和理论领域的形而上学的思维方式，恢复人们的批判向度，实现人的自由和解放。

对理论与实践的双重考量，构成了霍克海默形而上学批判的基本进路。霍克海默形而上学批判的实践进路在一定意义上是对晚期资本主义社会现代性危机的省思。霍克海默意识到，20世纪初期在德国乃至欧洲社会的总体力量是如此强大，可谓无孔不入，它以潜移默化的形式渗透到了政治、文化、科学等各个领域，真正的主体的自由已经被新的"异化"手段所操控，一切合理反叛的声音都会被看作是"异端"而被清除。正是深邃的观察到了资本主义社会这个症结所在，霍克海默自从继任研究所所长，就放弃了追求体系性研究的理论建构，他继承和发展了格吕贝格开创的重视经验和跨学科式的研究风格，重视"问题意识"，对资本主义世界进行了经验性的解读，挖掘现代性危机的社会根源，寻找解决危机的可行性方案。通过考察霍克海默的就职演说和《社会研究杂志》创刊号前言，可以明显发现霍克海默重视经验主义研究的思想倾向。1931年1月24日，霍克海默发表题为《社会哲学的现状与社会研究所的任务》的就职演说，他指出，"社会哲学不仅仅是一门寻找无可移易的真理的科学，还应理解为一种由经验工作补充和丰富的唯物主义理论；同样自然哲学也与个别科学领域辩证相关，因此研究所将继续在不同领域努力，不放弃其跨学科的、综合性的目标"[①]。1932年，在霍克海默的领导下，研究所把格吕贝格编纂的《社会主义和工人运动史文献》改版为《社会研究杂志》。霍克海默在《社会研究杂志》创刊号前言中也表达他试

---

① [美]马丁·杰伊：《法兰克福学派史》，单世联译，广东人民出版社1996年版，第33页。

图进行跨学科式经验研究的理论努力，他言道："'社会研究'（Sozialforschung）一词并不需要科学的地形图，今天，要在科学之间划出一条新的界线，本来就是十分可疑的。对于最为不同的事实领域和抽象层面的研究，在此意味着，通过它们应该促进作为整体的当代社会理论这个意图而放在一起加以对照。"[1]《社会研究杂志》的出版标志着霍克海默开创的注重交叉学科式的"问题性"研究范式的初步成功。《社会研究杂志》第一期即体现了这种研究范式多样化的特点。杂志中既有霍克海默对科学问题最新研究成果《科学及其危机札记》，也有波洛克对资本计划经济可能性的探讨、洛文塔尔对文化社会学的研究以及阿多诺对音乐社会学的评论等。在霍克海默的领导下，研究所主要成员对资本主义社会的政治、经济、文化、科学等社会现象，进行了认真的思索和探讨。事实上，发表在《社会研究杂志》上的学术著作，大多在发表之前已经在研究所内部进行过激烈的讨论和争辩，所以成果可以说是集体智慧的结晶。对此，洛文塔尔曾这样评述："这个杂志很少是不同观点的集合，而更多是研究所宣判的讲台。"[2] 霍克海默既是法兰克福学派早期经验主义研究的领导者，也是重要参与者，他致力于对资本主义社会政治、文化、科学等领域的批判，在《科学及其危机札记》《权威与家庭》《现代艺术和大众文化》等文本中，可以看到霍克海默形而上学批判的实践倾向。

霍克海默形而上学批判的实践指向之一乃是对权威主义的拒斥。霍克海默对权威的抗拒来源于两个切身体验，一是对父亲权威的抗拒，一是对法西斯主义的抗拒。1895 年霍克海默出生在今天的斯图亚特郊区的楚芬哈森的一个富有的家庭，他父亲莫泽斯·霍克海默是巴伐利亚王家商业顾问，同时是一位比较成功的商人。父亲对霍克海默一直要求比较严厉，并要求他六年级时离开学校到自家的工厂当了学徒。父亲的严厉管教以及工厂的学徒生活经历，在早年的霍克海默的

---

[1] [德] 马克斯·霍克海默：《社会哲学的现状与社会研究所的任务》，王凤才译，《马克思主义与现实》2011 年第 5 期。

[2] [美] 马丁·杰伊：《法兰克福学派史》，单世联译，广东人民出版社 1996 年版，第 34 页。

心里滋生了叛逆和抗争。对现实的残酷和对幸福的追求，在一定程度上促使了霍克海默社会哲学思考方式的萌芽。我们可以通过考察霍克海默早期的一些书信来体认他早期社会哲学思想的萌芽过程。

他在 1915 年 7 月 9 日的日记中写道：

> 在父亲的事业中，我有着最光辉灿烂的位置，而且还有着更加光辉灿烂的前程，我可以寻欢作乐，我可以钻到生意经里去，我可以一心干我想干的事情，然而最强烈的渴望使我感到苦恼，我不能控制我的渴望，我愿意一生都由这种渴望引导着，不管发狂似的被引向何方。①

后来，霍克海默不情愿地当了兵，并经历了帝国的崩溃，他在一封书信中这样言道：

> 当地狱般的工厂里的那些可怕的受诅咒的人，冲向饱食终日的市民们时，当城里人第一次以惊惧的目光看着暴乱时，集市广场的鹅卵石变成了红色，一片混乱，到处在吼叫，遍地是火光。郊区死一样地寂静，所有的别墅都黑了灯，屏住了呼吸。黄昏之中，站着两个人，他们几乎看不到对方，他们被自己的恶魔们的工事隔开了，煽起仇恨的教育使他们变得盲目了……店员约赫不能开枪，他逃走了，他不能使用暴力，激烈的思想斗争压得他喘不过气来。愤怒没有迫使他——一个犹太人——去杀戮，而是使他把所有奴隶的绝望全都吼叫出来，灌进主人们的耳朵，而是使他去摧毁那自我满足的冷静，去摧毁那欺骗良心的幻想世界去揭穿谎言，并用无懈可击的理由去劝说人们，去赢得思想上的胜利。他把痛苦、愤怒、担忧和信念结合成一种强大的语言，揭穿人的全部罪恶，把它们从人的心灵里扔出去，破除迷信并赢得胜

---

① ［德］H. 贡尼、R. 林古特：《霍克海默传》，任立译，商务印书馆 1999 年版，第 10 页。此信尚未发表，藏霍克海默文献馆。

利，胜利！①

这种对爱恨早期感悟的经历在一定程度上培养了霍克海默独立的个性和人格，并促使他在婚姻问题上保持独立的个性，与父亲进行长期抗争。1916年21岁的霍克海默结识了比他大8岁的罗泽·克里斯·里克海尔（其父亲是一位破产的乡村旅店老板，信仰基督教，因此从一开始，霍克海默的父亲就极力反对两人的交往），两人迅速坠入爱河，长期保持交往，在父子长达十年的抗争后，1926年霍克海默和罗泽结婚，终成眷属。这一段长达十年的围绕爱情自由与父亲权威的抗争，最终以霍克海默的坚持和胜利宣告结束。霍克海默年轻时的经历为其后来研究权威主义提供了宝贵的素材，在《权威与家庭》一文中，霍克海默把早期经验感悟上升到了哲学批判。

霍克海默对权威抗争的另一个切身体验是深受法西斯主义压迫的经历。在20世纪30年代，德国法西斯主义盛行，排犹趋势日益明显，包括霍克海默、阿多诺、马尔库塞等在内的早期研究所的主要成员都有犹太血统，加之《社会研究杂志》发表的观点与当时德国法西斯的主张相冲突，1933年研究所因被冠以反国家倾向的罪名而被迫关闭。研究所的成员被迫前往美国的纽约，在哥伦比亚大学校长尼古拉斯·默里·巴特勒的支持下研究所最终在美国有了落脚之所。研究所这段流亡的经历，加之研究所的成员威特福格尔被纳粹关进了集中营、本雅明的自杀等，在研究所内部燃起了批判法西斯主义的熊熊烈火，反法西斯主义成为研究所批判的主要理论话题。因此，即便研究所迁往纽约，当《社会研究杂志》仍坚持用德文写作，发出反对德国纳粹的铿锵之声。霍克海默作为反对纳粹的勇敢斗士，曾多次在公开场合反对法西斯主义。他所著的《极权国家》一书在流亡期间得以出版。在此书中，霍克海默对权威以及极权的生成机制进行了深刻的批判和揭露，他指出："没有比法西斯主义使人发生的变化更能使他们

---

① ［德］H. 贡尼、R. 林古特：《霍克海默传》，任立译，商务印书馆1999年版，第12页。此信尚未发表，藏霍克海默文献馆。

团结一致地去处理各种事务了。我们将会看到，今天在人的名义下的目光短浅、狡猾奸诈的本质完全是一副凶相，是一副凶恶的性格假面具，在这假面具背后有一种改好的可能性。要使人充满这种可能性，思想上就要有一种法西斯必然加以剥夺的力量。"① 霍克海默认为法西斯主义的这种整齐划一的"同一性"来源于权威机制，是一种从"形而下"上升到"形而上"的魔力。在《权威与家庭》一文中，霍克海默对权威主义形成的"形而上"的形成过程进行了揭露和批判。

霍克海默形而上学批判实践进路的指向之二乃是在晚期资本主义社会流行的文化工业。在《现代艺术和大众文化》和《文化工业：作为大众欺骗的启蒙》等文本中，霍克海默揭露了文化工业中隐藏的形而上学图式，认为其变成了欺骗大众的新的统治形式。在霍克海默看来，文化中原有的启蒙因素被工具理性的整齐划一的形式替代了，文化工业中已失去了批判性的向度，变成了纯粹意义上的一种肯定性的形而上学。这种文化工业意味着对大众赤裸裸的欺骗，是对人们否定性意识的吞噬，"欺骗不在文化工业为人们提供了娱乐，而在于它彻底破坏了娱乐，因为这种意识形态般的陈词滥调里，文化工业使商业将这种娱乐吞噬掉了"②。这样，形式的快乐取代了内容的快乐，文化工业充当了精神鸦片的作用，使大众丧失了反思的能力，失去了追求快乐的自由。霍克海默言道，生活在这样国度的人们就像生活在精神病院的人们一样，丧失独立之精神，人格之尊严，"有朝一日，我们总会发现，即便是在法西斯国家里，大众在他们的灵魂深处也暗暗地确信真理，不相信谎言，这就如同精神病人只有病愈后才使人们知道，什么也没逃过他们的眼睛。因此，继续叙说一种不易为人们理解的语言并非毫无意义"③。霍克海默对文化工业的批判以深邃的目光透视了其隐含的形而上学的秘密，这一批判立足于晚期资本主义的现

---

① [德] H. 贡尼、R. 林古特：《霍克海默传》，任立译，商务印书馆1999年版，第52页。
② [德] 马克斯·霍克海默、西奥多·阿道尔诺：《启蒙辩证法——哲学断片》，渠敬东、曹卫东译，上海人民出版社2006年版，第128—129页。
③ 曹卫东主编：《霍克海默集》，渠敬东等译，上海远东出版社2004年版，第228页。

实，是霍克海默乃至早期法兰克福学派经验主义研究的重要理论成果，为后来文化工业批判奠定了重要的理论基础。

霍克海默形而上学批判的实践进路的另一个指向乃是晚期资本主义社会的科学技术。作为《社会研究杂志》第一期的开山之作，霍克海默的《科学及其危机札记》一文开始尝试以"问题域"的研究方式研究社会问题。在此文中，霍克海默改变了大部头学术著作的写作方式，以札记的形式对科学与社会的关联进行了深入剖析。霍克海默认为在马克思主义理论中科学被看成是一种生产方式，它使现代工业成为可能，是构建现代文明的重要手段，这都是科学的积极功能。然而在普遍的资本主义危机中，科学脱离社会的现象表现得日益突出，"科学的方法旨在解决的是存在问题而不是变动问题，而当时的社会形式则被看作是以一种恒常不变形态运作的机制"①。这样，科学在日益脱离社会实际的过程中表现出了一种肤浅性，并最终走向了一条形而上学之路，执行了一种意识形态的功能。在霍克海默看来，在晚期资本主义社会，科学这种意识形态性的特征充当了极权主义的帮凶，成为统治人们的新型工具。在《启蒙辩证法》一书中，霍克海默从启蒙理性的角度，对科学演变成工具理性的过程，进行了历史性的追问，揭开了其神秘的面纱。

总之，霍克海默形而上学批判的实践进路指向了政治、文化、科学等经验领域，是其倡导的跨学科式的经验研究的一种印证。霍克海默对晚期资本主义社会经验研究的目的乃是通过考察社会现象，清除人们形而上学的肯定性思维方式，恢复人们的批判向度，为人们改变自身命运寻找出路。

霍克海默形而上学批判的理论进路是对流行的实证主义的思维方式的批判。1931在1月24日，霍克海默发表题为《社会哲学的任务和社会研究所的任务》的就职演说，一方面他尊重并重视前任所长格吕贝格开创的经验主义研究的传统；但另一方面，在就职演说中已经

---

① ［德］马克斯·霍克海默：《批判理论》，李小兵等译，重庆出版社1989年版，第3页。

表现出他不同于以前纯粹的经验主义的研究倾向，表达了他试图实现经验与哲学融合的尝试。在年轻的霍克海默看来，纯粹的经验研究虽然可以感性直观地了解和分析现实问题，但却缺乏哲学的反思和批判，因此，有必要利用哲学对现实问题加以省思和批判，从而构建社会哲学研究的范式。霍克海默早期的经验主义研究，使他清楚地认识到，经验世界中的各种"异化"现象，实质上是人们的思维方式在现象界的一种自然呈现。因而，对晚期资本主义社会的批判，就不能仅仅停留在纯粹的经验领域，而要上升到与之相对应的哲学观念。霍克海默形而上学批判的理论进路乃在于揭示造成晚期资本主义社会"异化"的哲学基础。这样，作为晚期资本主义社会的一种具有代表性的哲学流派——逻辑实证主义，自然成为霍克海默批判的对象。在就职演说中，霍克海默指出："今天的社会哲学，主要是处于与实证主义的论战中。实证主义只看到了个体，并认为在社会领域中只有个体，以及个体之间的关系；对实证主义来说，所有的东西都消耗在事实中。"① 由于逻辑实证主义是以"拒斥形而上学"为口号的，所以，在一定意义上，霍克海默的形而上学批判也可理解为"批判的批判"。

　　霍克海默批判针对的是自笛卡尔以来传统哲学认识论范式，即通过理性建构一套确定不移的知识体系。在《对形而上学的最新攻击》和《传统理论和批判理论》两篇论文中，霍克海默对这种传统的认识论方式进行了深刻的剖析和批判，认为传统理论的特点在于"知识独立于社会之外"，与社会现实属于两种不同的领域。这是传统理论家尤其是逻辑实证主义典型的思维范式。霍克海默认为，逻辑实证主义的这种认识方式实质上是把理论完全公式化了，一方面，逻辑经验主义者极力排除"主体性"的影响，力争在尽量客观的条件下保证知识的纯粹客观性；另一方面，他们又不得不利用理性的方式进行理论前提预设、试验及评价，因此，逻辑实证主义者总是萦绕在主客体的纠结之中，形成了自身无法解决的悖论。尽管，逻辑实证主义是以"拒

---

① ［德］马克斯·霍克海默：《社会哲学的现状与社会研究所的任务》，王凤才译，《马克思主义与现实》2011 年第 5 期。

斥形而上学"为口号的,包括维也纳学派的创始人石里克和早期代表人物卡尔纳普在内的大多数逻辑经验主义的代表人物总是视形而上学为无意义的命题,是胡诌,最多是艺术和诗歌的范畴。石里克曾指出:"形而上学家的努力一向是看错了方向,他想将纯粹体验内容当作知识去表达,将不能说明的加以说明,岂知体验内容是原则上不能表达的,仅能从所与性中指示出来,不过这样的知识理论,是丝毫无作用的。"[1] 这样,逻辑实证主义大多继承了笛卡尔所追求的"确定性知识体系"的衣钵。笛卡尔方法论的核心是:"凡属于理性清楚明白地认识到的,都是真的。"[2] 这条法则同样变成了逻辑实证主义的理论体系构建的核心准则。

在霍克海默看来,逻辑实证主义属于典型的传统理论范畴,隐含着理论与实践的双重悖论。从理论上讲,完全排除"主体性"的努力是徒劳的,逻辑实证主义竭力追求的纯粹的"客观"本身就是一种主观臆想。事实上,自康德以来,人们已经清楚完全排除主观的努力是不可能的。霍克海默在大学期间认真研修了康德的哲学理论,并以"目的论判断力的自相矛盾"为题获得了哲学博士学位。在对待主体性的问题上,霍克海默吸收和批判了康德的哲学思想,认为哲学的批判离不开主体能动的参与。逻辑实证主义在一定程度上重新回到了前康德哲学时代,以独断式的方式编制了一个纯粹客观的知识体系。事实证明,这仅仅是空想而已。彭加勒在《科学与假设》一书中就深刻论证了"假设"在知识体系中的不可替代的重要作用,他认为"每一个人在他的心智中都有他自己的世界概念,他无法轻易地使自己摆脱它。例如,我们必须使用语言;我们的语言正是由先入之见构成的,而不可能是其他。不过这些只是无意识的先入之见,它们比别人的先入之见还要危险一千倍"[3]。在彭加勒看来,科学中的预设既是客观的,也是必须的。事实上,假设就意味着有主体性的参与,因此,

---

[1] 洪谦:《维也纳学派哲学》,商务印书馆1989年版,第27页。
[2] [法]笛卡尔:《谈谈方法》,王太庆译,商务印书馆2009年版,第10页。
[3] [法]昂利·彭加勒:《科学与假设》,李醒民译,商务印书馆2009年版,第127页。

只要知识体系中不能完全排除假设,也就不能完全清除主观因素。霍克海默指出"人的学说虽然是一种有限的学说,但他构成了这种哲学(指传统经验主义——笔者注)。它证明,科学不但开始于感觉经验,而且不得不经常求助于感觉经验"①。对于主客体关系的态度,构成了逻辑实证主义的理论悖论。从实践的角度看,逻辑实证主义认为知识体系是独立于人类社会之外的一种活动,因而,它从来不会关注人性的基础,忽视现实中的不公和压迫。霍克海默认为:"经验主义总是根据任一时代达到的认识水平来论述思想。如果有人提醒它,这些抽象概念还有起源,那么,它就把问题推给心理学或社会学,或让别的学科来对付。它的论断总倾向于指出,所有能够确定的东西都是事实,而且仅仅是事实。"② 逻辑经验主义关心的仅仅是命题的总汇和速记的符号,从这种哲学思考中总会得出肯定性的答案,在某种程度上,它充当了极权社会政治统治的帮凶,变成了变相的官方哲学。霍克海默认为,逻辑实证主义根本没有击中形而上学的要害,相反,有些形而上学家见解要比他们高明很多。在一个充满剥削和压迫的社会,人们不可避免地需要精神的慰藉,尽管形而上学充当了精神鸦片的功效,但它不会快速消亡。而当逻辑实证主义完全"独善其身",对人间疾苦置若罔闻之时,它也变成了朴素的形而上学。

总之,霍克海默形而上学批判的理论进路乃在于寻找造成晚期资本社会形而上学肯定性思维的方式的哲学基础,进而为解答现代性危机提供一种哲学解读,尝试通过消除人们的精神危机而消除现实中的实践危机,并最终试图通过这样一种理论批判的方式为社会哲学的构建牵线搭桥。

---

① [德]马克斯·霍克海默:《批判理论》,李小兵等译,重庆出版社1989年版,第137页。
② 同上书,第150页。

第三节　从"形而上学"到"行而上学"
——社会哲学式的拯救之路

霍克海默对"形而上学"的批判蕴含着"行而上学"的社会哲学式的拯救。传统形而上学用"概念之物"[①] 统摄"非概念之物"的思维方式，总能在追问世界的本原、动因中，得出肯定性的思维。霍克海默认为："概念成了不反抗的、合理化了的、省工的手段。似乎思维本身降低到了工业过程的水平，似乎思维本身要服从一个精神的计划，简而言之，似乎思维本身成了生产的一个固定的组成部分。"[②] 和传统形而上学的思维方式不同，霍克海默关注社会现实，并对其进行哲学式的反思，其思维方式已经突破了传统形而上学范式的界限，开创了"行而上学"的研究范式。关注社会现实，对现实问题进行社会哲学式的研究和解读是霍克海默领导的法兰克福学派的重要研究风格。在霍克海默的文本中，我们看到这种风格一直贯穿始终。对极权社会的批判与对人民大众的同情是霍克海默批判理论一个问题的两个不同方面，前者是批判的指向，后者则是批判的目的。霍克海默试图通过消解人们精神的枷锁来挽救人们的批判意识，重新回归人的独立个性以及追求自由的渴望，因而，人本主义诉求构成了霍克海默形而上学批判的不变主题。同样，霍克海默试图通过理论的努力，唤醒被奴役的民众，让大众在压抑面前能勇敢地说"不"，因而，否定性的批判成为霍克海默形而上学批判的主要武器。霍克海默认为晚期资本主义社会人们的"沉默不言"，在极权社会高压统治下的"顺从"和"集体失语"，是自笛卡尔以来形成的"形式逻辑"演变的必然结果，因此，对极权社会的批判，对人民的同情，就演变成了同传统思维方

[①] 这种概念之物在传统唯心主义那里常常表现为某种超现实的"理念"或"精神"等，而在传统唯物主义那里则表现为某种脱离精神的纯粹的"物质概念"。

[②] ［德］H. 贡尼、R. 林古特：《霍克海默传》，任立译，商务印书馆1999年版，第86页。

式的抗争,即用辩证逻辑替代形式逻辑,用辩证法消解"同一性"思维。

一 从天国到人间——人本主义的回归

霍克海默的人本主义思想绝不是"康德式"的关于先验范畴的预设;相反,批判理论是以批判"预设"为前提的,因为,他认为一切预设都不可避免地会沾染形而上学的影子,因而也不可能会跳出传统理论的窠臼。霍克海默的人本主义指向现实、面向现实,并试图改变现实,"霍克海默(和阿多诺)的各种批判理论中一以贯之的唯一的东西是对西方文明前景的人道主义关心"[①]。早期与父亲的抗争以及战争的经历,形成了霍克海默独特的人道主义体验和感悟。1916 年,霍克海默应市救济局的要求写下了一份关于一位女工卡塔琳娜·克雷默尔的一份证明书。在写给表弟汉斯的信中,霍克海默对卡塔琳娜的悲惨遭遇深表同情,对自己以及同类提出了控诉。霍克海默这样言道:

> 谁在诉说痛苦?是你和我?我们是食人者,我们在抱怨被宰割者的肉弄得我们肚子疼。不只是这些,还有更糟糕的;你享有安宁和财产,而他却在遭扼杀,却在流血,在痛苦地挣扎,内心还在忍受着像卡塔琳娜·克雷默尔(是霍克海默父亲所开的人造棉工厂的一名女工——笔者注)那样的厄运。你睡的床,你穿的衣,是我们用我们的金钱这种专制统治的鞭子强迫那些饥馑的人为我们制造的。而你并不知道,有多少妇女在制造你那燕尾服的料子时倒在了机器旁,有多少人被有毒的煤气活活熏死,这样你父亲才能赚到钱,付你的疗养费。而你却为不能读 2 页以上的陀思妥耶夫斯基的著作而满腹牢骚。我们是群怪物,我们吃的苦太少了。一个屠夫在屠宰场会为自己的白围裙沾上了血迹而感到心烦,这实在太可笑了。[②]

[①] 戈尔曼主编:《新马克思主义研究辞典》,中央编译局当代马克思主义研究所译,社会科学文献出版社 1989 年版,第 196 页。

[②] [德] H. 贡尼、R. 林古特:《霍克海默传》,任立译,商务印书馆 1999 年版,第 2 页。此信尚未发表,藏霍克海默文献馆。

这封信件在霍克海默早期的思想形成过程中占有重要位置，它标志着一个新的思想的萌芽，即对命运不公的抗争和对权威的斗争。作为父亲工厂的合法继承者，霍克海默并没有感到些许幸福，反而这段生活的经历，使他看到了世间的无情和残忍。

他在另一篇日志中同样表达了对压迫的憎恨和对爱的强烈渴望，他这样言道：

> 我要干我的意志要求我干的事情，我清楚地意识到这一意志……我的真实愿望是，我活着和研究我想知道的东西，是为了帮助受折磨的人，是为了满足我对不公的憎恨，是为了战胜伪君子，但首先是为了寻求爱，是为了寻求理解，我身上的每一根纤维都渴望着爱，渴望着理解。①

从这些早期霍克海默还未发表的书信中，我们可以体认到他对极权统治的控诉，以及对民众的同情。青年霍克海默，看到了俄国十月革命的力量，他对欧洲的工人阶级寄予像在俄国革命那样的渴望，但历史越往后发展，这种渴望就越来越变成了一种不切实际的幻想。欧洲法西斯主义的快速发展以及工人阶级运动的萎靡使霍克海默重新思索了像卢卡奇一样的问题："为何工人阶级在压迫面前沉默不语？"与卢卡奇不同，霍克海默并没有打算通过哲学的批判恢复无产阶级的阶级意识，他要做的是要思索理性为何造成了极权社会的产生。在极权主义的高压政治以及工人阶级运动的沉默面前，霍克海默彻底失去了早期对晚期资本主义社会抱有的任何"乐观主义"因素，进而转向了一种退守式的理论选择。霍克海默认为："在极权的邪恶统治下，不仅人的生命而且还有他的内在自我都只有借助偶然的方式才能保留住。"② 在这样一种历史境遇之下，民众的沉默事实上助长了法西斯主

---

① ［德］H. 贡尼、R. 林古特：《霍克海默传》，任立译，商务印书馆 1999 年版，第 10 页。此信尚未发表，藏霍克海默文献馆。

② ［德］马克斯·霍克海默：《批判理论》，李小兵等译，重庆出版社 1989 年版，第 150 页。

义的气焰,在一定程度上变成了极权统治的帮凶。霍克海默认为,要解放人,首先要解放其思想。早期学习康德的经历,使霍克海默的人本主义思想打下了深深的"主体性"的烙印。在一定程度上,霍克海默的人本主义就是要实现"主体性"的回归。但法西斯主义对民众巧妙的欺骗使这种想法仅仅变成了一种"渴望"。"法西斯主义用'民族'和'人民'的名义,取消了使人会想起封建主义、等级特权、宗教教育、幼稚偷懒的残余的某些正式规定,甚至用物质利益腐蚀了一些群众,以达到更野蛮地强化经济不平等的目的;此外,法西斯主义还为了统治集团的目的而把整个社会从军事上组织起来,并借此把集体的生命'完全'置于少数人的赢利目的之下,以达到使思维失去它的特性的目的。"① 法西斯主义在冠冕堂皇的"人民"的名义下彻底剥夺了民主的自主性。正是看到了极权社会虚假的本性,霍克海默试图通过"自上而下式"的努力实现其人本主义的理想。他把希望寄托在具有反思精神的少数精英阶层,并试图通过对晚期资本主义民众心理特征的诊断,完成自上而下的"思想革命",实现主体性的回归。

霍克海默的人本主义思想,在一定程度上显示了其试图把人们从"天国"拉回"人间",消解他们形而上学的肯定性的思维方式,以及恢复主体性的理论努力。然而,在对晚期资本主义的更进一步的研究中,霍克海默越来越走向悲观主义,他甚至认为"真正的哲学就是批判的和悲观主义的,甚至比悲哀还要悲哀。而没有悲哀也就没有幸福"②。霍克海默这种悲观主义情绪与他对晚期资本主义的深刻体认是分不开的。霍克海默在《启蒙辩证法》一书中已经意识到,当理性膨胀到一定界限,对幸福的追求就意味着一曲正在吟唱的悲歌。霍克海默对奥德修斯神话故事的描述,从另一个层面就是对资本逻辑演变而来的对人们生活全面操控的控诉。在晚期工业社会,技术关心的是一切可以被证实和有用的存在,其他一切皆被视为无意义,"公正和自

---

① [德] H. 贡尼、R. 林古特:《霍克海默传》,任立译,商务印书馆1999年版,第50页。
② 同上书,第113页。

由自在要比不公正和压迫好,这一诊断从科学上来讲是不可证实的和没用的。它和红色比蓝色要美、鸡蛋比牛奶要好的论断一样,听起来都是没有什么意义的"①。人的存在的目的和意义,在晚期资本主义社会变成了毫无意义的空洞的词汇。人的意义被瓦解之后,变成了极权主义的统治工具,随之社会变成了无人道主义的社会。因此,霍克海默指出:"一般科学对待自然和人的态度无异于特殊的保险科学对待生和死的态度。谁死了是无所谓的,要紧的是事故和公司的责任有什么关系。在公式中重现的是大数法则,而不是个别性。"② 霍克海默的人本主义思想在一定程度上反映了具有少数精英阶层对极权社会的控诉和不满,在一定程度上激发人们的人性思考,也吸引了不少学者的关注。但是,霍克海默的人本主义思想,和具有扎实历史唯物主义的根基和无产阶级运动实践经验的马克思主义理论仍有较大差别,它在一定程度上打开了实践之门,但却戛然止步了,因而在实践上并没有像马克思主义理论一样引导无产阶级进行革命并开创一个新的时代。"正是由于脱离了社会历史实践存在论的基础,社会批判理论对'人类活动'的社会历史决定性作用便缺失了存在论根基的支持,表现为少数精英知识分子基于良知和感受的人道主义的谴责和不满。社会批判理论既不是政治批判,也不是经济批判,而是纯粹意义上的文化批判。"③

二 从肯定到否定——批判意识的重塑

早年和父亲抗争,以及由于犹太血统被迫流亡美国的经历,使霍克海默清醒地意识到如果要追求理想中的幸福,在现实面前就不能沉默不言,必须要学会抗争。霍克海默早期领导法兰克福学派进行的经验主义研究,使他看到在晚期资本主义社会形而上学"同一性""肯定性"的思维方式已经渗透到生活中的每个角落,它就像一个"铁

---

① [德] H. 贡尼、R. 林古特:《霍克海默传》,任立译,商务印书馆1999年版,第87页。
② 同上书,第65页。
③ 吴友军:《人道主义伦理批判的实质和局限——论霍克海默的社会批判理论》,《哲学研究》2008年第4期。

笼"罩住了人们自由呼吸的空间，实现了对人们生活的全面控制。资产阶级标榜的理性反对神学的目标走向了自身的反面，变成了另一种新的理性形而上学，"形而上学旨在改变不公平的目标已经破产，而哲学的目标必须致力于揭露，并设法消除不公平"①。因此，在霍克海默继任研究所所长之后，就提出了要把经验主义研究和哲学研究结合起来的构想。在霍克海默看来，单纯的经验主义研究仅仅是对现象的陈述，缺少反思和批判，虽然它提出了批判的丰富的素材但它本身并不具备批判性。要去除现实的枷锁，必须要打破人们的精神枷锁，这个任务要交给哲学。霍克海默认为哲学不是随意粘贴的标签，没有固定的标准和格式，它最大功能乃是对流行的东西进行反思和批判。沿着这个思路，霍克海默从经验和理论两个维度对形而上学肯定性的思维方式进行了清理和批判。在经验领域，霍克海默深入考察了晚期资本主义社会中政治、文化、科学的运行方式，批判了隐藏在它们身上的形而上学的思维方式。霍克海默认为在晚期资本主义社会，布满了狡诈和操控，经验世界只不过是形而上学思维方式的投射而已。"从一开始，目标就不是与某些观念协调，而是与流行的公众观点，一般口味相吻合；这些都是由专家们事先确定和设计的。"② 这种安排表面上看是迎合公众，满足大众的需求，实则是对公众赤裸裸的欺骗。在这种安排中，公众获得的不是自由而是枷锁。在霍克海默看来："正是文明制度的蔓延和工业化，造成了智力发展中的一些重要因素，由于内容的肤浅、智力器官的愚钝，和人类某些理性创造力的被淘汰而衰落甚至消失。"③ 因此，对经验的世界的反叛，决不能停留在传统形而上学的思维范式，而必须要突破这个界限，实现思维方式从肯定到否定的转变，这样才能保持一种理论与现实的紧张，因而才能对现实

---

① J. C. Berendzen. Postmetaphysical thinking or refusal of thought? Max Horkheimer's materialism as philosophical stance, *International Journal of Philosophical Studies*, Vol. 16, No. 5, 2008. p. 697.

② [德]马克斯·霍克海默：《批判理论》，李小兵等译，重庆出版社1989年版，第243—244页。

③ 同上书，第244页。

进行反思和批判。霍克海默在《启蒙辩证法》一书中言道:"意大利妇女抱着质朴的信仰为了战争中的孙子向神圣的守护神献上一支蜡烛,她可能比那些摆脱了偶像崇拜而祝福武器的俄国东正教教士和牧师长更接近真理,但神圣的守护神是无力反对武器的。"① 在霍克海默看来,只有彻底否定了人们形而上学式的精神幻想,才能让他们理解真实的世界(那个信仰在强大武器面前显得苍白无力的世界),意识到自身所受的压迫,进而才能化成变革现实的渴望。

霍克海默不仅对晚期资本社会的经验现象进行了否定性的批判,而且把对经验的否定上升到了对传统理论的否定。在霍克海默看来,经验世界中的形而上学图式是传统理论思维方式的一种映射,要批判现实必然要对操纵现实的理论基础进行批判。在《对形而上学的最新攻击》《传统理论与批判理论》等文本中,霍克海默把批判的矛头对准了流行的实证主义思潮,并认为这种思潮见物不见人,人和人的真实的生活被实证哲学彻底抽空了。霍克海默认为,这是自笛卡尔以来理性演变成工具理性的必然结果。要批判实证主义,就要对工具理性的演变历程进行重新审视和批判。在《启蒙辩证法》和《理性之蚀》等文本中,霍克海默对工具理性的演变及其造成的后果进行了深入的研究和批判,认为理性的演变会突破自身的界限回到原始的状态,理性的启蒙会倒退为神话,理性的批判会变成一种新的形而上学。"理论的任务是批判地、否定地揭发现在叫做理性的那个东西,并把这看作是理性的最大功劳。因此,社会批判同时就是哲学的自我批判。批判理论必须放弃唯心主义,要把貌似绝对的知识与妥协和解统一起来。"② 从一定程度上讲,霍克海默的否定性批判实现了形而上学范式的转型,即从肯定的范式过渡到否定的范式。霍克海默的这种否定性的思维,蕴含着无穷的批判的能量,它旨在要求人们不要屈服于现实,不要满足于理论,要时刻保持一种理论与现实的紧张,这样才能

---

① [德] H. 贡尼、R. 林古特:《霍克海默传》,任立译,商务印书馆1999年版,第74页。

② 同上书,第58页。

形成一种持久的动力，进而转变成诊治社会弊病的良药。"批判的否定的理论因而成了一种治疗方法，它使人看到启蒙客观上变成了疯狂，这种客观的变化是疯狂地自我旋转着的社会的产物，同时它也使人不会错误地把仇恨、不安定和攻击变成合理的。仇恨、不安定和攻击是社会驱使人们做出的，是对历史和传统的彻底的拒绝。批判的理论越是无情地摧毁对现存的空洞肯定和对思维的理想化，它就越能公正地尊重过去那些伟大的思想。"[①] 正是这种与现实和理论不断抗争的勇气和理论努力，使霍克海默领导的法兰克福学派获得了世界性的影响。在霍克海默以及法兰克福学派早期的主要代表人物的主要著作里面，我们可以看到"否定性"的抗争变成了他们主要的思想主线。就像霍克海默在《哲学的社会功能》一文的结语中言道："我们的任务是继续斗争，防止人类由于目前的可怕事件而彻底沮丧，防止人类社会的有价值的、和平和幸福的倾向丧失信心。"[②]

三　从形式逻辑到辩证逻辑——辩证法的出场

霍克海默的形而上学批判在引入辩证法的过程中成功实现了从形式逻辑到辩证逻辑的转向。霍克海默在对晚期资本社会的经验研究以及对传统理论的批判中发现，要构建批判理论，必须要对笛卡尔以来以理性原则为基础的认识论进行彻底的清理和批判。然而，霍克海默并不是要拒斥一切理性的形式，而是要反对笛卡尔式的传统理论的认识论方式。他认为以笛卡尔为代表的哲学范式有一个根本的缺陷，就是把理性公式化了，从而导致了传统理论陷入了一个悖论，即一方面，传统理论在工具理性的支配下成功实现了人对自然的控制，造成了人与自然的对峙，并最终造就了一个极权社会；另一方面，传统理论又无视这种对峙，忽视人性基础。现代性暴露出来的各种问题正是这种传统理论在现实中的一种映射，要对现代性进行反思和批判，就要对传统理论的思维方式进行革新。霍克海默认为，传统理论的最大

[①] [德] H. 贡尼、R. 林古特：《霍克海默传》，任立译，商务印书馆1999年版，第59页。

[②] [德] 马克斯·霍克海默：《批判理论》，李小兵等译，重庆出版社1989年版，第257页。

特点就是认为知识体系是独立于社会之外的一种特殊的思想体系的构建，它不关心社会现实活动，反而要尽力排除概念之外的内容，进行纯粹认识论上的抽象，从而构建一个独立的知识体系。在霍克海默看来，传统的认识论的形式逻辑范式仍然属于意识哲学的范畴，它根本不可能认识到社会现实的强大动力，更不可能认清理论与实践的辩证关系。"在从笛卡尔到黑格尔和从霍布斯到费尔巴哈这一长时期内，推动哲学家前进的，绝不像他们所想象的那样，只是纯粹思想的力量。恰恰相反，真正推动他们前进的，主要是自然科学和工业的强大而日益迅猛的进步。……黑格尔的体系只是一种就方法和内容来说唯心主义地倒置过来的唯物主义。"① 正是看到了社会现实的力量，霍克海默认为，批判理论绝不是独立于社会之外的纯粹的一种思想活动，批判理论是以认识论呈现出来的人的实践活动。在理论与实践的关系上，霍克海默成功引入了辩证法的因素，实现了对传统理论形式逻辑的辩证改造。

受黑格尔辩证法的影响，霍克海默的形而上学批判中隐藏着一条"辩证"的主线，即批判理论从不僵化地看待理论与实践的关系，它甚至没有固定的范式，提倡历史性原则是其主要理论特征。但是，和黑格尔不同，霍克海默引入的辩证法绝不是黑格尔意义上的唯心主义的概念辩证法，绝不是概念的自我运动和演绎。霍克海默对黑格尔的辩证法进行了合理的改造，汲取了其积极能动的因素，把其视为与形而上学相抗争的一种否定的动力。"霍克海默主张真正的唯物主义是辩证的，应涉及主客体相互作用的永恒过程，这里他又一次回到了世纪之交模糊了的马克思主义的黑格尔起源。与许多自封的马克思主义者不同，他像马克思一样把辩证法物化为不为人所控制的客观过程，也拒绝把辩证法当作是无序的多样性实在之上的韦伯'理想型'那样的方法论结构或社会学模型。"② 在霍克海默辩证逻辑中，已经注入了

---

① 《马克思恩格斯选集》第4卷，人民出版社2012年版，第233页。
② [美] 马丁·杰伊：《法兰克福学派史》，单世联译，广东人民出版社1996年版，第65页。

唯物主义的因素，并把它视为改造现实的一种重要力量。在《传统理论与批判理论》一文中，霍克海默还专门引入马克思、恩格斯的观点来批判传统理论。霍克海默指出："认为批判理论得自作为人类活动目标的历史分析，尤其是得自将满足整个共同体需要的合理社会组织观念的看法，是内在于人类劳动中但又没有被个人或一般精神正确地把握的看法。要理解和表达出这些趋向，还需要有某种利害关系。在马克思和恩格斯看来，无产阶级那里必然会产生这样一种利害关系。"① 和马克思、恩格斯一样，霍克海默并没有从"概念演绎"的意义上使用引入辩证法，而是把它植根于社会实践活动之中。在一定程度上，霍克海默和马克思、恩格斯一样实现了黑格尔辩证法头足倒置的翻转。

辩证逻辑作为霍克海默批判理论的主要法则，源于社会现实，又作用于社会现实。对极权社会的控诉和对未来自由社会的渴望，构成了这种辩证逻辑的张力，也是促动霍克海默研究造成极权社会原因的主要动力。海德格尔在1970年和理查德·维泽的电视谈话中指出："把技术世界的社会看作是形而上学的结果，是近代主体性的绝对化，这一主体性是笛卡尔建立的，从黑格尔以来则变为意志的绝对化，变为追求意志的意志。"② 霍克海默则在《启蒙辩证法》一书中，对理性的辩证形式进行深入剖析和解读，认为理性演变成了工具理性，成为晚期资本主义社会政治统治的主要工具。简言之，霍克海默认为，形式逻辑仅仅停留在概念的世界中，并不能触碰到真实的世界，当然也不可能变成变革现实的动力。改变现实的力量，只能从变动的历史中去寻找。就像马克思所言："只要背对着哲学，并且扭过头去对哲学嘟囔几句陈腐的气话，对哲学的否定就实现了。……一句话，你们不使哲学成为现实，就不能够消灭哲学。"③ 霍克海默也试图在经验世

---

① [德]马克斯·霍克海默：《批判理论》，李小兵等译，重庆出版社1989年版，第203页。
② [德]H.贡尼、R.林古特：《霍克海默传》，任立译，商务印书馆1999年版，第103—104页。
③ 《马克思恩格斯选集》第1卷，人民出版社2012年版，第8页。

界中，寻找到变革现实的动力。他的辩证逻辑正是试图寻找理论与实践统一的一种努力。但是，从根本上来讲，霍克海默的辩证法和马克思的辩证法仍有较大的差别，马克思不仅看到了资本主义的异化现实，而且通过组织和参加工人阶级运动，实现了理论与实践的融合，《资本论》的完成更是对其辩证思想的有力证明。与马克思相比，霍克海默的辩证逻辑显然缺乏对资本主义社会运行规律的有效分析，也缺乏领导工人运动的实践经验，因而，在一定程度上，霍克海默辩证逻辑的回归仍然停留在学者对被压迫人民的同情上，属于一种思想上的革命，而不是实践意义上的行动。

第二章　形而上学批判的思想渊源

　　作为20世纪初期最有影响的西方马克思主义思潮，法兰克福学派的诞生并不是空穴来风，它本身就是一个历史性的事件，是以霍克海默为首的法兰克福学派对马克思主义尤其是早期西方马克思主义、现代西方哲学省思的必然结果。因而，探讨霍克海默形而上学批判的思想渊源，就不得不认真梳理他与马克思主义、现代西方哲学以及早期西方马克思主义的复杂关联。从马克思主义的视角看，霍克海默虽然不是严格意义上的马克思主义者（甚至他有时声称自己不是马克思主义者），但是对马克思主义的批判思想却情有独钟，并把马克思主义和自己创立的新哲学统称为批判哲学。事实上，通过研读霍克海默的文本，就会发现马克思主义的批判精神对霍克海默的影响。在一定程度上，霍克海默继承和发展了马克思主义的思想，并实现了从"辩证唯物主义"到"辩证的"唯物主义的范式转换。从现代西方哲学的视角看，霍克海默的批判思想源于现代西方哲学的氛围，受其滋润，但并未囿于其中，而是实现了成功的突围，在一定意义上实现了从"抽象人本主义"到"历史人本主义"的范式转换。从早期西方马克思主义的视角看，霍克海默的批判思想是西方马克思主义时代化的产物，是马克思主义批判精神与时代相结合的必然结果，同时它的产生也起到了"化时代"的影响力。因而"时代化"和"化时代"构成了霍克海默对早期西方马克思主义继承和超越的动力和目的。

第一节 从"辩证唯物主义"到"辩证的"唯物主义
——对马克思主义的继承和发展

霍克海默在《唯物主义和形而上学》一文中阐述了批判理论的唯物主义基础。霍克海默认为现代哲学家狄尔泰、雅斯贝尔斯对形而上学历史类型的研究并没有抓住问题的关键之所在,对唯物主义的解读具有明显的偏见。在霍克海默看来,唯物主义并不是一种纯粹的意识哲学,它是和唯心主义相对的具有现实指向的一种哲学态度。和形而上学的肯定性思维方式不同,唯物主义总是和真实的社会生活联系在一起,它拒绝向现实社会妥协。和实证主义非历史性的理解社会现实不同,唯物主义总是把社会现实当成一种变化着的历史发展过程。总之,在霍克海默的理论视野中,批判理论的基础应该奠基在唯物主义之上,而不能停留在纯粹的意识哲学范围内,要把批判理论的张力和具体的社会现实结合起来。在对霍克海默的文本解读中,可以看到马克思主义辩证唯物主义对他的深刻影响,霍克海默理解的唯物主义和古代的朴素唯物主义、近代的机械唯物主义不同,毋宁说它更接近马克思主义的辩证唯物主义,即便霍克海默不是一个正统的马克思主义者,但马克思主义对他的影响却是不容置疑的。"70年代以来,法兰克福学派的后继者们理论上已分道扬镳。施密特被视为学派的'正统继承者',他坚持老一辈理论家们的基本思想和该学派早期阶段所固有的观点。断定'批判的理论'并不因70年代资本主义所发生的变化而失去作用,恰恰相反,由于它'是在独特的情况下形成的对马克思主义的解释'。"[①] 直至1971年,霍克海默仍然坚持说:"就我们的思想而言,马克思主义赢得了它的决定性意义。在我们经日内瓦移居到美国以后,对社会事件的马克思主义解释,毫无疑问仍然是占主导

[①] 欧力同、张伟:《法兰克福学派研究》,重庆出版社1990年版,第13页。

地位的。"① 但这并不意味着在两者之间可以简单地画上等号,和诉诸无产阶级革命运动以及对资本主义社会的基本经济矛盾进行深入分析的马克思主义宏大理论相比,霍克海默的阐述具有明显的小型叙事的特征。但在一定意义上,霍克海默实现了"黑格尔式"的唯物主义回归,把辩证法引入到了批判的视野,实现了从"辩证唯物主义"向"辩证的"唯物主义的范式转化。

一 对旧唯物主义范式的批判

在《唯物主义与形而上学》一文中,霍克海默对现代哲学的批判是从狄尔泰和雅斯贝尔斯对形而上学历史类型的研究切入的。霍克海默认为包括狄尔泰和雅斯贝尔斯在内的现代哲学家对形而上学的划分仍没有跳出意识哲学的"窠臼",是另一种"唯心主义"形而上学的翻版而已。因此,他们总是把唯物主义作为一种简单的形而上学的类型而加以拒斥,代表了一种现代流行的看待唯物主义的观点。霍克海默认为,这种现代哲学的态度没有抓住唯物主义的真正本质。

狄尔泰是近代德国"生活哲学"的创始人,在其看来"人"与"动物"的区别之处乃在于人由一套独特的"文化脉络"。狄尔泰提倡围绕对"生命意义"的思考,建立一种包括经济学、社会学、人类学、历史学、政治学、文学等综合性的"精神科学"。他主张把对生命意义的研究和历史理性批判结合在一起,具有明显的"历史相对主义"倾向。狄尔泰认为:"存在于精神世界之中的各种事实之间的种种关系表明,它们本身是与各种自然过程的一致性不可通约的,因为人们不可能使这些精神世界的事实从属于那些根据机械论的自然观念确立起来的事实。"② 因此,狄尔泰认为历史上学者对形而上学的划分具有明显的"主观性质",由于"信念"的不同,不同的形而上学类型之间存在着根本分歧。在霍克海默看来,狄尔泰对形而上学历史类型的划分具有明显的"唯心主义"倾向,他竭力构建的"精神科学"

---

① 欧力同、张伟:《法兰克福学派研究》,重庆出版社 1990 年版,第 19 页。
② [德] 威廉·狄尔泰:《精神科学引论》,董奇志、王海鸥译,中国城市出版社 2002 年版,第 27 页。

体系实质上是借助精神构造的工具实现的另一种形而上学的"变种"而已。狄尔泰的这种"唯心主义"倾向并不是其独特个案,而是现代哲学的一种共性特征。比如,雅斯贝尔斯同样强调"精神"的伟大作用,他认为:"人就是精神,而人之为人的处境,就是一种精神处境。"① 德国诗人胡腾的诗句"心灵觉醒了,而活着便是件欢快的事"②。而狄尔泰则认为:"洛克、休谟和康德所设想的认识主体的血管之中并没有流淌着真正的血液,而毋宁说只存在作为某种单纯的思想活动的、经过稀释的理性的汁液。"③ 在这种"精神构造"工具的指引下,狄尔泰把包括唯物主义、唯心主义在内的主张都还原为一种精神的存在物。正是在这种意义上,他认为唯物主义仅仅是一种形而上学的类型而已。霍氏认为,狄尔泰和雅斯贝尔斯对形而上学历史类型的分析,虽然具有宏大的气魄,但是并没有抓住历史的本质,即并没有厘清唯物主义和唯心主义的本质区别,这种粗暴的简单的划分本身具有明显的形而上学思维的特征。霍氏认为造成这种误解的原因乃在于"人们并没有以正确的方式去研究唯物主义理论与实践"④。

霍克海默认为把唯物主义简单地归于形而上学的范畴是不科学的,因为这种划分简单地把唯物主义发展史整齐划一了,并没有考虑不同唯物主义形态的区别,更没看到唯物主义与唯心主义的对立。霍克海默指出狄尔泰对唯物主义的看法只不过是流行的唯物主义的概念而已。事实上,自古希腊以来,唯物主义经历了多种形态的发展,各种形态之间有较大差别。唯物主义首先是与唯灵论相对立,然后才与唯心主义相对立。唯物主义出现的不同形态恰恰反映了不同时代的特征。在古代由于生产力和科学技术的相对落后,人类还无法摆脱自然的纠缠,在伟大的自然面前,人总是显得无能为力。适应这个社会阶

---

① [德] 卡尔·雅斯贝尔斯:《当代的精神处境》,黄藿译,生活·读书·新知三联书店1992年版,第3—4页。
② 同上书,第5页。
③ [德] 威廉·狄尔泰:《精神科学引论》,董奇志、王海鸥译,中国城市出版社2002年版,引言第6页。
④ [德] 马克斯·霍克海默:《批判理论》,李小兵等译,重庆出版社1989年版,第11页。

段的特征产生了唯物主义的最初形态即朴素唯物主义。根据亚里士多德的记载,"泰勒斯以为水是原质,其他一切都是由水造成的;泰勒斯又提出大地是浮在水上的"①。米利都派的哲学家阿那克西曼德认为:"万物都出于一种简单的原质,但是那并不是泰勒斯所提出的水,或是我们所知道的其他的实质。它是无限的、永恒的而且无尽的。"②米那都学派三杰之一的阿那克西美尼认为:"基质是气。灵魂是气,火是稀薄化了的气;当凝聚的时候,火就先变为水,如果再凝聚的时候就变为土,最后就变为石头。"③而德谟克利特和伊壁鸠鲁则认为世界的本原是原子。同样在中国古代社会,也有五行之说,即认为金、木、水、火、土五种元素中的一种构成了世界的本原。例如荀子认为"气"构成了世界的本原,提出了"形具而神生"的重要命题;王充则认为"天地合气,万物自生"。这些朴素唯物主义的观点在今天看来漏洞百出,甚至是完全错误的,但即便这样我们仍然认为这是古人在久远的历史认识世界的一种智慧。它的意义不在于它正确与否,而在于它启发了人们探索自然的智慧。唯物主义发展的第二个形态被称之为机械唯物主义(或形而上学唯物主义),是适应资本主义社会的发展,随着科学技术的快速发展应运而生。西方进入近代以来,物理学、化学、生物学等领域发生了革命性变革,为人们认识和改造世界提供了先进的工具。显微镜的发现和运用,促进了细胞学的快速发展,人们借助它可以观察到以前用肉眼不可能观察到的"物质"。这场由科学革命引起的巨大变革,彻底改变了人们认识世界的传统看法,在哲学界也掀起了一场革命。哲学家们普遍认为"原子"是不能再分的,是最小的"物质",它构成世界的本原。霍布斯在《利维坦》一书刚开头,就宣布自己的彻底唯物论,他说:"生命无非就是四肢的运动,所以机器人具有人造的生命。国家——他称之为'利维

---

① [英]罗素:《西方哲学史》上卷,何兆武、李约瑟译,商务印书馆2013年版,第31页。
② 同上书,第32页。
③ 同上书,第34页。

坦'——是人工技巧创造的东西，事实上是一个模造的人。"① 洛克则认为心灵就如同一张白纸，离开经验什么都没有，他认为："心灵绝不能给自己作出任何单纯观念，这种观念完全是事物按自然的方式作用于心灵上的产物。"② 这样，哲学家们从朴素的唯物主义过渡到了机械唯物主义形态。费尔巴哈在批判德国唯心主义时，恢复了唯物主义的权威。但在马克思的眼中，他仍然是一个半截子的唯物主义者。费尔巴哈和其他唯物主义哲学家相比向前走了一大步，他看到了人的存在，但在他的眼中，人仍然不过是一种"抽象的符号"而已。所以马克思认为："当费尔巴哈是一个唯物主义的时候，历史在他的视野之外；当他去探讨历史的时候，他不是一个唯物主义者。在他那里，唯物主义和历史是彼此完全脱离的。"③

为深入地探讨唯物主义的发展形态以及原因，我们不妨来参考一下恩格斯的解读。恩格斯在《路德维希·费尔巴哈和德国古典哲学的终结》一文中认为："全部哲学，特别是近代哲学的重大的基本问题，是思维和存在的关系问题。"④ 恩格斯认为这个哲学的基本问题是人们在经历了长期的蒙昧时代之后的一种自觉（不管是在远古时代人们对"灵魂"的崇拜还是在中世纪对"神"的崇拜，人们实际上都没有完全获得精神的自觉）。恩格斯认为依据哲学的基本问题作出的"唯物主义"和"唯心主义"的划分仅仅在区别这两个学派上有意义，如果强行赋予其其他意义，就会造成混乱。在霍克海默看来，狄尔泰和雅斯贝尔斯都没有完全理解恩格斯关于"哲学基本问题"的定义，因而造成了对唯物主义理解的混乱。狄尔泰认为："唯物主义或者自然科学的一元论就像柏拉图的理念学说一样，都变成了某种形而上学；因为它也研究论述对于存在的那些普遍必然的确定过程。"⑤ 在我们看

---

① ［英］罗素：《西方哲学史》下卷，何兆武、李约瑟译，商务印书馆2013年版，第73页。

② 同上书，第153页。

③ 《马克思恩格斯选集》第1卷，人民出版社2012年版，第158页。

④ 《马克思恩格斯选集》第4卷，人民出版社2012年版，第229页。

⑤ ［德］威廉·狄尔泰：《精神科学引论》，董奇志、王海鸥译，中国城市出版社2002年版，第213页。

来，狄尔泰这种简单地把唯物主义归结为形而上学的做法，既没有认真区分唯物主义的不同形态，也没有抓住唯物主义的真正本质。如果把唯物主义仅仅看作是以物质过程解释世界和影响心灵的一种哲学，那么这种哲学的确很难解释"精神从何而来"这个复杂的课题，因而很容易被哲学家们看作是一种形而上学而加以唾弃。恩格斯在区别唯物主义和唯心主义时指出："如果一个人只是由于他追求'理想的意图'并承认'理性的力量'对他的影响，就成了唯心主义者，那么任何一个发育稍稍正常的人都是天生的唯心主义者了，怎么还会有唯物主义者呢？"① 正是从这个意义上说，霍克海默认为狄尔泰和雅斯贝尔斯没有真正理解唯物主义。

我们认为狄尔泰和雅斯贝尔斯对形而上学类型的研究和分析仍然停留在"意识哲学"的层面，即他们都是从一种"精神构造"来解释形而上学。狄尔泰的"生命解释学"受到了心理学的深刻影响，具有明显的"主观主义"色彩。他认为："任何一种形而上学体系，都不过代表了人们据以瞥一眼这个世界之谜的某种立场而已。它具有使这种立场和时代、使这种精神状态、使人们对待自然界和他们自己的方式，重新对我们显现出来的力量。"② 狄尔泰并没有像黑格尔一样承认一种"绝对精神"对世界的统领，也没有像海德格尔一样沉浸在对"在"的追思③，他这种关注生命的解释既没有真正理解唯物主义的要义，也偏离了真正的唯心主义的要义，仅仅停留在一种"相对主义"的立场。在霍克海默看来，他仅仅看到了唯物主义的认识论功能，而忽视了其实践功能，霍氏认为："实际上，唯物主义并不意味

---

① 《马克思恩格斯选集》第 4 卷，人民出版社 2012 年版，第 238 页。
② ［德］威廉·狄尔泰：《精神科学引论》，董奇志、王海鸥译，中国城市出版社 2002 年版，第 310 页。
③ 海德格尔认为，精神既不是空空如也的机智，也不是无拘无束的诙谐；又不是无穷无尽的知性剖析，更不是什么世界理性。精神是向着本质的、原始地定调了的。有所知的决断。精神是对在者整体本身的权能的授予。精神在哪里主宰着，在者本身在哪里随时总是在得更深刻。参见海德格尔《形而上学导论》，商务印书馆 2014 年版，第 50 页。

着对现实本身问题的看法；它还代表着一系列观念和实践的态度。"①我们认为霍克海默所理解的唯物主义既不同于古代的朴素唯物主义也不同于近代的形而上学唯物主义，毋宁说更接近辩证唯物主义的概念。在他看来，人们之所以把唯物主义当作粗俗的概念加以拒绝乃在于没有看清唯物主义中包含的面向现实的"革命性"特征。狄尔泰和雅斯贝尔斯的"精神构造"不仅仅是个案，而是现代哲学的一般思想倾向，"随着对完臻体系的绝对实用性的信仰的消逝，文化形式、它们的节奏、内在联系，以及整齐划一这一系列东西，遂成为精神构造的工具"②。因而，在现代哲学家的视野中，唯物主义因其浅薄性和不充足性而很难被人们所接受。霍克海默认为这完全是现代哲学家对唯物主义的误解。事实上，唯物主义并没有像现代哲学家所言的那么粗浅，"唯心主义具有的东西，唯物主义也同样具有"③。它同样包含了像唯心主义所倡导的"理念""信念"等概念，但认为这些概念基于一定的社会现实基础，而不像唯心主义认为的来源于人们的精神构造。在霍氏的理论视野中，唯物主义和实践紧密相关，只有把唯物主义植根于具体的社会现实，才能发挥其强大的"实践功能"。正如马克思所言："只有在现实的世界中并使用现实的手段才能实现真正的解放；没有蒸汽机和珍妮走锭精纺机就不能消灭奴隶制；没有改良的农业就不能消灭农奴制；当人们还不能使自己的吃喝住穿在质和量方面得到充分保证的时候，人们就根本不能获得解放。"④ 因此，可以判定，霍氏把对唯物主义的阐述和人们的普遍解放结合在了一起，其对唯物主义的强调乃在于为批判理论提供一种可靠的基础。

二　形而上学与唯物主义

与狄尔泰和雅斯贝尔斯把唯物主义简单归结为形而上学的一种类

---

① ［德］马克斯·霍克海默：《批判理论》，李小兵等译，重庆出版社1989年版，第15页。
② 同上书，第10页。
③ 同上书，第15页。
④ 《马克思恩格斯选集》第1卷，人民出版社2012年版，第154页。

型不同，霍克海默认为唯物主义和形而上学具有本质的区别①。

（一）保守性与革命性

在霍氏看来，形而上学的特征乃在于依据不可言说的"洞见"来规划人们的生活，并总能预示人们的未来。在形而上学的思维方式中，好像一切都与真实的现实生活毫无关联，一切早在思维中预设好了，人们不能改变它，只能顺从它。霍氏认为形而上学这套把戏不过是神学的一种翻版而已，形而上学所设定的"存在"就像"上帝"一样具有无所不能的"神力"，人们违背了形而上学的教条，就像冒犯了上帝一样，会受到惩罚。正是这样，形而上学沉醉于自我设想的"王国"中，把编造欺骗人们的"谎言"看成是哲学的智慧。就像狄尔泰所言："在形而上学家决定什么东西可以设想的过程中对他发挥引导作用的，都是一种有关自我的意象、都是一种心理活动的意象。"②

霍氏认为形而上学的这种思维方式是其与社会生活彼此相分离的必然结果，在这种分离中人们进入了一种相对孤立的状态，看不到自然的伟大力量和工业社会欣欣向荣的发展，在纯粹意识中构建超越自身的有限性的"无限王国"。马克斯·舍勒把形而上学描述为"人试图超越自身作为有限的自然存在物这种企图，是人欲使自己神圣或像上帝一样的企图"③。而霍氏则认为，这种做法只不过是一种空想而已，唯物主义从来不听信神的召唤，相反它试图通过实践活动使神听从自己的召唤。在霍克海默的理论视野中，唯物主义是和"革命性"联系在一起的。在他看来任何真实的东西不是看不到的"洞见"而是真实的物质的东西，就像马克思所言："意识在任何时候都只能是被

---

① 霍克海默理解的唯物主义和形而上学的区别乃在于两者对待现实的态度。霍氏认为形而上学关注的是"整体之谜"，停留在意识哲学的范畴，因而总能在忽视社会现实的理论构建中得出肯定性的结论；而唯物主义则关注社会现实，具有一种实践情怀。

② [德] 威廉·狄尔泰：《精神科学引论》，董奇志、王海鸥译，中国城市出版社2002年版，第309页。

③ [德] 马克斯·霍克海默：《批判理论》，李小兵等译，重庆出版社1989年版，第17页。

意识到了的存在，而人们和他们的存在就是他们的现实生活过程。"①因此，只要人们能考虑到自身所处的真实环境，并以此决定自身的行为，那么就不会身陷形而上学的怪圈之中。在形而上学的理论建构中，一切特殊的东西不过是"普遍东西"（在此指本质的存在，就像黑格尔哲学中的"绝对精神"一样）的一种示例，是精神存在的一种外化而已。黑格尔认为："'绝对'就像一颗宇宙的'种子'，其中蕴涵着后来发展出来的所有因素，而只有成长为根深叶茂的参天大树，并且通过宇宙发展的最高阶段人类精神而达到了自觉或自我意识，才是真正现实的'绝对'即'绝对精神'。"②黑格尔作为形而上学体系的集大成者可谓代表一般形而上学的哲学态度。霍克海默认为，唯物主义同样注重原理的构建，但它坚定认为原理任何时候都和具体的生活环境密切相关，因而它代表了与形而上学不同的哲学态度，把唯物主义简单归结为一种形而上学的类型是一种误读，"在霍克海默的视野中，唯物主义不是形而上学，因为它面向解放的目标，而不是现实社会的一种总体图景"③。不管是诉诸实证主义的"特定结构"、思辨哲学的"精神构造"还是神学的"洞见"，其实都无法摆脱"绝对观念"的窠臼，从根本上讲，这种哲学态度仍然局限于"意识哲学"的范畴，属于唯心主义哲学。正是从这个意义上，霍氏认为"今日唯物主义和形而上学的斗争，说到底，是唯物主义与唯心主义的冲突"④。

（二）欺骗与救赎

在霍氏看来，唯心主义哲学之所以在现代盛行和统治阶级的需求是分不开的。霍氏认为具有形而上学思维方式的唯心主义正好迎合了

---

① 《马克思恩格斯选集》第1卷，人民出版社2012年版，第152页。

② 张志伟：《形而上学的历史演变》，中国人民大学出版社2010年版，第208—209页。

③ J. C. Berendzen. Postmetaphysical thinking or refusal of thought? Max Horkheimer's materialism as philosophical stance, *International Journal of Philosophical Studies*, Vol. 16, No. 5, 2008. p. 712.

④ [德]马克斯·霍克海默：《批判理论》，李小兵等译，重庆出版社1989年版，第20页。

资产阶级统治的需要。在晚期资本主义社会,"统治阶级和被统治阶级,都不满意把它们的承诺仅仅看作是它们特定需求和欲望的表达。它们同时还宣称,它们的承诺是依照世界和人的永恒本性建立起来的原则"[①]。因而,统治阶级需要有一种能证明并维护自身统治需要的哲学来论证统治的合法性,唯心主义对"永恒理念"的追求正好迎合统治阶级的需要。在霍氏看来,资本主义社会所倡导的"自由""民主""平等"等理念只不过是唯心主义哲学的一种形而上学的思维方式而已,具有极大的"欺骗性"。这些理念是资产阶级获取合法统治地位的一种"招数",而事实上,在"自由"面前是真正的"不自由",在"平等"面前是真正的"不平等",在"民主"面前是真正的"不民主"。资产阶级用这种虚假的"肯定性"换取了"政治统治权",而民众则被这种"肯定性"所欺骗仍然生活在水深火热之中。然而,形而上学却无视这种人间疾苦,用"义愤""同情""爱慕""团结"等空洞的言辞代替这个悲惨世界。在形而上学面前,现实生活中的悲惨遭遇,不仅不能被改变,而且被看成一种永久的"合理性",因而,对幸福的追求也只能被看成一种"渴望"。因此,霍克海默言道:"在今天,为更好的事物秩序进行的斗争,已对那种陈旧的超自然辩解敬而远之。适宜这场斗争的理论,在今天,是唯物主义。"[②] 霍氏认为,唯物主义的奋斗目标乃在于摆脱幻想,在晚期资本主义社会导致人们疾苦的根源不在唯心主义的"概念"之中而与资本主义的社会结构相关,因此,反对晚期资本社会的"异化"现实变成了唯物主义的主要内容。

(三)宿命论与历史决定论

霍克海默认为造成现代唯心主义僵化的思维方式的根源乃在于它总是把一种最高的"精神理念"看成是一个永恒问题,不同的形而上学家可以超越时空进行对话。霍氏认为,形而上学家们不仅在解释过

---

① [德]马克斯·霍克海默:《批判理论》,李小兵等译,重庆出版社1989年版,第20页。
② 同上书,第20—21页。

去，更重要的是要通过抽象的"理念"预示未来。在他们看来，未来的发展已经在精神的预设之中，现实是精神展开的一幅图景。因而，一切好像都是井然有序而又固定不变的，人们无法改变这一切。因而，在形而上学的谋划中，我们看到了"宿命论"。然而，唯物主义却从来没有试图构建超时间性的言说，在他们看来，社会历史的发展变化才是理解历史的秘密所在，因而它总是指正悲惨的过去、批判不合理的现实，但从来不妄言可预期的未来。在霍氏看来："历史唯物主义观念不是哲学系统和形而上学。它的目标不在于沉思在永恒的类别和自在之物，它的对象不是抽象的，而是具体的给予的世界。"① 形而上学家总是狡辩说，从杂多的现实中不可能构建一种确定不移的知识体系，因此，必须借助理性的完美来为知识确定可靠的基础。康德在《纯粹理性批判》一书中就试图回答如何才能确定有效的知识体系。他认为在考察知识的来源之前，要首先对人们何以认识世界的能力进行一番考察，并由此引发了一场"认识论"上的"哥白尼革命"。但康德的理论构建是基于一种先验范畴，"人为自然立法"实乃是把"先验范畴"投射"自然"。显然，康德虽然考察了人的认识能力，但这种考察在很大程度上仍然停留在主观臆想层面上，属于"唯心主义"范畴。恩格斯认为对这种唯心主义的批判最有力的证据不在于理论的辩解而在于"实验"和"工业"，"既然我们自己能够制造出某一自然过程，按照它的条件把它生产出来，并使它为我们的目的服务，从而证明我们对这一过程的理解是正确的，那么康德的不可捉摸的'自在之物'就完结了"②。在霍氏看来，造成唯心主义者误解历史的原因是他们并没有深入历史之中，而是飘浮在历史之外，因而他们从来没有看到真实的历史。康德的"独断论"是这样，黑格尔的"概念辩证法"也不例外。黑格尔把世界的发展看成是"概念"的自我演化，他突出的"实体即主体"的命题虽然初衷在于终结

---

① Peter M. R. Stirk, *Max Horkheimer: A New Interpretation*, Lanham: Barnes & Noble Books, 1992, p. 4.
② 《马克思恩格斯选集》第4卷，人民出版社2012年版，第232页。

"独断论",然而这只不过是"绝对精神"画下的更大的一个"圆圈"而已。因此,"黑格尔体系的全部教条内容就被宣布为绝对真理,这同他那消除一切教条东西的辩证法是矛盾;这样一来,革命的方面就被过分茂密的保守的方面所窒息"①。这样,"概念辩证法"中蕴藏的革命因素被形而上学的"肯定"取代了。霍氏认为唯物主义也强调"概念"的作用,但它从来不会在冥思苦想中来塑造"概念",而是把"历史性""现实性"引入到理论构建之中。霍氏认为,唯物主义发展到费尔巴哈、马克思和恩格斯已经远远超出了旧唯物主义的水平。在对黑格尔唯心主义体系的批判中,马克思继承了黑格尔辩证法中积极的因素,实现了黑格尔辩证法的"头足倒置"的转换,创立了辩证唯物主义。马克思言道:"全部社会生活在本质上是实践的。凡是把理论引向神秘主义的神秘的东西,都能在人的实践中以及对这种实践的理解中得到合理的解决。"② 霍氏认为虽然唯物主义也需要概念,但"概念"在唯物主义那里具有纯粹间接的意味,唯物主义的主要任务不是要进行"概念演绎",而是要对现实进行考察。霍氏认为:"唯物主义的兴趣并不在世界观或人的灵魂。它所关注的是变革人由之受苦受难的具体条件,这些条件,当然也必定使人的灵魂遭到挫折。"③ 从对待唯物主义的态度上,可以推断霍氏赞同马克思的"实践观"。

霍克海默对唯心主义的批判,并不是要将其完全抛弃④。"霍克海默对其他哲学家(他们试图表明,经济发展植根于信念、概念发展)的反形而上学批判在于源于一种传统的唯物主义的解释。"⑤ 霍氏认为

---

① 《马克思恩格斯选集》第4卷,人民出版社2012年版,第224页。
② 《马克思恩格斯选集》第1卷,人民出版社2012年版,第135—136页。
③ [德]马克斯·霍克海默:《批判理论》,李小兵等译,重庆出版社1989年版,第30页。
④ 从人是一种理性的存在而言,不管是唯物主义还是唯心主义都不过是从人的立场出发的不同解说而已,离开了理性的人,不可能有任何理论的建构。因此,从这个角度理解,理论家首先都是"唯心主义"者。
⑤ J. C. Berendzen. Postmetaphysical thinking or refusal of thought? Max Horkheimer's materialism as philosophical stance, *International Journal of Philosophical Studies*, Vol. 16, No. 5, 2008. p. 701.

许多唯心主义体系中不乏有一些深刻见解,也包含唯物主义的因素,这一点是无法否认的。霍氏对唯心主义的批判主要是基于它脱离了社会现实而强调"精神构造"。这样的理论至多在"认识论"有意义,对社会现实有何意义呢?"使精神上的差异成为如此重要,并不是因为唯心主义错误地把心灵看成是无限的;而是在于,它在做这件事的时候,把人类生存的物质条件的变革看作是次要的东西。"① 霍氏这种唯物主义的解释乃在于恢复理论对现实的关注和批判,这与他提倡的关注现实研究的批判风格是一致的。

三 实证主义与唯物主义

霍克海默理解的唯物主义已不属于机械唯物主义的范畴,在他看来"唯物主义并不把自己捆死在一套物质的概念上,除了向前发展的自然科学外,没有任何权威能宣布物质是什么"②。在霍克海默的理论视野中唯物主义是和"历史性"相连的一个哲学范畴,它关注社会历史的变化和人的生存境遇,具有"否定性"精神和革命情怀。霍克海默理解的唯物主义和其注重经验研究的批判风格是统一的。因此,在其对唯物主义进行深入研究时,不可避免地要对现代流行的实证主义进行详细的清理和批判。

(一) 作为直觉主义的实证主义

霍克海默认为实证主义打着科学的口号进行的却是一种非历史性的研究,在实证主义那里,历史总被排除在外。实证主义的开创者孔德认为:"实证一词指的是:其一,真实,与虚幻相反;其二,其表示有用与无用的对比;其三,表示肯定与犹疑的对立;其四,以精确对照模糊。"③ 孔德所处的年代,人们已经摆脱了神学的束缚,科学主义思潮大行其道,成为展示人们理性的一把闪耀的利剑。孔德的思想继承了休谟的"理性批判"精神,认为知识来源于经验事实。但在孔

---

① [德] 马克斯·霍克海默:《批判理论》,李小兵等译,重庆出版社1989年版,第32页。
② 同上书,第33页。
③ [法] 奥古斯特·孔德:《论实证精神》,黄建华译,商务印书馆1996年版,第29—30页。

德理论视野中，所谓道德的经验不过是个人的"感觉"而已。孔德认为严格的科学基础应该建立在分析现象上，而不是"物自体"和"存在本身"，这样才能为科学找到真实的法则。在孔德看来，一切不能被感觉经验证实的都是毫无意义，当然也不可能构成科学研究的对象。孔德对实证主义的表述事实上是一种"现象学"的解释，即他研究的知识领域像康德一样被界定在"现象界"，"孔德首次提出科学和哲学的对象，仅仅是在于经验、所与或'实证的'方面，在这个有关事物现象以外的客观实在和事物本身，都是为'实证的'科学所不能了解的，都应该作为一种'形而上学'而排斥于哲学领域之外"①。和孔德相似，马赫对科学的解释带有"实用主义"色彩，他认为包括人的情感因素在内的一切存在物只有被还原为具体的元素才能被证实和理解。在他看来物质只不过是一大堆元素的集合体而已，例如"桌子"由颜色、压力、时空等要素构成，除此之外作为"桌子"背后的那个实体（自在之物）不是我们研究的对象。马赫指出："我们应用现象的概念不要将现象与其他的东西联想起来，以为在现象后面还有某种东西独立存在着，所谓现象就是这种东西的现象，我们所能认识的只是现象，而作为这种现象的本质如物质实体或物自体是根本不能认识的。"② 显然，孔德和马赫都受到了康德思想的影响，他们认为的"感觉经验"只不过是一种具有"主体性"的一种自我感觉而已，然而不同"主体"之间怎么解决"主体间性"呢？在这个问题上他们陷入了无法解决的"悖论"之中。在霍克海默看来，孔德和马赫的"现象学"不过是康德哲学的翻版而已，他们的经验主义批判因而是一种唯心主义的形而上学。霍克海默认为实证主义把知识看作是一堆知识的事实的符号，已经丧失了理论的能动性，事实上已经倒退到黑格尔哲学以前的水平。在黑格尔的哲学中到处显现着"辩证法"的火花，它拒斥一切僵化的范畴，在"实体即主体"思想的指引下，至少黑格尔以唯心主义的形式展示了世界整体发展的面貌。但在孔德和马

---

① 洪谦：《论逻辑经验主义》，商务印书馆2005年版，第212页。
② 同上书，第214页。

赫的视野中，世界只不过是一堆事实的符号，知识的研究是独立于社会之外的，因而他们的研究变成了一种"经院哲学"。事实上，"我们不能满足于赤裸裸的实验，除概括之外，还要矫正它们。科学是用事实建立起来的，但收集一堆事实并不是科学。尤其是，彭加勒已经透露出后现代科学哲学的先声：不可能毫无先入之见地做实验，有时思想要超过实验"①。霍克海默认为，早期的实证主义事实上就是一种直觉主义，它强调的"主体"的感觉早已变成了僵死的教条和公式，是孤立的个人的言说而已。从这个层面上看，"实证主义与其说接近于唯物主义，毋宁说更接近直觉的形而上学，虽然它错误地把直觉的形而上学和唯物主义撮合在一起"②。霍克海默认为，实证主义这种做法，完全剥夺了理论的启示性效力，它的直接后果导致了哲学在现实面前"失语"，丧失了批判性的功能，间接地变成了"顺从哲学"。

（二）作为物理还原主义的实证主义

作为实证主义门徒的逻辑实证主义并没有在批判形而上学的征途中像霍氏所期望的一样实现"社会哲学"研究的范式转型，反而走向了其批判的反面，变成了一种朴素的形而上学。逻辑实证主义者看到了早期实证主义的"直觉现象学"的弊端，认为它仍然停留在"主体性"的范畴中，实际上是一种披着"客观性"外衣的纯粹的"意识哲学"，"主体"感觉经验的不可通约性导致了一种相对主义。逻辑实证主义认为这种建立在"直觉主义"基础上的知识建构并不能保证知识的客观有效性。为避免早期实证主义的逻辑悖论，逻辑实证主义者试图通过"物理还原主义"替代"直觉主义"，其方式是把包括经验在内的一切东西还原成"物理学语言"，实现一种"主体间性"的目的。在逻辑实证主义者看来，知识只有建构在这样的基础上才能保证其有效性。然而，逻辑实证主义者并没有实现他们最初的目的，反而走向自身的反面。事实上，把一切东西还原成"物理学语言"既

---

① [法] 昂利：《彭加勒》，李醒民译，商务印书馆2009年版，中译者序第26页。
② [德] 马克斯·霍克海默：《批判理论》，李小兵等译，重庆出版社1989年版，第37页。

是不可能的也是不实际的。后现代学者利奥塔在《后现代状态》一书中通过语用学的分析，对科学语言进行了深刻的解析和批判。在利奥塔看来，科学语言并不比其他语言更胜一筹，它一开始就受到"叙事语言"的纠缠。各种语言之间因"游戏规则"的不同，具有不可通约性，因此，并不存在一种"元语言"。蒯因也同样认为不同语言之间具有"异质性"，他认为："翻译的困难主要源于不同的语言以不同的方式剪接世界，不同的语言后面隐藏着不同的本体论。"[①] 此外，由于人的情感因素的复杂性，至少现在科学还没证明能把智力因素完全毫无差别地转换为某一种语言形式。维特根斯坦在《逻辑哲学论》中认为："我们感到，即使所有可能的科学问题都得以解答，生活的难题依然完全未被触及。当然，此时再没有问题留下来了，而这本身就是回答……的确存在着不可能用言词表达的事物。它们使自己显现出来。它们即是神秘的东西。"[②] 霍氏指出，唯物主义不相信离开生活的一种纯粹的"物理学"，离开了具体的社会生活一切都无法得到合理的解释。

（三）唯物主义与实证主义的异同

逻辑实证主义越往后发展，就越背离了自己的初衷。在霍氏看来，逻辑实证主义者漠视人性基础，认为知识是独立于社会生活之外的，堆在他们面前的不过是一堆剪切过的"命题符号"而已。逻辑实证主义者卡尔纳普认为："一个词（在一定的语言里）具有意义，通常也说它标示一个概念。如果它只在表面上有意义而实际上没有，我们就说它是一个'假概念'。"[③] 维也纳学派的著名人物纽拉特认为要对所有记录命题进行"主体间性"的改造，以避免"唯心主义"和"形而上学"的侵袭，"事实上纽拉特和早期霍克海默更关心形成一种没有形而上学的唯物主义的风格。纽拉特所谓的物理主义代表了一

[①] 周超、朱志方：《不可通约性与科学合理性——库恩科学合理性理论研究》，《武汉大学学报》（哲学社会科学版）2004年第4期。

[②] ［德］马克斯·霍克海默《批判理论》，李小兵等译，重庆出版社1989年版，第39—40页。

[③] 洪谦主编：《逻辑经验主义》，商务印书馆1982年版，第15页。

种不承认形而上学的唯物主义的态度。霍克海默同样试图发展一种不降低为形而上学（特别是关于心灵和物质的形而上学）的唯物主义"①。在拒斥形而上学的态度上，纽拉特和霍克海默有相似之处。但是在对待唯物主义态度上，并不能把两者简单地等同。纽拉特的唯物主义观点事实上就是一种"物理主义"，即认为把包括生物学、心理学等通过"物理学还原"以期获得"主体间性"，从而保证知识的客观有效性。但是，这种方式只不过是一种静态的认识论的方式，仍然停留在认识论的说教。总之，逻辑实证主义者关心的就是"构建命题"，是一种典型的形式逻辑。事实上，自康德和黑格尔以来，人们已经清楚完全排除"主体性"是不可能的。在黑格尔看来，形式逻辑极有可能导致一种僵化的知识结构，"形式的知性并不深入于事物的内在内容，而永远站立在它所谈论的个别实际存在之上纵观全体，这就是说，它根本看不到个别实际存在"②。霍氏同样认为逻辑实证主义导致了一种朴素形而上学的诞生。和黑格尔不同，霍氏对逻辑实证主义的批判不是建立在概念的辩证法之上，而致力于一种和社会紧密相连的唯物主义基础之中。霍克海默认为，唯物主义和实证主义的相同之处乃在于都承认来源于生活中的感觉经验是真实有效的，但他并没有像后者把这种感觉概念化并走向独断论；相反，他认为唯物主义时刻都是一种"历史性"的存在，并不存在一种隔断现实的唯物主义。即便唯物主义也需要概念和原理，但是在霍氏看来，它们离不开具体的历史前提。因此，霍氏认为："唯物主义者当然要诉诸一些普遍标准，但他不会忽视这样的事实：一旦他所要求的决定性因素具备后，同样的决断只有寄希望于同样的心理境况。这些境况本身具有它们的社会性和个体性因素，它们具有历史的维度。"③ 在这一点上，我们认

---

① John O'Neill and Thomas Uebel, Horkheimer and Neurath: restarting a disrupted debate, *European Journal of Philosophy*, Vol. 12, No. 1, 2004. p. 85.

② [德] 黑格尔：《精神现象学》上卷，贺麟、王玖兴译，商务印书馆1979年版，第36页。

③ [德] 马克斯·霍克海默：《批判理论》，李小兵等译，重庆出版社1989年版，第41页。

为霍氏抓住了唯物主义的要义,和旧唯物主义、唯心主义以及实证主义有质的区别,毋宁说,他更接近于马克思对唯物主义的理解。

四 霍克海默"辩证的"唯物主义观

霍克海默对唯物主义的阐述乃在于为其批判理论寻找一个可靠的哲学基础,在霍氏看来,当代唯物主义绝不同于以前唯物主义,它必须首先作为一种解放的理论才会获得自身的价值和意义。"霍克海默要把哲学的唯物主义概念从形而上学或唯心主义分离出来(这是后来被命名为'批判理论'的所有意图和目的)。对于霍克海默,其哲学方案是要取代掩盖了真正的实际需要的现实世界的发明'图片'。"[1]因此,霍氏对唯物主义的理解是和其构建批判理论的逻辑进路是一致的,即他希望通过唯物主义能发挥其"实践性""解放性"的批判功能,关注人间疾苦,重视人们的生存境遇,进而实现解放人的目的。

(一)关注社会现实基础

贡尼认为:"霍克海默的社会批判理论不仅应该是经验科学,而且应该是实践科学,它是要进行社会斗争,是要消灭不公平。霍克海默不但从一开始起就希望工人阶级能理解这种理论,而且希望工人阶级有能力和准备进行革命。"[2]因此,霍克海默对当代唯物主义的定义,从来没有停留在"空洞"的泛泛而谈,他对唯物主义的理解是和早期法兰克福学派重视经验主义研究的传统一致的。霍氏对晚期资本主义国家的科学、文化、政治等领域的批判,可以说是奠基于其唯物主义之上的,离开了这个基础,霍氏的批判理论也不过是空中楼阁而已。霍氏在对唯心主义形而上学批判时,总是诉诸晚期资本社会的特定社会经济基础。他认为,当代唯物主义不是固定不变的图式,它应首先满足于社会的需求。

(二)具有强烈的"人本主义"情怀

在霍氏看来,晚期资本主义实乃极权主义社会,人们仍然生活在

---

[1] J. C. Berendzen, Suffering and theory: Max Horkheimer's early essays and contemporary moral philosophy, *Philosophy and Social Criticism*, Vol. 36, No. 9, 2010, p. 1024.

[2] [德] H. 贡尼、R. 林古特:《霍克海默传》,任立译,商务印书馆1999年版,第27页。

水深火热之中，这样的社会不仅剥夺了人们的幸福的权利，而且剥夺了人们批判的思维，就像马尔库塞所说，这样的社会变成了"单向度的社会"，生活在这种社会中的人变成了"单向度的人"。正是充满着强烈的"人本主义"情怀，霍克海默认为，当代唯物主义绝不排斥对"幸福"的追求；相反，它的整个理论目的乃在于实现人们的"幸福"。霍氏认为："唯物主义世界观的已知和未知的奉献者们多少世纪以来，把他们的自由和生命都投入到各种各样的目标的斗争中，尤其是投入到与劳苦大众的联合中。"[①] 然而，霍氏在提倡"幸福"时从来没有把它仅仅当作思想中的一种纯粹的概念，而是将其与人们的真实的生活状态联系在一起。因此，在霍氏的眼中，"幸福"绝不是一个简单的符号，它与活生生的人相关。所以，霍氏认为，和唯心主义相比，唯物主义从来不缺乏理想，只不过它总是把这个"理想"变成一种现实的存在方式，而不是纯粹的概念，"唯物主义的确拒绝把这些理想看作历史的基础，因而也拒绝把它们看作现在的基础，似乎它们是独立于人而存在的观念。唯心主义在此方向上的努力与其说给观念带来荣耀，毋宁说是给历史带来荣耀。因为理想可化为推动力量，只要人们试图把它们由纯粹的观念（即便是证明了的）置入现实之中"[②]。因此，霍氏认为唯物主义只能在"社会实践"中才能得到理解。

（三）隐含着复杂的理论情绪

霍克海默所理解的唯物主义虽然接近于马克思的唯物主义观点，但我们不能简单地在两者之间画上等号。我们认为，霍克海默对唯物主义的批判是和他拒斥形而上学的态度一致的，他试图在唯物主义中找到治疗晚期资本主义社会"疾病"的方案，并把唯物主义作为一种积极的解放力量，这种理论态度是积极的，是一种值得认可的理论选择。但是，在霍氏的理论发展轨迹中，其思想不仅受到了像马克思、

[①] ［德］马克斯·霍克海默：《批判理论》，李小兵等译，重庆出版社1989年版，第42页。

[②] 同上书，第43页。

卢卡奇等积极的实践理论家的影响，而且还深受康德、黑格尔、叔本华、弗洛伊德等唯心主义思想家的影响，因此，在其理论建构中，总是包含着一种复杂的情绪。一方面，霍氏试图通过"唯物主义"的回归，唤醒人们追求真实"幸福"的权利；另一方面，霍氏总是沉浸在一种"瓦解"的逻辑和"悲观主义"之中不可自拔。事实上，霍克海默对唯物主义的批判，与其说唤醒了"现实实践"，毋宁说是唤醒了"理论实践"。霍氏没有像马克思、恩格斯以及早期西方马克思主义的代表人物卢卡奇、柯尔施、葛兰西一样把理论的批判转换为具体的革命实践活动，直接或间接参与无产阶级革命运动；相反，在第二次世界大战之后，霍氏的批判声音越来越弱。在马克思所处的时代，他曾发出这样的声音："实际上，而且对实践的唯物主义者即共产主义者来说，全部的问题在于使现存世界革命化，实际地反对并改变现存的事物。"① 在马克思看来，要实现对现实的反叛，就不能仅仅停留在理论的批判之中，而必须把理论的批判转换成群众革命的力量。因此，马克思特别重视哲学和无产阶级的关系，他言道："哲学把无产阶级当做自己的物质武器，同样，无产阶级也把哲学当做自己的精神武器。"② 因此，在马克思看来，要消除资本主义社会中的"异化状态"，就必须实现哲学和无产阶级的联合。停留在纯粹理论批判层面，永远仅仅是一种愤怒的"咆哮"而已。马克思的唯物主义是和辩证法联系在一起的，其建立在对资本主义经济整体运行规律的宏观把握下，既具有宏达的气魄，又具有强烈的人本主义关怀。和马克思的唯物主义相比，霍氏的唯物主义阐述只能是一种"小型叙事"，既缺乏宏观分析，也缺乏群众基础。因此，霍氏的唯物主义在一定程度上倒向了其最初的批判，具有"意识哲学"的痕迹。③ 但即便这样，我们

---

① 《马克思恩格斯选集》第1卷，人民出版社2012年版，第155页。
② 同上书，第16页。
③ 本芮森（J. C. Berendzen）认为，霍克海默理论的进一步发展取决于他的唯物主义，"客观现实"和"自然事实"的概念并未完全阐明。因此，他可能依靠一个隐含的形而上学支持他唯物论。参见 J. C. Berendzen. Postmetaphysical thinking or refusal of thought? Max Horkheimer's materialism as philosophical stance, *International Journal of Philosophical Studies*, Vol. 16, No. 5, 2008. p. 696.

仍然坚信，霍氏对唯物主义的阐述在一定程度上具有积极的理论意义，在一定程度上唤醒了沉睡的群众。事实上，20世纪60年代欧洲的学生运动正是视法兰克福学派的批判理论为精神武器。因此，我们相信，"理论的实践"可以转化成"现实的实践"，只要给它以合适的"土壤"和"环境"，它便可能转换为一种真正的革命力量。就像斯坦利·阿罗洛维茨所言："霍克海默强调批判理论以及运用辩证理性去分析事件是社会解放运动的序曲，是社会解放运动的必不可少的伴侣。他的这种呼吁，是对我们时代的适当教诲。"①

第二节 从"抽象人本主义"到"历史人本主义"
——对现代西方哲学的继承与超越

霍克海默的形而上学批判究竟是一种什么样的哲学？或者进一步说，其主要特征是什么？这是一个重大的理论问题。我们认为，只有把其放在不同的理论背景中才能揭开其真实的面目。从时间的节点来看，诞生于20世纪30年代初的霍氏的形而上学批判理论必然与现代西方哲学形成呼应并受之影响。只有在现代西方哲学的语境中才能看清霍氏形而上学批判的理论背景。现代西方哲学具有宽泛性的概念特征，学术界一直对此众说纷纭，至今并未形成一致的意见或明确的定义。就现代西方哲学这个术语而言，一般指19世纪中叶黑格尔哲学解体之后，形成的反对"理性万能论""本质主义""基础主义"以及"主客二分"的以别于近代西方哲学的总称，其包含的学派众多、思想深刻，整体上被学界划分为人本主义和科学主义两股思潮，本文无意也没必要对各个流派进行赘述，在此仅仅对它进行粗线条式的解读比较分析，尤其将对霍克海默思想形成产生重要影响的理论家或流派（比如叔本华、克尔凯郭尔，实证主义的主要代表孔德、穆勒、斯

---

① [德] 马克斯·霍克海默：《批判理论》，李小兵等译，重庆出版社1989年版，导论第11页。

宾塞等）进行重点的比较分析。现代西方哲学在反对传统理性形而上学思维方式的征程中形成了以叔本华和克尔恺郭尔为代表的"人本主义"或"非理性主义"思潮和逻辑实证主义为代表的"科学主义"思潮。前者主张哲学要转向注重人的研究，并试图用"非理性"的方式构建一种新的人本主义范式，但最终却流入到抽象的人本主义；后者，在拒斥思辨形而上学的过程中，追求纯粹的客观性，结果变得越来越敌视人，人和人的真实生活在逻辑实证主义那里终结了。和"抽象的人本主义"不同，霍克海默的批判始终重视理论与经验的融合，他的人本主义思想在一定程度上摆脱了思辨的旧模式，转向了"历史人本主义"的新范式。

一　形而上学批判的人本主义渊源

在考察霍克海默形而上学批判之前，我们有必要对这一理论产生的背景进行详细的梳理，以期从中找出霍氏批判理论的理论来源。1923 年，霍克海默以《关于目的论判断力的悖论》获得了博士论文，之后发表了《作为理论哲学与实践哲学之间链环的康德的判断力批判》（1925），《黑格尔与形而上学问题》（1932）。从霍克海默早期的著作中可以发现，他的思想深受康德和黑格尔的影响。此外，霍克海默身处现代西方哲学的语境中，不可避免地与现代西方哲学产生复杂勾连，"霍克海默像其他法兰克福学派的思想家一样，被认为受到韦伯、弗洛伊德、齐美尔和尼采思想的影响。但是，对霍克海默思想影响最大的当数叔本华"[①]。在霍克海默的著作当中，我们会隐约捕捉到叔本华悲观主义的影子。在与阿多诺合著的《启蒙辩证法》一书中，贯穿了一种悲观主义的基调。在《科学及其危机札记》《权威与家庭》以及《对形而上学的最新攻击》等文章中，我们同样可以看到霍克海默对科学、极权社会和逻辑实证主义具有一种悲观主义情怀。霍克海默晚年还专门写了《叔本华的现实意义》《叔本华与社会》等文章表达对叔本华哲学思想的认同。此外，霍氏的思想还受到了弗洛

[①] Ryan Gunderson, Horkheimer's pessimism and compassion, *Telos*, Vol. 2012, No. 160, 2012, p. 166.

伊德精神分析哲学的深刻影响。因此，只有深入西方现代哲学的语境之中，详细考察其与霍克海默形而上学批判的复杂关联，才能更深入地了解霍克海默所开创的批判理论的重要意义。

1930年霍克海默就任法兰克福学派社会研究所所长。这个时代西方资本主义国家身处垄断资本主义阶段，周期性的资本主义危机、法西斯主义的产生以及无产阶级运动的接连失败成为了这个时代的主要特征。伴随这个时代而生，形成了现代西方哲学思潮。从笛卡尔（或在一定程度上可推前到文艺复兴）到黑格尔的近代西方哲学在把人从"天国"拉回"人间"，复苏了人的理性后，又创造了一个"理性神话"，走向了自身的反面。近代西方哲学发展到黑格尔时代，演变成了一种无所不包的理论体系。已失去了它在产生之初所许诺的唤醒人、解放人以及实现人的全面而自由发展的哲学关怀，反而走向了近代西方哲学曾反对的方面。人与人的真实世界在这种体系哲学中被抽象化了，"人的理性成了与具有多方面价值和意义的人的现实存在相分离的思辨理性（表现在唯理论者和思辨哲学家那里）或工具理性（表现在经验论者和实验科学家那里）"①。由于近代西方哲学"主客二分"的深层二元化矛盾以及19世纪科学技术和社会的深刻变化和发展，在黑格尔去世之后，近代形而上学很快走向了终结，发生了范式转型。

近代西方哲学的终结唤起了现代西方哲学的产生。作为现代西方哲学的先驱，叔本华和克尔恺郭尔早在19世纪上半期就明确提出反对"主客二分"的近代西方哲学的形而上学思维方式，主张超越近代西方哲学"理性万能论"，转向"非理性主义"研究，重新恢复人的生命本能，由此开创了现代西方哲学"人本主义"思潮。叔本华的生活意志论、克尔恺郭尔的非理性主义以及尼采的权利意志论构成现代西方哲学初期"非理性主义"的典型形式。但在众多现代西方哲学理论家中对霍克海默影响最大的当数叔本华。霍克海默在《批判理论》一书的"序言"中表达了叔本华思想对他的影响，"总是作为一种潜

---

① 刘放桐主编：《新编现代西方哲学》，人民出版社2012年版，绪论第6页。

在成分隐藏在任何一种真正的唯物主义哲学中的形而上学悲观主义,时常萦绕在我的心际。我最初是通过叔本华才了解哲学的;我同黑格尔和马克思的关系,以及我欲图理解和改革社会现实的渴望,并没有抹掉叔本华哲学留给我的体验,尽管他们之间在政治上是对立的"①。在《叔本华的现实意义》一文中,霍克海默对叔本华具有悲观主义色彩的生活意志论给予了充分肯定。他指出:"今天,世界所需要的是叔本华的观念——因为他的观念正视绝望,所以面对绝望时,反而更知道希望。"② 受叔本华思想的影响,在霍克海默的著作中都明显打上了悲观主义的情调。这种悲观主义色彩,不仅在《批判理论》中,而且在他与阿多诺合著的《启蒙辩证法》一书中也表现得淋漓尽致。和"非理性主义"的"人本主义"思潮不同,另一些哲学家,例如孔德、穆勒、斯宾塞等继承了18世纪休谟的经验主义哲学传统,反对近代西方哲学的思辨形而上学,追求以经验为基础的实证主义哲学,由此开创了现代西方哲学的"科学主义"思潮。这种思潮在当代资本主义社会演变成为新的形式——逻辑实证主义,成为霍克海默构建批判理论时批判的主要对象。在《对形而上学的最新攻击》一文中,霍氏对实证主义尤其是逻辑实证主义进行了深刻的分析和批判,揭示出了其与形而上学的复杂关联。

从19世纪中叶,近代西方哲学的终结以来,现代西方哲学得到了快速发展,可谓派别林立,使人眼花缭乱,除了上述介绍的代表人物之外,还有新康德主义、新黑格尔主义、存在主义、分析哲学、结构主义、弗洛伊德主义等等,这些思潮或处在霍氏提出批判理论之前,或同代,或之后,有的成为霍氏构建批判理论的重要思想来源,有的则成为霍氏批判的对象。总之,只有在现代西方哲学的背景中分析霍氏的形而上学批判,才能真正了解其人本主义思想的渊源。

二 形而上学批判对抽象人本主义的继承

霍克海默对抽象人本主义的继承主要表现为,拒斥形而上学,反

---

① [德] 马克斯·霍克海默:《批判理论》,李小兵等译,重庆出版社1989年版,序言第5页。

② 曹卫东主编:《霍克海默集》,渠敬东等译,上海远东出版社2004年版,第290页。

对主客二分以及强调主体性等方面。

（一）拒斥形而上学

现代西方哲学尽管错综复杂，各种哲学派别之间理论旨趣不同甚至是大相径庭，乃至根本对立。但大多数理论家都确立了拒斥形而上学的哲学观（这是近代西方哲学向现代西方哲学转折的重要标志），把人从"天国"拉回"人间"，重新开启对"人"本身的研究。柏格森的生命哲学、皮尔士的实用主义、胡塞尔的现象学、海德格尔的存在哲学、雅斯贝尔斯的生存哲学、弗洛伊德主义等等，尽管哲学理论不同，但他们大都主张从非理性或经验出发，拒斥近代西方哲学的形而上学思维方式，提倡"人"的主体地位。在霍克海默构建的批判理论中，我们同样可以看到这种拒斥形而上学的理论倾向。霍克海默在1930年就任社会研究所所长后，发表了《社会哲学的现状与社会研究所的任务》一文。提出社会哲学的最终目标是："对并非仅仅作为个体的，而是作为社会共同体成员的人的命运进行哲学阐释。"[①] 以前的哲学都对人类命运做了研究，但霍克海默认为这些研究都有一个弊端，就是专注形而上学的建构，满足于从形式上揭示人类的命运，而不能深入到社会劳动活动当中去说明人类的行为，没有把理性的批判贯彻到现实生活当中。他在《论哲学的概念》一文中认为："哲学不是工具也不是蓝图。它仅仅能预示被逻辑和必要事实标示出的路径，它这样做能预示被现代人胜利进军唤醒的恐怖和抵抗的反应。"[②] 在《黑格尔与形而上学问题》一文中，霍氏对黑格尔的形而上学哲学体系进行了深入分析，揭示了其走向终结的原因。霍氏认为："尽管黑格尔如此断然拒绝远离尘世存在的直观，但他的学说仍然是一种形

---

① ［德］马克斯·霍克海默：《社会哲学的现状与社会研究所的任务》，王凤才译，《马克思主义与现实》2011年第5期。

② 霍克海默在《论哲学概念》一文中反复强调，哲学既不是一种观念，也不是一种蓝图，哲学不是公式，不应把哲学当作工具，当作抽象的公式。哲学的任务不是固执地扮演使一个反对另一个，而是要培养一种相互批判，因此，如果可能的话，在知识界实现两者的和解。参见 Max Horkheimer, *Eclipse of Reason*, New York: The Continuum Publishing Company, 1974, pp. 110 – 118.

上学体系。"① 霍氏认为黑格尔的形而上学体系脱离了现实的直观,变成了空洞的"同一性"的绝对信念。霍氏认为:"根本不存在什么'抽象'的思想,而只有具体人的具体思想,这种具体思想还受制于整个社会语境。"② 在霍氏看来,黑格尔哲学体系最大的失误乃在于脱离了具体的社会实际,演变成了"无根之木"的同一性形而上学体系。因此,"同一性学说早就瓦解了,因此导致了黑格尔哲学大厦也崩溃了"③。霍氏这种把哲学批判和社会现实结合的观念构成了其批判理论的内核。这种思想在其主要的文本著作中都可以找到。在《对形而上学的最新攻击》一文中,霍氏对逻辑实证主义的形而上学倾向进行了深入分析,揭示了其沦为朴素形而上学的本质特征。在《科学及其危机札记》一文中,霍氏揭示了科学中隐藏的形而上学,执行了意识形态的功能,变成了晚期资本主义社会统治人的新工具。在《权威与家庭》一文中,霍氏揭示了权威主义的形而上学来源,认为当代资本主义极权社会正是这种形而上学演变而来的必然结果。在《现代艺术和大众文化》以及《文化工业:作为大众欺骗的启蒙》等文章中,霍氏论述了文化工业中隐藏的形而上学图式,揭示其对文化批判功能的蚕食。总之,在霍克海默形而上学批判的诸多文本中,我们发现"拒斥形而上学"是其人本主义思想的一条主线。

(二) 反主客二分

近代西方哲学对中世纪传统宗教和神学进行了深刻的批判,讴歌了人自身的理性能力。在一定程度上,近代西方哲学可以被称之为理性的时代。正是着眼于人的理性思考和反思的能力,在构建哲学形态上,近代西方哲学往往把主体和其对象分开来考虑,形成了"主客二分"的哲学思维方式。然而,在近代西方哲学发展的过程中,对理性的依赖逐渐演变成了对理性的崇拜,理性精神变成了另一种"神话",在这种"神话"中,人与人的社会关系逐渐变成了一种抽象的存在,

---

① 曹卫东主编:《霍克海默集》,渠敬东等译,上海远东出版社2004年版,第32页。
② 同上书,第37页。
③ 同上书,第38页。

主体和客体之间的复杂关系逐渐被思辨的形而上学的"空洞"取代了。随着黑格尔形而上学体系的瓦解,宣告了近代西方哲学的终结和现代西方哲学的诞生。从19世纪中期以来,现代西方哲学特别是以叔本华、克尔恺郭尔为代表的"人本主义"思潮,就举起了反对"主客二分"的旗帜,倡导以"非理性"的方式重新发现人的"主动性",实现主客体的统一。其实,主张"主客统一"的思想在西方哲学的初级阶段已经存在,古希腊时期的苏格拉底、柏拉图、亚里士多德等就强调情感、意志对人的重要作用;中世纪的奥古斯丁则强调信仰的重要功能;近代以来的休谟、帕斯卡尔、康德、费希特等也同样重视非理性的重要作用。康德提出的"哥白尼革命"就是试图超越"唯理论"和"经验论",实现主客统一的最好例证。进入现代西方哲学以来,多数哲学家赞同康德的理论努力,并在不同程度和方向试图实现"主客统一"。总之,反对"主客二分"成为现代西方哲学的一个显著特征。

　　同样,在霍克海默的文本中,我们同样可以发现其努力实现"主客统一"的理论努力。自霍氏就任法兰克福大学社会研究所所长后,就展现了其构建社会哲学的理论努力。霍氏之所以把自己创立的哲学称为批判理论,在一定程度上表现了其试图通过主体的批判反思,实现主客统一的理论努力。在《传统理论与批判理论》一文中,霍氏详细阐述了传统理论与批判理论的区别,揭示了传统理论中普遍存在的"见物不见人"的形而上学倾向,论证了批判理论主张"主客统一"的辩证特性。霍克海默认为:"批判思想既不是孤立的个人的功能,也不是个人总和的功能。相反,它的主体是处于与其他个人和群体的真实关系之中的、与某个阶级相冲突的、因而是处在与社会整体和自然的关系网络中的特定个人。"[①] 霍克海默认为离开了具体的社会环境,就不可能实现真正意义上的"主客统一"。霍氏认为"主客二分"形式逻辑是传统理论的普遍特征,而批判理论则强调"主客统一"的辩证逻辑。霍氏认为:"不存在判断整个批判理论的普遍性标准,因为批判

---

　　① [德]马克斯·霍克海默:《批判理论》,李小兵等译,重庆出版社1989年版,第201页。

理论总是以事件的重复出现，因而是以自我再生的总体为根据的。"①在此，霍克海默强调了批判理论的历史性和对现实对象关注的辩证理论特征。只要认真考察霍克海默的相关文本，就会发现其反对"主客二分"的观点是明显的，从一定程度上，霍克海默和其他现代西方哲学从不同研究角度展现了试图回归"主客统一"的相似努力。

（三）强调主体性

从一般意义上讲，近代西方哲学的形而上学主要表现为思辨理性（主要表现在唯理论者）或工具理性（主要表现为经验论者），尽管两者理论旨趣和研究内容大相径庭，但其相同点乃是对人的忽视，人在"唯理论"和"经验论"中被"遗忘"了。大多数现代西方哲学家尤其是"人本主义"学者都极力主张要重新实现人的回归。康德在《纯粹理性批判》中提出"人为自然界立法"，展现了其试图实现哲学发展史上的"哥白尼革命"的努力。费希特提出的"绝对自我"和叔本华提出的"生活意志论"在一定程度了发展了康德的学说。刘放桐认为："叔本华的世界体系类似康德，即把世界二重化为现象（表象）和自在之物。在对现象世界的解释上他大体上仿效康德，但对自在之物的解释则与康德大相殊异。"②胡塞尔的现象学侧重于对意识本身的深入研究、海德格尔的存在哲学强调的"个体就是世界的存在"、弗洛伊德主义强调的"无意识"和"性本能"等等，现代西方哲学的许多理论家都从不同方面展示了回归人的努力。

如果，认真考察一下霍克海默的学术经历，就不难发现其后来著作中对"主体"的强调是和其早期的学术研究分不开的。霍克海默在1923年以"关于目的论判断力的悖论"为题以优异的成绩获得了哲学博士学位，不久后又发表了早期著作《作为理论哲学与实践哲学之间链环的康德的判断力批判》（1925）。不难发现这两篇学术论文都和康德有密切的关联。此外，霍氏早期的思想与叔本华思想也存在密切相连。

---

① ［德］马克斯·霍克海默：《批判理论》，李小兵等译，重庆出版社1989年版，中译本序第228页。

② 刘放桐主编：《新编现代西方哲学》，人民出版社2012年版，第31页。

这些早期的思想沉淀和学术积累，在其后来的《对形而上学的最新攻击》《传统理论与批判》以及与阿多诺合著的《启蒙辩证法》等文本中得到了显现。在对实证主义特别是对逻辑实证主义的批判中，霍氏多次复活了早期的思想。霍氏认为："经验主义完全拒绝主体概念。但是，至少从黑格尔的《精神现象学》发表以来，人们就应该知道，最直接的经验、感觉和直觉，作为给予的东西，似乎只对狭隘的知性来说才是终极的东西；人们应该知道，它们是派生的、从属的东西。"[①] 从文本解读中，我们可以发现霍克海默强调主体性的努力，有学者把霍克海默开创的批判理论归为"人本主义"，其原因大概显露于此。

三 形而上学批判对抽象人本主义的超越

无疑，只有我们认真把握霍克海默形而上学批判产生的现代西方哲学背景，才能深刻地理解其创立批判理论的重要意义。然而，如果我们只把握霍克海默对现代西方哲学"人本主义"思想的继承，而忽视他对现代西方哲学的超越，就难以真正认清霍克海默形而上学的重要理论特征。其实，现代西方哲学门派众多，其中精华与糟粕并存，很难以某种具体的理论特征概括这一时代总体的哲学特质。霍克海默形而上学批判虽然产生于现代西方哲学的背景之中，但与其他哲学流派又存在着理论旨趣、研究对象以及研究观点的重要差别。甚至，现代西方哲学的许多哲学流派尤其是逻辑实证主义成为霍克海默批判的主要对象。所以，只有认真梳理霍克海默的"历史人本主义"思想与现代西方哲学的"抽象人本主义"思想的区别，我们才能从真正意义上把握其理论特质。霍克海默对现代西方哲学"抽象人本主义"思想的超越性体现为：对待形而上学、对待理性以及对待现实的态度等方面。

（一）形而上学的"幽灵"

现代西方哲学流派是从拒斥形而上学开始哲学思考和构建的。他们大多都反对近代西方哲学的形而上学思维方式，主张哲学应该超越独断论，超越"主客二分"的二元论。在"人本主义"思潮那里，

[①] ［德］马克斯·霍克海默：《批判理论》，李小兵等译，重庆出版社1989年版，第152页。

现代西方哲学的转向表现为向"非理性"的回归,关注"现象界"的研究;在"科学主义"思潮那里,现代西方哲学继承了休谟以来的实证主义研究的风格和传统,强调哲学的经验基础,否认思辨主义的形而上学范式,否认哲学的本体论功能。总之,现代西方哲学家大多是以"拒斥形而上学"为口号开始他们的哲学思考和创作的,并由此反对"本质主义""基础主义"的近代西方哲学的思维方式,否认哲学探究事物本质的思考方式和世界观意义。"这样,他们就在'拒斥形而上学'旗帜下否定了哲学作为世界观和本体论的意义,这就必然导致把哲学相对主义化、主观主义化。"[①] 事实上,现代西方哲学并未完全跳出"形而上学"的窠臼,叔本华的生活意志论不过是康德主义的现代翻版,他提出的"意志世界"本身就是一种先验的"形而上学"预设;尼采以反对传统形而上学为己任,提出了"权力意志",并以此来论证世界的存在,在一定程度上又构建了另一种形而上学;实证主义特别是逻辑实证主义以经验主义为基础,力争排除传统形而上学的干扰,然而在其理论体系内部却蕴含着一种朴素的形而上学。霍克海默在《对形而上学的最近攻击》《传统理论与批判理论》等相关文本中,对现代西方哲学尤其是逻辑实证主义与形而上学的复杂关联给予了深刻的剖析。按照霍氏的观点,逻辑实证主义在反对形而上学的道路上越走越远,最终变成了一种脱离现实,远离人的抽象的理论体系。实证主义与形而上学的结合,本身就隐含着深层的矛盾,逻辑实证主义在反对形而上学的征途中最终沦为了一种朴素的形而上学。可见,霍氏的形而上学批判表达了一种复杂的情感,他既反对近代形而上学的思维方式,同时他又感觉形而上学就像"幽灵"一般,无法从根本上清除。我国学者陈振明在《法兰克福学派与科学技术哲学》一书中,把这种态度归结为"为形而上学辩护"。我们认为,霍氏的这种对形而上学的复杂情感,和他继承的"叔本华的悲观主义"有密切关联。但霍氏的观点至少代表了一种"客观主义"的理论态

---

① 陈学明、王凤才:《西方马克思主义前沿问题二十讲》,复旦大学出版社2008年版,第55页。

度，因为，哲学发展史已经反复在证明，完全脱离"形而上学"本身就是另一种"形而上学"的预设。霍克海默在拒斥形而上学的征途中并未走向绝对化，他的人本主义观是带有辩证色彩的"历史人本主义"。

(二) 理性的辩证法

现代西方哲学一般都反对"理性万能论"，特别是"人本主义思潮"认为超越近代西方哲学就必须要超越"理性"的界限。他们重视"非理性"的研究，主张用"情感""意志"取代"理性"，以此回归人的个性。但是，他们在反对"理性主义"时，走向了另一个极端，"它们并没有真正摆脱理性的制约，不过是用'实体性的非理性主义'取代了'实体性的理性主义'"①。霍克海默的人本主义反对的是一般意义上的"理性思辨形而上学"，而不是理性全部形式。可以说，霍氏的批判理论在很大程度上是在理性批判的基础上构建的。那么，霍氏对理性到底持什么样的态度呢？在其著作《理性之蚀》②一书中我们可以得到这样的答案，霍氏实际上批判的不是一般的理性，而是主观理性（或工具理性）。"在霍克海默看来，哲学从来没有抛弃过把理性引入社会个体和国家之中的理性，它始终不会屈从于任何一种既定的秩序而是必然采取与现实对抗的立场。这种立场的直接表现就是批判，但这并不意味着抱怨或单纯的否定和驳斥，相反是指一种积极的努力，打开主体实践的努力。"③ 所以，霍克海默并没有像现代西方哲学理论家那样因反对近代西方哲学而放弃了整个理性，从而走向"非理性"的"相对主义"或"虚无主义"，霍氏的人本主义思

---

① 陈学明、王凤才：《西方马克思主义前沿问题二十讲》，复旦大学出版社2008年版，第56页。

② 长期以来，由于受英语世界的影响，国内学界认为德文版《工具理性批判》是英文版《理性之蚀》之德译本＋霍克海默的"战后文集"，或者说，它就是霍克海默的"战后文集"。实际上，德文版《工具理性批判》就是英文版《理性之蚀》之德译本；而英文版《工具理性批判》与德文版《工具理性批判》没有任何关系，它不过是霍克海默"战后演讲录音"，即"1949—1969年笔记"之选集。换言之，英文版《工具理性批判》是一部"伪"《工具理性批判》。参见王凤才《〈工具理性批判〉与〈理性之蚀〉关系考》，《国外社会科学》2014年第5期。

③ 张一兵：《当代国外马克思主义哲学思潮》，江苏人民出版社2012年版，第287页。

想展现了祛除"工具理性"回归"客观理性"的理论努力。在一定程度上,霍氏的理性批判更能被接受,因为不管是"理性主义"还是"非理性主义",哲学家首先是作为一个正常的"理性"的人而存在的,完全抛弃理性是不现实的。

(三) 历史人本主义的回归

现代西方哲学的大多数理论家,对近代西方哲学造成的人的"遗忘"提出了深刻批判,他们大都主张要关注现实,实现人的重新"回归"。然而,问题的关键是,在现代西方哲学的视野中,什么是真实的"现实"呢?在"人本主义"思潮那里,他们认为"现实"就是人的情感或意志;而在"科学主义"思潮那里,现实就是排除"主观"的客观经验。他们的这种观点和马克思理解的"现实"就是人类的一般物质生产实践活动有着本质区别。"它们没有也不可能把'存在'理解为'生产方式',所以最终必然走向唯心主义。"[1] 然而,霍氏的人本主义思想中强调的"现实"基本可以被判定为一种"经济社会的生产过程",这种提法和马克思基本接近。事实上,霍克海默之所以把自己创立的理论称为"批判理论",在一定程度上反映了马克思的批判学说对他的影响。在《传统理论与批判理论》一文中,霍氏形成了"理论与实际相结合"的批判风格。霍氏的历史人本主义思想对"现实"的理解和其开创的注重现实主义研究的风格是分不开的。在霍氏早期的一些文本《科学及其危机札记》《权威主义与家庭》《现代艺术和大众文化》以及《文化工业:作为大众欺骗的启蒙》中发现其对"社会现实"的深刻洞察。另外,从一定程度上,霍氏关注的历史人本主义思想和现代西方哲学的抽象人本主义不同,霍氏在创立批判理论早期就撰写了《唯物主义和形而上学》一文,为他的历史人本主义思想奠定了坚实的唯物主义基础。

---

[1] 陈学明、王凤才:《西方马克思主义前沿问题二十讲》,复旦大学出版社 2008 年版,第 54—55 页。

第三节 时代化与化时代

——对早期西方马克思
主义的继承与超越

霍克海默开创的法兰克福学派批判理论被学界归为西方马克思主义的主要思潮之一。① 从时间的节点来看，1923 年卢卡奇发表《历史与阶级意识》、柯尔施发表《马克思主义和哲学》，被认为是西方马克思主义思潮的起源。这个时间点与霍克海默在 20 世纪 30 年代初创立其批判理论基本处在同一个时间段上。学界认为，法兰克福学派正是在一定程度上受到早期西方马克思主义学者的影响，才开始了他们的批判理论建构，"在一定意义上说，他们（指法兰克福学派——笔者注）之转向马克思的早期著作的研究和解释，正是在卢卡奇和柯尔

---

① 关于西方马克思主义的定义，梅洛·庞蒂在《辩证法的历险》一书中专设一章"西方马克思主义"，重点讨论的卢卡奇的《历史与阶级意识》；佩里·安德森在其《西方马克思主义探讨》一书中对"西方马克思主义"作了重新解释。我国学者胡大平认为"在广义上，西方马克思主义指的是十月革命以后一直到今天在主要发达资本主义国家流行的与各国共产党组织相对的全部马克思主义思潮；在狭义上，西方马克思主义指的是由卢卡奇的《历史与阶级意识》为发端至 1968 年'五月革命'这段时间内的特定哲学思潮，其核心特征是从人本主义、主体性角度来理解历史辩证法和马克思主义，主张文化革命。"参见胡大平《西方马克思主义哲学概论》，北京师范大学出版社 2010 年版，第 1 页。西方马克思主义是学界有争议的概念，其学派众多（例如黑格尔主义的马克思主义、弗洛伊德主义的马克思主义、存在主义的马克思主义、结构主义的马克思主义、分析主义的马克思主义、生态马克思主义、解放神学马克思主义以及法兰克福学派等），至今没有形成明确的范围和定义，但整体上学界认同卢卡奇的《历史与阶级意识》的发表开创了西方马克思主义，并将卢卡奇视为西方马克思主义的鼻祖。可以说，在理论旨趣上西方马克思主义者是借用现代西方哲学的观点、理念、范式等对马克思主义在新的历史背景中作出重新"补充"和"修订"，因此可以说西方马克思主义者包含着现代西方哲学和马克思主义的双重基因，但是，这并不意味着可以将其与两者等同。事实上，许多西方马克思主义者都是现代西方哲学的杰出代表（例如阿多诺、弗洛姆、马尔库塞、萨特、列斐伏尔等），他们的观点和"本真"的马克思主义的观点有着质的区别，例如法兰克福学派的理论家与其说是马克思主义者，毋宁说是马克思主义的研究者或同情者，他们之所以被归为西方马克思主义的行列，乃在于他们在批判晚期资本主义社会时与马克思主义的不期而遇。

施的著作的启示与导向下进行的"①。因此，认真梳理霍克海默形而上学批判与早期西方马克思主义的复杂关联（由于西方马克思主义思潮流派众多，我们仅比较霍克海默形而上学与早期西方马克思主义代表人物卢卡奇、柯尔施、葛兰西的理论关联）才能更准确地把握霍克海默形而上学批判在马克思主义发展史尤其在西方马克思主义发展史中的重要意义。②

一 形而上学批判的早期西方马克思主义背景

从理论起源上考察霍克海默形而上学批判的理论关联，我们发现西方马克思主义的"奠基人"卢卡奇的《历史与阶级意识》、柯尔施的《马克思主义和哲学》以及葛兰西的《狱中札记》等早期西方马克思主义的相关文本对霍克海默早期的研究无疑提供了一种思想借鉴。

在西方马克思主义的思想脉络中，卢卡奇被公认为这一独特思想流派的开山鼻祖。卢卡奇在1922年夏天曾参加过魏尔（他父亲是法兰克福社会研究所早期的主要资助人）发起的"第一届马克思主义研究周"学术活动，1923年发表了被誉为西方马克思主义的"圣经"的代表作《历史与阶级意识》。他提出这个思想的时代背景是对20世纪初无产阶级革命失败经验教训的总结和对第二国际把马克思主义解释成经济决定论的理论回应。19世纪晚期到20世纪初期，西方资本主义社会相对稳定的发展环境，使无产阶级运动的斗争形式发生了重要变化，即由早期的阶级斗争转化为争取议会席位的合法斗争。第二国际的主要理论家错误地估计了当时的形势，并在理论上给予了相应的回应。包括考茨基、伯恩斯坦在内的大多数理论家普遍受到了当时流行的实证主义的影响，他们把马克思主义解释为一种经济决定论。伯恩斯坦还发表了其臭名昭著的《社会主义的前提和社会民主党的任务》，公开否定马克思主义与辩证法的关系。这样，马克思主义在20

---

① 刘放桐主编：《新编现代西方哲学》，人民出版社2012年版，第462页。
② 霍克海默作为战后激进的马克思主义者，与卢卡奇、柯尔施和葛兰西的影响是分不开的。参见 Peter M. R. Stirk, *Max Horkheimer: A New Interpretation*, Lanham: Barnes & Noble Books, 1992, p. 5.

世纪初期就陷入了理论与实践的双重困境之中。因此，在俄国十月革命获得成功之后，卢卡奇、柯尔施以及葛兰西对马克思主义理论进行了重新思考，对马克思主义进行了"黑格尔式"的重新建构，开创了一种既不同于第二国际"经济决定论"也不同于列宁主义的另一种新的解释路向。

可以说，在一定程度上，早期西方马克思主义代表人物这种明显的"黑格尔主义"倾向以及旗帜鲜明地反对实证主义的态度对霍克海默的影响是明显的。霍克海默的形而上学批判在一定程度上是通过"黑格尔式"的辩证法实现了一种"人本主义的回归"。在霍克海默的早期著作中，我们可以明显发现这种思想倾向。在《传统理论和批判理论》一文中，霍氏展现了通过"辩证法"的考察，回归理论与实践相结合的批判风格。在《对形而上学的最新攻击》一文中，霍氏则展示了对实证主义的一种深刻批判。这种理论态度展示了一种和早期西方马克思主义代表人物观点的相似性。因此，"一方面，只有在'西方马克思主义'发展的整个逻辑—历史背景中才能理解《批判理论》一书的内容；另一方面，也只有在细致，深入地阅读和分析了诸如《批判理论》这样的基本著作后，才能弄清'西方马克思主义'的逻辑—历史背景"[①]。

二 形而上学批判对早期西方马克思主义的继承

霍克海默形而上学批判与早期西方马克思主义具有一种理论的关联性。他们都展示了借鉴黑格尔的辩证法重新认识、补充、修正马克思主义的理论构想，对晚期资本主义社会的异化现状给予了猛烈的抨击，并展示了竭力实现理论与实践相统一的理论努力。

（一）继承了黑格尔的辩证法思想

早期西方马克思主义的代表人物强调马克思主义的"黑格尔主义"来源，主张通过"黑格尔式"的改造恢复马克思主义的辩证理论特征。回归黑格尔，是他们批判以伯恩斯坦为代表的第二国际

[①] [德]马克斯·霍克海默：《批判理论》，李小兵等译，重庆出版社1989年版，中译本序第8页。

"修正主义"以及列宁主义的重要理论武器,也是形成他们理论特色的主要判据,他们因此也被称为"黑格尔主义的马克思主义"。"从西方马克思主义的创始人卢卡奇开始,就循着费希特、黑格尔、韦伯等人的思想原则对马克思主义进行重新解释,在黑格尔哲学的视野下,将马克思主义解释为一种'社会革命的理论'和'实践哲学'。"①

卢卡奇在其名著《历史与阶级意识》中展现了这种"黑格尔式"的回归,"在他的思想中黑格尔还占有特殊的地位,他是通过黑格尔的三棱镜来了解马克思的"②。卢卡奇认为,马克思主义的真正精神不是教条主义的"经济决定论",他通过对马克思主义著作的深度耕犁,为我们展示了隐藏在马克思主义中的"辩证精神"。卢卡奇认为,欧洲工人阶级运动之所以失败就是失去了对马克思主义的"辩证法"的深度挖掘和关注,因此受资产阶级实证主义哲学及修正主义的影响,成为社会的"顺民",丧失了阶级意识,失去了革命的斗志。在卢卡奇看来,真正的马克思主义的精神就是一种方法论,"我们姑且假定新的研究完全驳倒了马克思的每一个个别的论点。即使这点得到证明,每个严肃的'正统'马克思主义者仍然可以毫无保留地接受所有这种新结论,放弃马克思的所有全部论点,而无须片刻放弃他的马克思主义正统。所以,正统马克思主义并不意味着无批判地接受马克思研究的结果。它不是对这个或那个论点的'信仰',也不是对某本'圣'书的注解"③。德国共产党理论家柯尔施几乎在同一时期表达了与卢卡奇理论的相似性,他在《马克思主义和哲学》一书中对马克思主义进行了"黑格尔式"的重新解读,以此批判第二国际的"修正主义"和列宁主义,并因此遭到了共产国际的强烈批判,在1926年被开除出党。他在《关于"马克思主义和哲学"问题的现状》一文

---

① 顾海良、梅荣政:《马克思主义发展史》,武汉大学出版社2006年版,第182页。

② [匈]卢卡奇:《历史与阶级意识》,杜章智等译,商务印书馆2012年版,译序第1页。

③ 同上书,第48—49页。

中强调了辩证法对认识马克思主义的重要意义,"必须从历史的、唯物辩证法的视角,把所有这些较早和较晚的马克思主义意识形态看成是历史演变的产物"①。意大利共产党领袖葛兰西在就读都灵大学期间受到了黑格尔主义哲学的熏陶,"葛兰西被引到黑格尔化的、特殊牌子的'实践哲学'中去,对于这种实践哲学,直到葛兰西劳动生活的始末,他还处在一种暧昧的批判关系中"②。正是在这种思想的引领下,在被捕入狱后,他以坚强的毅力完成了《狱中札记》的撰写,提出了"实践哲学"的构想。可以看出,早期西方马克思主义的三位代表人物,都是以"黑格尔式"的解读方式对马克思主义进行了重新的认识和评判。

霍克海默开创的法兰克福学派的批判理论在一定程度上也展示了一种"隐性"的"黑格尔式"的回归。在他们的理论建构中虽然没有明确提出像早期西方马克思主义代表人物"回归黑格尔"的口号,但是在他的著作中,我们可以明显发现黑格尔"辩证法"的影子。"它(指法兰克福学派——笔者注)尽管拒绝了黑格尔的绝对精神本体论,却继承了黑格尔关于真理的学说和辩证法理论;它把绝对否定当做辩证法的核心,衍生出了'否定的辩证法'。它还吸取了黑格尔的理性原则,把理性当做哲学思维的基本范畴,并因此而被人称为'理性的马克思主义'。另外,该派与青年黑格尔派有不解之缘,它正是在后者的批判理论的影响下形成了'批判的马克思主义'。"③ 在霍克海默的《对形而上学的最近攻击》《传统理论与批判理论》以及与阿多诺合著的《启蒙辩证法》等文本中,我们明显可以发现霍氏批判理论中的"黑格尔"特征。

(二)对资本主义异化现实的批判

早期西方马克思主义的代表人物和后来者的明显不同是,他们仅

---

① [德]柯尔施:《马克思主义和哲学》,王南湜、荣新海译,重庆出版社1993年版,第60页。
② [意]葛兰西:《实践哲学》,徐崇温译,重庆出版社1993年版,英译版导言第1页。
③ 刘放桐主编:《新编现代西方哲学》,人民出版社2012年版,第462页。

仅是共产国际中的一种反对派,虽对当时的"修正主义"和列宁主义进行了批判,并对马克思主义进行了重新解读,但在政治上与后来的"学院式"的西方马克思主义有明显的不同,他们积极关注欧洲工人阶级的状况,对资本主义的"异化"(卢卡奇解释为"物化")进行了深入的分析和批判,主张用一种革命的方式改变这一现状。这种对晚期资本主义的"异化"状况的深切关注同样构成了霍克海默理论批判的出发点,在这个问题上霍克海默和早期西方马克思主义理论家不期而遇了。正如霍克海默在《批判理论》的序言中言道:"驱使我的大部分冲动,都与今日青年人的冲动有关:渴望一种更好的生活和正当的社会,不愿顺从现存事物的秩序。"① 在《批判理论》一书的"跋"中霍克海默认为:"批判理论的目的不是增长知识本身,它的目标在于把人从奴役中解放出来。"② 所以,通过这些文本的考察,会发现卢卡奇和霍克海默在对于当时资本主义"异化"状况批判的目的是相通的:即要把人从现实的奴役中解放出来。

(三)理论与实践的统一

早期西方马克思主义理论家关注社会现实,提倡无产阶级革命,他们一般在理论上提倡"理论与实践的统一"。卢卡奇认为,通过改造马克思主义理论,唤醒无产阶级的阶级意识,激发他们的革命热情,实现理论与实践的统一;柯尔施把马克思主义解读为一种"理论与实践"相统一的理论,他认为:"马克思主义包含着理论和实践的统一,在现实中表现为对资本主义的哲学批判,这种批判同时又是整个革命过程的一部分。在这种意义上说,马克思主义尽管强调了物质的重要性,但在哲学上继承了作为黑格尔唯心主义之特点的理论和实践的辩证关系。"③ 葛兰西在《狱中札记》中对他的实践哲学进行了详细的阐释,认为只有从"实践"的角度理解马克思主义才能对其进

---

① [德]马克斯·霍克海默:《批判理论》,李小兵等译,重庆出版社1989年版,序言第4页。
② 同上,第232页。
③ [德]柯尔施:《马克思主义和哲学》,王南湜、荣新海译,重庆出版社1993年版,中译本序第3—4页。

行科学的解释。在一定程度上葛兰西所提倡的"实践哲学"强调了马克思主义理论重视"理论与实践"统一的理论特性,"尽管葛兰西没有口头上把他的实践哲学称作实践一元论,但从其内容和实质来看,却无疑地是一种实践一元论。在这种实践一元论中,外部自然界依存于人,依存于人的实践,是实践内部对立的同一性中的一方"①。因此,可以发现,在早期西方马克思主义的理论视野中,他们一般都主张"理论与实践"相统一,以此重新唤醒欧洲工人阶级的革命意识,在一定程度上体现了他们的政治关怀。

同样,在霍克海默的形而上学批判中,可以发现其强调"理论与实践"相统一的理论特性。在《传统理论与批判理论》一文中,霍氏批判了传统理论远离社会生活,把人与人的生活世界抽象化的"学院式"的理论特性,提出了其批判理论建构原则乃是实现理论与实践的统一。霍氏认为:"理论不是堆放关于特殊社会事件的假说的仓库。它构造整个社会发展图景,构造具有历史性的存在判断。"②霍氏的这种批判风格继承了其继任法兰克福大学社会研究所所长以来提倡"社会哲学"构建的基本原则,即关注社会现实,实现理论与实践的统一。在这个层面上,霍氏的批判理论接近了马克思主义的本真精神。

三 形而上学批判对早期西方马克思主义的超越

仅仅把握霍克海默形而上学批判对早期西方马克思主义的继承还不足以完全解开其理论特性,只有深刻揭示其对早期西方马克思主义的超越性,才会深刻理解霍氏所创立的批判理论在马克思主义发展史尤其是在西方马克思主义发展史中的重要地位。我们认为在"总体性与个体性""物化与科技异化"以及"同一性与非同一性"三方面,霍克海默实现了对早期西方马克思主义的超越。

---

① [意]葛兰西:《实践哲学》,徐崇温译,重庆出版社1993年版,中文本序言第23页。
② [德]马克斯·霍克海默:《批判理论》,李小兵等译,重庆出版社1989年版,第226页。

（一）总体性与个体性

卢卡奇把无产阶级革命失败的关键原因归结为其阶级意识的丧失，并试图通过唤醒其把握总体性的能力，恢复其革命意识。在《历史与阶级意识》一书中，卢卡奇引用大量马克思的文本术语来印证总体性的重要意义，他认为："因为特殊的个人实际上囿于他们的生活状况的狭小天地和偏见中那种情况尽管必须被超越，但他们那个时代的社会经济结构为他们规定的界限和他们在这一社会经济结构中的地位却是不允许被超越的。因此，阶级意识——抽象地、形式地来看——同时也就是一种受阶级制约的对人们自己的社会的、历史的经济地位的无意识。"[①] 因此，只有跳出狭隘的视野，以总体性的视角才能真正理解马克思主义的伟大意义以及获得对历史进程的规律把握。在卢卡奇理论框架内主要是通过对总体性的把握恢复无产阶级的阶级意识，进而开通无产阶级革命的胜利道路。"法兰克福学派虽然大体上继承了卢卡奇、柯尔施的观点，但与卢卡奇、柯尔施强调'集体主义'的立场不同，他们极端重视个体性，以致被一些评论家称为'个体化的马克思主义'。这种个体主义立场与康德哲学有一定联系，但更重要的是吸取了狄尔泰、柏格森、叔本华和尼采等现代西方哲学家的相关理论。他们反对个人生存的标准化，关注个人的命运和处境，追求个人的自主性、自发性、创造性、自由和解放。"[②] 在霍克海默看来，革命运动面临低潮，新的社会目标使人看到的不是希望，而是恐怖和失望。第二次世界大战后，资本主义世界发生的一些新情况使霍克海默动摇了对马克思主义一些经典论述的信念。他认为："工人的贫困随资本主义的发展不断增长的观念，已成为抽象的东西或幻想。"[③] 和卢卡奇一样，霍克海默也看到了无产阶级革命意识的丧失，但是霍克海默不像卢卡奇通过恢复无产阶级的对总体性的法则来唤醒

[①] ［匈］卢卡奇：《历史与阶级意识》，杜章智等译，商务印书馆2012年版，第110页。

[②] 刘放桐主编：《新编现代西方哲学》，人民出版社2012年版，第462页。

[③] ［德］马克斯·霍克海默：《批判理论》，李小兵等译，重庆出版社1989年版，序言第2页。

无产阶级的阶级意识,而是通过批判由于受到逻辑实证主义和形而上学思想的影响而产生的形式逻辑的肯定思维方式和顺从意识,以"个体性"的回归来消解人身上的奴役。这反映出了霍克海默和卢卡奇不同的理论趋向。

(二)物化与技术异化

对"物化"概念的分析和解释是卢卡奇《历史与阶级意识》一书中最浓墨重彩的一笔,因此也构成其理论的基础和核心。"卢卡奇是直接从马克思在《资本论》中对商品拜物教的分析出发得出这个概念的。他当时还不可能看到马克思1844年的手稿,但是他关于'物化'所说的却与马克思在那部手稿中关于'异化'所说的某些东西极为相似。"[①] 这种惊人的相似性既表达了一个理论家对时代的认真思考同时也表现出其惊人的洞察力。卢卡奇对"物化"概念的深刻分析是与其对商品经济的细致分析分不开的,他指出:"商品结构的本质已被多次强调指出过。它的基础是,人与人之间的关系获得物的性质,并从而获得一种'幽灵般的对象性',这种对象性以严格的、仿佛十全十美和合理的自律性掩盖着它的基本本质,即人与人之间关系的所有痕迹。"[②] 在一定意义上,卢卡奇认为正是因为欧洲工人阶级普遍生活在"被物化"的世界中,才导致了他们集体的"失语",丧失了阶级意识和革命的热情,由此导致了欧洲无产阶级运动的接连失败。卢卡奇对"物化"理论的解释和分析,在一定程度上是对工具理性的回应和批判。卢卡奇在一定程度上继承了韦伯"合理性"的理论,以对"物化"的分析,深刻地批判了"工具理性"给人们新的异化。在霍克海默的批判理论中,对"物化"批判演变成了对科技异化的深刻洞察和批判。霍氏在《科学危机及其札记》以及与阿多诺合著的《启蒙辩证法》一书中对科技发展导致的新的异化问题进行了深刻的批判。与卢卡奇不同,他没有仅仅停留在对"物化"分析和批判

---

① [匈]卢卡奇:《历史与阶级意识》,杜章智等译,商务印书馆2012年版,译序第7页。

② 同上书,第149页。

阶段，而是从科技发展的视角，分析导致现代社会异化的原因。霍氏认为，科技在一定程度上执行了意识形态的功能，具有形而上学的特性，成了晚期资本主义国家操纵人的新的工具。在《启蒙辩证法》一书中，霍克海默从历史的视角深刻分析了科技造成异化的社会渊源，认为这是启蒙理性演变成工具理性的必然逻辑结果。无疑，他的分析，在一定程度上切中了问题的要害，为我们重新理解马克思的"异化理论"尤其是"科技异化"提供了一种深邃的理论基础。

（三）同一性与非同一性

早期西方马克思主义理论家的理论规划与恢复无产阶级的革命意识密切相关。卢卡奇试图通过对"总体性"的强调恢复无产阶级对革命的"同一性"的把握，这种带有费希特式的"自我意识"的悬设，在一定程度上是一种形而上学的"同一性"回归。"卢卡奇所说的总体，用他自己的话来说，就是'支配权的总体'，不是所有的可能存在和现实存在，而是指我们已知的全部事实的融通汇集。"[①] 与卢卡奇的理解高度相似，柯尔施在《马克思主义和哲学》中同样强调对"总体性""同一性"的把握，"像卢卡奇的《历史和阶级意识》一样，柯尔施在《马克思主义和哲学》中也把社会当作一个总体，一个不可分割的整体，认为这个整体中的每一个因素都强化并反映着所有别的因素"[②]。葛兰西则在阐述其"实践哲学"的思路上，与卢卡奇和柯尔施殊途同归，论证了"实践"的"同一性"原则。和早期西方马克思主义的见解不同，霍克海默的形而上学批判则视"非同一性"为其核心准则。在霍氏的经典文本中，我们发现其对"同一性"的拒斥是一贯的。在《社会哲学的现状与社会研究所的任务》中霍氏指出："根据康德的看法，每个具体的理性存在的人总体上只能被当作文化创造的要素来研究。只属于超人的整体的、至高无上的东西，只有在社会总体性方面才能被揭示出来的（并不隶属于我们的）存在

---

① ［法］莫里斯·梅洛-庞蒂：《辩证法的历险》，杨大春、张尧均译，上海译文出版社2009年版，第30页。
② ［德］柯尔施：《马克思主义和哲学》，王南湜、荣新海译，重庆出版社1993年版，中译本序第3页。

结构，是不存在的。"① 霍氏继任法兰克福社会研究所所长之后，就一直积极探讨能贴近现实的，彰显"主体性"的"非同一性"的研究方法。在《启蒙辩证法》中，霍氏把这种原则贯彻到人类的整个文明史，得出带有极强悲观主义的"瓦解逻辑"。因此，可以看出在看待"同一性"这个问题上，霍克海默和西方马克思主义理论家之间存在明显分歧。

---

① 霍克海默：《社会哲学的现状与社会研究所的任务》，王凤才译，《马克思主义与现实》2011 年第 5 期。

第三章 形而上学批判的实践向度

霍克海默继承了法兰克福学派重视经验主义研究的传统，倡导通过一种"交叉学科式"的方法，对晚期资本主义社会[①]的政治、科学、文化进行系统的研究和批判，认为权威主义具有形而上学的深刻基础，科学具有意识形态的特征，文化工业中隐藏着的形而上学的"图式"。霍克海默的经验主义研究和其形而上学批判是一致的，旨在通过对晚期资本主义社会现代性的深刻批判，恢复人们的批判性思维方式，从而为生活在"异化状态"下的人们寻找到一条解放之路。

第一节 权威主义的形而上学基础

在法兰克福学派的理论家中，霍克海默是最早关注"权威主义"并对其进行深入研究的理论家。霍克海默的《权威与家庭》(1936)一文正是对20世纪30年代法西斯主义迅速在欧洲兴起，而工人阶级和知识分子对这一事实没有进行有力反击反而充当了支持者的这一历

---

① 关于"晚期资本主义社会"，目前学界一般指第二次世界大战之后，资本主义发展的新形态。其特征乃是由国家管理和组织的资本主义。曼德尔在《晚期资本主义》一书将资本主义分为市场资本主义、垄断资本主义和晚期资本主义；哈贝马斯则从社会结构上将社会形态划分为，原始社会、传统社会、自由资本主义社会和晚期资本主义社会。如果从"晚期资本主义"的特征，即"国家极权"这个层面而言，本书认为，霍克海默所批判的"晚期资本主义社会"在时间上指从第二次世界大战前"法西斯主义盛行"之始到战后阶段。本书的"晚期资本主义社会"的含义乃指这个阶段。

史现象的深入思考。和庸俗的马克思主义①的观点不同，霍克海默从文化视角展开对"权威主义"的系统研究，试图寻找一种"不在场"的形而上学对"权威主义"的深远影响，从而以一种独特的视角为我们重新审视"权威主义"的发生机制提供了一种新的解读。霍克海默对"权威主义"的解读上承卢卡奇的《历史与阶级意识》，下启弗洛姆的《逃避自由》、赖希的《法西斯主义群众心理学》、马尔库塞的《爱欲与文明》，可以说，在"西马"的理论家中，起到了承上启下的关键作用。②

一 权威主义与形而上学的复杂关联

在《权威与家庭》一文中，霍克海默表达了对"不在场"形而上学的高度关注，以此展开了对"权威主义"的历史根源的深入探索。霍氏认为人类历史的不同分期打上了极大的"主观性"和"虚假性"特征，人们看到的历史可能仅仅是人们描述的历史。霍氏指出西方的 15 世纪通常被史学家们描述为"黑暗时代"，但事实上，这一时代也曾出现过许多革命性的重大技术发明。源于不同的视角，历史被"误读"了，真实的历史的存在被"遮蔽"了。可以看到在霍氏的分析中，带有"康德主义"的影子（即人为自然界立法）。霍氏认为在这种人为地历史分期中，生命存在被圈在不同的"圆圈"之中，

---

① 按照庸俗的马克思主义（主要指经济决定论者的观点，包括德国社会民主党内的"青年派"及第二国际修正主义首领伯恩施坦、俄国的"合法马克思主义者"经济派、孟什维克等）的观点的预测，在欧洲普遍爆发经济危机的情况下，无产阶级应该会爆发大规模的革命运动，从而像俄国一样走向社会主义道路，但历史的事实是，这样的运动并没有爆发，工人阶级反而走向了革命的对立面。赖希在《法西斯主义群众心理学》一书中对此做出了精辟的论述"这种非常庸俗的马克思主义认为，1929—1933 年的经济危机规模空前，必然会使受伤害的群众产生左派倾向的意识形态。尽管甚至在 1933 年 1 月失败之后仍然有关于德国'革命复兴'的谈论，但现实形势表明，那种指望能导致群众在意识形态上向左发展的经济危机，实际上已使整个人口中无产者阶层在意识形态上走向右的极端。结果是，向左发展的经济基础同向右发展的社会广大阶层的意识形态之间出现了断裂。"参见［奥］威尔海姆·赖希《法西斯主义群众心理学》，张峰译，重庆出版社 1993 年版，第 5 页。

② 赖希和弗洛姆的心理学研究在法兰克福学派早期研究中占有重要地位。弗洛姆曾在霍克海默早期的领导中发挥了重要作用，它写的几篇有关心理研究的文章被视为霍克海默在就职演讲宣布的构建跨学科研究计划的一部分。参见 Peter M. R. Stirk, *Max Horkheimer：A New Interpretation*, Lanham：Barnes & Noble Books, 1992.

圈子之外的生命存在被人为地"遮蔽"了,"就这种统一的生命表现是涌向绝对的价值和目的看,历史的圆圈是封闭的,那个时代的人即被锁闭在里边"[1]。阿甘本曾经写下过这样一段重要的表述:"人文科学(human sciences)的研究必须将自身轨迹归基到这样一个点:事情仍然保持在隐暗并尚未被主题化(unthematized)的状态之中。仅仅是未解蔽的不可言说之物的思想才能最终标示自身的原创性(originality)。"[2] 霍氏在《权威与家庭》一文中展示的正是向"未解蔽的不可言说之物"的探索,以此追寻隐藏在历史背后的真实存在及其"权威主义"背后的真正动因。

　　像传统的"西马"理论家一样,霍氏反对庸俗的马克思主义从经济决定论的立场对"权威主义"解读的观点。他认为历史的发展是一个复杂的综合的过程,既有经济的因素,也包括文化及心理因素。在探索不在场的真实历史存在时,霍氏展示了一种把传统马克思主义与黑格尔主义相结合的理论努力。霍氏认为,历史是一个动态的发展过程,既有看得到的经济物质基础的存在,同时还有诸如道德、文化、艺术、宗教等不在场的文化符号的存在,历史是"在场之物"与"不在场之物"的矛盾统一的过程。霍氏认为,物质的力量对文化发展起到一种根源性作用,但是文化一旦在物质的力量中生成,就具有一种独特的形式,变成了一种内化在人们"内心"的无法摆脱的强大力量,"宗教的整个内容产生于对尘世材料作心灵之冥思苦想,但在此过程中,它需有自己的独特形式;该形式反过来又影响人的心理构制和命运,而且,该形式作为整体的社会演进中的一个实在的东西"[3]。这样,文化以一种"形而上"的形式潜存于真实的历史之中,并对"形而下"的物质力量起到影响,构成了"权威主义"的真正

---

　　① [德] 马克斯·霍克海默:《批判理论》,李小兵等译,重庆出版社1989年版,第48页。
　　② 张一兵:《黑暗中的本有:可以不在场的潜能——阿甘本的哲学隐性话语》,《社会科学战线》2013年第7期。
　　③ [德] 马克斯·霍克海默:《批判理论》,李小兵等译,重庆出版社1989年版,第56页。

来源。霍氏认为中国人对于祖先的崇拜正是源于这一"形而上"的文化因素的必然结果。霍氏分析道,在中国的农业社会,老人因丰富的经验和阅历,自然而然成为年轻人学习的对象并由此播下了"崇拜老人"的种子。这一传统以文化传播的形式代代相传,在人们的心中刻上了深深的印记,从而形成了"权威"的原始根基。霍氏认为,"随着与现代距离的拉长,祖先的神圣伟大不是缩小而是增大;一个祖先越处于祖先之冠,他就愈发显得神圣"①。霍氏认为,虽然中国人对祖先的崇拜最初是一种以宗教形式的无意识的一种歪曲反应,但这种反应在以后的历史中却演变成了一种以伦理规范教育后人的真实的文化因素。这样,对祖先的"尊重""崇拜"在后代的心里就变成了一种"先验存在",由此形成了中国人"权威主义"的先验基础。

霍氏认为,和中国相似,印度社会中保留的种姓制度同样构成了印度人心中"先验存在"的"权威主义"文化因素。马克斯·韦伯在《印度宗教》一书中这样言道:"一个正统印度教徒,当面对一个下等阶层的成员所生活中的苦难境况时,他只会这样认为,即那个成员的前生有很多罪孽需要赎还。……与之相反,下等阶层的这个成员会认为,他首先应该做的是怎样通过一种循规蹈矩的惩罚性生活,改善他未来重生时的社会机会。"②霍氏认为,下等阶层的这种"赎罪"的观念是17世纪印度种姓观念的一种必然反应,正是种姓观念使下等阶层心甘情愿地永做"贱民",这种观念对下层阶层的影响越深,他们越是束缚于这种"先验"的种姓观念之中不可自拔。波格勒在《论种姓制度》一书中认为:"现在,阻碍诸种姓混合在一起的是那些在早期家庭中以小集团形式进行的崇拜活动。从根本上说,正是那种对牺牲所产生的神秘效果的尊崇,把其他诸种姓附属于教士的种姓之下。"③霍氏认为,这种带有先验性质的印度种姓制度,是滋生印度"权威主义"的重要根源。他认为,印度的种姓制度来源于印度的社

---

① [德]马克斯·霍克海默:《批判理论》,李小兵等译,重庆出版社1989年版,第59页。
② 同上书,第60—61页。
③ 同上书,第61页。

会物质基础，但其自身会保留一种独特的文化形式，最终以一种自然而然的方式变成了一种印度民众的"形而上学"的心理基础，"其本身属于社会结构的整个体制的系统，与这种心理构制相互作用，以至于进一步强化这种构制，帮助它扩大范围；相反，该心理构制反过来又使整个体制的系统得到维护和发展"①。这样，权威以一种复杂的文化心理机制变成了统治印度民众的"形而上学"基础。

霍氏对中国人的"祖先崇拜"和印度人的"种姓制度"所作的深刻论证展示了其试图通过不在场的"文化因素"的分析解释"权威主义"来源的理论努力。在霍氏看来，这种特殊的看不见的不在场的"形而上学"不是中国和印度的特例，而是一种普遍的历史现象。"质言之，权威的存在成了贯穿整个人类存在的根本因素。在任何给定时期内，整个文化构制的功能一直都是给处于依附地位的人，灌入某些人必然受制另一些人的观念；这一功能有史以来一直起着决定性作用。作为这种文化构制的一个结果和一个不断翻新的条件，对权威的信念就是内在驱动力量之一；它在人类历史上，有时是推动性的，有时又是阻碍性的。"②

二 权威主义的形而上学变种

霍克海默在《权威与家庭》一文中认为"权威主义"中隐藏的不在场的"形而上学"在当代极权主义国家有了新的形式。霍氏认为在当代极权主义国家，阶级关系中包含着权威的印记。下层阶级对权威的服从源于他们对权威的依赖关系，"那些保护自己免受外来入侵者伤害的城邦公民，或任何按计划行动的联合体，都在权威的庇荫之下；因为个人并不是在每一时刻都能作出自己的判断，他不得不依赖一套来自上层的计划安排（当然，这种计划安排要通过他的合作才会发挥作用）"③。霍氏认为，下层阶级对权威的依赖，恰恰反映了他们自身的无能为力。自启蒙运动以来，资产阶级借助理性反对权威，表

---

① [德] 马克斯·霍克海默：《批判理论》，李小兵等译，重庆出版社1989年版，第63页。
② 同上书，第65页。
③ 同上书，第67页。

面上取得了伟大的胜利,而事实上导致一种新权威的诞生。从笛卡尔、贝克莱到康德、费希特都表达了资产阶级理论家试图通过理性获得内在独立性的强烈呼唤。康德告诫人们:"人啊,鼓起勇气,运用你们自己的理性吧!"① 费希特言道:"任何依照权威行动的人,必然是没有原则行动的人。"然而资产阶级反对传统权威主义的斗争带来了什么的后果?霍氏认为,自启蒙运动以来资产阶级所进行的反对权威主义的斗争在当代极权主义国家彻底流产了,"反对隶属权威的斗争,在现代直接转变成为对权威本身的神化,这种发展,早已植根在这场斗争的起源中"②。这种深刻的判断在后来霍氏与阿多诺合著的《启蒙辩证法》一书中得到了更深刻的阐述。霍氏认为,"权威主义"在当代极权主义国家的形式发生了改变,但并未消亡,而是以更隐蔽的方式潜存于社会生活中,"权威先被断然去除,然后,又在哲学上以形而上学概念的形式重新出现"③。在霍氏看来,这种权威主义的形而上学变种,有着深刻的时代背景,即资本主义从自由时代进入到了垄断时代。在垄断资本主义时代,资本的高度集中使越来越少的人(或集团)掌握了社会的大部分财富。因而,当面临经济危机时,中下阶级常常显得无能为力,并把他们的困难退给了"托拉斯"的领导。这样,一种新的权威主义即经济权威油然而生,显然这是贫困潦倒的中下阶级祈求的一种必然结果。赖希在其著作《法西斯主义群众心理学》一书中对中下阶级服从权威的心理进行了详细的描述,他认为中下层阶级既反对大资产阶级的压迫,同时又渴望源于大资产阶级的权威,对比他们处境还窘迫的阶级实施压榨,赖希认为"法西斯主义的精神是'小人'的精神,小人被奴役,渴望权威,同时又喜欢造反"④。中下阶级对权威的服从反应正是赖希所言的"小人"精神。

---

① [德]马克斯·霍克海默:《批判理论》,李小兵等译,重庆出版社1989年版,第70页。
② 同上书,第74页。
③ 同上书,第76页。
④ [奥]威尔海姆·赖希:《法西斯主义群众心理学》,张峰译,重庆出版社1993年版,第三版修订增补版序言,第5页。

在弗洛姆看来，权威源于人们"逃避自由"的心态，人们既渴望自由又害怕孤独，两者不可兼得，当人们无法忍受孤独的代价时，就会出卖自由，服从权威。因此，弗洛姆认为："任何一个政党一旦夺取了国家的权力，都可利用人们害怕孤立和相对薄弱的道德原则的帮助，赢得大部分人民的忠诚。"① 和赖希、弗洛姆强调心理因素形成对比，霍氏更看重权威主义产生的经济动因。赖希和弗洛姆强调中下阶层权威更多是强调他们心理的"依赖性"，而霍氏则更看重经济上的"依存度"。霍氏认为极权社会政治的有效性依赖于经济原则的必然性法则。

霍氏认为经济权威的膨胀必然导致个体的再次消亡，人以及人与人的社会关系被经济必然性的原则替代了。因此，在极权主义国家，人是没有自由的，唯一的自由便是对普遍的经济原则的无条件地服从。在这样的社会，人已经不是自己的主人，人性格上的依赖感使他们重新变成了抽象且空洞的符号。在这样一个社会，决定一个人受不受别人尊重的唯一法则就是他拥有的资本的多少，只有有钱的人，才会显得比别人高贵，才可以拥有权威，并使唤别人。霍氏认为经济权威带来了真正的不公平，是极权主义国家诞生的真正秘密所在。在霍氏看来，这种经济权威的原则的可怕之处不仅造成人们经济贫困，而且给人们套上了新的精神枷锁，使人们从心理上认同这种机制的合法性，变成彻彻底底的"顺民"。霍氏不赞同通过无政府主义的非理性方式消除权威主义。他认为这种方式意味着历史的倒退。对于如何摆脱权威主义的阴影，霍氏言道："资产阶级权威概念的真正出路应该采取这样一种形式：让权威摆脱唯我主义的利益和压榨。"② 因而，霍氏设想了一种理想的社会形式来实现个人自由与权威的统一，展现了试图消解理性与权威矛盾的尝试。

三　权威主义形而上学与家庭

黑格尔认为家庭是研究社会伦理规范的中心，法兰克福学派早期

---

① ［美］埃里希·弗洛姆：《逃避自由》，刘林海译，国际文化出版公司2007年版，第142页。
② ［德］马克斯·霍克海默：《批判理论》，李小兵等译，重庆出版社1989年版，第93页。

的新黑格尔主义倾向使他们自然地关注对家庭的研究。马克思则认为在资本主义社会，家庭深深地打上了商品经济的符号，是异化的根源，消除这一现实的唯一办法在于彻底变革资本主义制度。马丁·杰伊在其著作《法兰克福学派史》中指出："尽管研究所对待马克思主义的态度日益悲观，但家庭问题上的立场却是黑格尔和马克思两种观点的调和。"[①] 在《权威与家庭》一文中我们可以看到霍克海默试图实现这种调和的理论努力。在社会的发展史中，家庭一直是传递社会伦理规范的最初场所，爱尔维修在《论人》一书中认为："人是由环绕他的所有对象、命运捉弄他所有情况，质言之，他被拉入其中的所有事件而培养教育起来的。"[②] 霍氏认为，尽管家庭并不是社会批判理论研究的中心议题，但是家庭是扮演着调节物质关系和心理关系的重要场所，是研究当代极权主义国家的重要理论素材。在资本主义社会，父亲挣钱，因而他自然而然成为一家之主，成为家庭的权力中心。这种最初的纯粹的经济关系在妻子和儿子的思想中不断得到强化，最终演变成一种深层心理中的"超验存在"，以一种"形而上"的方式确认了"父亲权威"的地位。在这些家庭成长的孩子自小就受到"父亲权威"的影响，性格上打上了顺从权威的烙印。霍氏认为："在低下的阶级中，在这些对父亲的压力已转化为对孩子的压力的家庭中，其结果便是在残忍之外直接地助长了向一切领导人（只要他被认为有力量）拱手交出自身意志的受虐狂心理倾向。"[③] 弗洛姆则认为这种受虐狂心理在于现代人逃避自由的心理机制，即当现代人无法忍受自由的孤独感时，就会拱手出卖自由，顺从权威。弗洛姆言道："家庭是小型的权威主义国家，儿童必须学会适应家庭，以便为后来总的适应社会做好准备。人的权威主义结构——这应该是明确确定

[①] ［美］马丁·杰伊：《法兰克福学派史》，单世联译，广东人民出版社1996年版，第147页。

[②] ［德］马克斯·霍克海默：《批判理论》，李小兵等译，重庆出版社1989年版，第94页。

[③] 同上书，第106—107页。

的——基本上是由于性禁锢和性畏惧嵌入性冲动的生命本质中而造成的。"① 而在霍氏看来，这种深层的权威主义心理导致最严重的后果就是"主体性"的丧失，以及"同一性"的确立。在这种家长制下培养出来的孩子，变成了极权主义国家统治的顺民，丧失了批判的意识。

霍氏认为，最初由经济关系树立的"父亲权威"，最终形成了一种"形而上"的"同一性"潜存在妻子和孩子的心理因素中。因而，在家庭中，妻子在丈夫面前总是卑躬屈膝，表现出一种顺从主义。霍氏认为，这种现象是妻子对丈夫长期依赖性的一种心理表征。妻子对丈夫的依赖性越强，丈夫的权威就会越膨胀，妻子也就越来越成为维护权威的工具。霍氏认为，按照纯粹的经济原则，如果丈夫不再挣钱因而失去了社会地位，理应在家庭中失去权威地位，但事实是，丈夫的权威地位并不会因他挣钱多少而有所损失。究其原因，霍氏认为，这种现象正是"权威"演变成一种"超验存在"，在妻子和孩子的心中形成了固定形式，因而，即便丈夫失去了经济地位，他在家庭中的权威依然存在。霍氏认为："由于这种职业生活与家庭生活在时空上的分离，任何资产阶级父亲在社会生活中，也许都是地位卑微，不得不在他人面前低三下四；而在家庭中，他们则又成了主人，其非常重要的功用即是让他的子女养成世事洞明和恭顺听话的习惯。这就说明，为什么不仅中产阶级上层，而且还有工人和雇员们，都不断地生产出一代又一代这样的人：他们并不询问经济和政治制度的结构，而是把它作为自然而然和永恒不变的东西接受下来，而且，还听凭别人把他们的不满和反叛之心，转换为现存秩序服务的有效力量。"② 这种对"权威主义"的顺从，使妻子和孩子形成了一种持久的信念，不可自拔。

霍氏认为，在当代资本主义极权主义国家中，家庭已经演变成政

---

① [奥]威尔海姆·赖希：《法西斯主义群众心理学》，张峰译，重庆出版社1993年版，第26页。
② [德]马克斯·霍克海默：《批判理论》，李小兵等译，重庆出版社1989年版，第105页。

治统治的有效形式。"父亲权威"中隐藏着极权主义国家的影子。家庭中的"同一性"思想演变成了国家统治的"同一性",这样"权威主义"在当代的形而上学变形中演变成了国家操纵个人的有效手段,形成极权主义国家统治的深层形而上学基础。霍氏认为:"在资产阶级黄金时代,存在着富有成效的家庭与社会之间的相互交往。这是因为,父亲的权威植根于他在社会中的作用,而社会又通过父权制家庭中的权威教育而得以更新,可是,现在,明显地作为必不可少的东西的家庭,正在成为由政府进行技术操纵的问题。"① 这样,家庭彻底变成了极权主义国家统治人的"细胞",成为当代资本主义社会统治人的有效基础。

四 霍克海默权威主义批判的影响

自20世纪30年代初继任法兰克福学派社会研究所所长之后,霍克海默一直提倡研究所尝试进行关注社会现实发展的经验性研究,这事实上是其在就职演说中提出的构建"社会哲学"思想的延续。《权威与家庭研究》是研究所在20世纪30年代主要成员(包括赖希、弗洛姆和马尔库塞等)集体研究结果的结晶。在研究所中,霍克海默是发起并进行系统研究"权威与家庭"课题的第一人,其理论思想在一定程度上为法兰克福学派其他成员研究这一课题提供了理论资源和基础。在20世纪30年代,欧洲法西斯主义开始盛行,研究所遭到了法西斯主义的严重破坏,被迫在日内瓦、巴黎分设办事处,继续从事社会批判理论研究,最终在40年代初期研究所的大部分成员被迫流亡美国,之后在霍克海默的领导下,研究所继续在纽约坚持用德语写作。20世纪30年代,在反对法西斯主义的态度上,霍克海默无疑是最强硬的一个。在美国流亡期间,在研究所资金不太宽裕的情况下,霍克海默坚持资助200多名流亡美国的研究者,而能否得到研究所资助的最重要的条件,就是是否反对纳粹主义。霍克海默1939年有一段广为人知的话:"一个不愿批评资本主义的人,就应当对法西斯主

---

① [德]马克斯·霍克海默:《批判理论》,李小兵等译,重庆出版社1989年版,第124页。

义保持沉默。"① 可见，霍克海默对法西斯主义的抵制态度是非常强硬的，这也是其进行《权威与家庭》这一课题研究的原始初衷。②

霍克海默在《权威与家庭》中进行的"权威与文化"的深层研究，展现了一种与弗洛伊德思想的融合，为之后赖希和弗洛姆研究提供重要的理论资源和理论借鉴。霍氏认为"权威主义"的发生机制中隐藏着一种不在场的"形而上学"，这是形成"权威主义"的深度心理表征。赖希则在其《法西斯主义群众心理学》一书中对霍克海默这一思想进行了系统的心理学阐释。赖希认为："从人的性格的角度来看，'法西斯主义'是具有我们权威主义机器文明及其机械主义神秘生活观的被压抑的人的基本情感态度。"③ 和霍克海默一样，赖希非常重视从心理学角度去解读"权威主义"产生的动因。霍克海默在《权威与家庭》一文中认为"权威主义"是弱者对强者"依赖性"的必然结果。弗洛姆在《逃避自由》一书中，发挥了霍氏的这种思想，并从人的深层心理对人们为什么选择放弃自由，顺从权威进行了详细解读。弗洛姆认为："'匿名'权威取代了公开权威，实行统治。它装扮成常识、科学、心理健康、道德与舆论。它不言自明，根本用不着发号施令，它仅仅靠温和的劝说，根本不用施加任何压力。"④ 霍克海默认为，权威主义在当代发生了形而上学的转型，变成了国家统治的新的操作工具。马尔库塞在《爱欲与文明》一书中同样对当代极权主义国家对人的全面操控，进行了深刻批判，他认为："富裕社会自身也在要求人们'追求审美、渴望一致'，恢复'天人合一'，充实

---

① ［美］马丁·杰伊：《法兰克福学派史》，单世联译，广东人民出版社1996年版，第142页。

② 霍克海默的经验主义研究和其对极权主义和法西斯主义的批判是分不开的，我们可以在法兰克福学派早期创办的《社会研究杂志》关心的中心议题上得到印证。研究所的杂志对研究所关心的中心议题进行了解释，其中最显著的议题乃是对法西斯主义和资本主义经济形式的解释。参见 Peter M. R. Stirk, *Max Horkheimer: A New Interpretation*, Lanham: Barnes & Noble Books, 1992.

③ ［奥］威尔海姆·赖希：《法西斯主义群众心理学》，张峰译，重庆出版社1993年版，第三版修订增补版序言，第3页。

④ ［美］埃里希·弗洛姆：《逃避自由》，刘林海译，国际文化出版公司2007年版，第114页。

心灵和赞颂'为创造而创造',以此来为上述的不可避免的事件做好准备。这种号召的虚假性表明,在现存制度范围内,这些期望被转变成了由政府和大企业资助的、受人操纵的文化活动,成了它们的向群众心灵延伸的执政之臂。"① 可见,霍克海默对"权威与家庭"这一课题的研究为法兰克福学派奠定了重要理论开端和宝贵理论素材,在赖希的《法西斯主义群众心理学》、弗洛姆的《逃避自由》以及马尔库塞的《爱欲与文明》等相关著作中,我们可以看到霍氏思想的影响力。

此外,在对《权威与家庭》一书的研究中,我们发现霍氏的思想中隐藏着对庸俗的马克思主义的批判。20世纪30年代欧洲经济危机的爆发和法西斯主义的盛行,并没有像庸俗的马克思主义学者预测的那样,会导致大规模的无产阶级的革命。这种现象,引起了法兰克福学派的警惕。早在20世纪30年代初期,在霍克海默的倡导下,研究所就印发问卷,了解工人阶级对"权威"的态度,研究所得出的结论是"德国工人阶级对右翼夺权的抵制之轻微远与其激进的意识形态不相配"②。事实上,早期的"西马"代表人物卢卡奇在20世纪20年代初期已经开始关注无产阶级这一显著的变化,在其名著《历史与阶级意识》一书中,卢卡奇认为无产阶级之所以丧失革命意识是与资本主义的"物化"分不开的,受其影响,无产阶级逐渐丧失了"阶级意识",从而失去了革命的热情。霍克海默领导的研究所在20世纪30年代也开始关注无产阶级发生的这一显著的变化,并借助黑格尔的辩证法和弗洛伊德的心理学对这一现象加以深入探究。和卢卡奇不同,霍克海默认为无产阶级革命热情的丧失除了受资本主义"物化"的影响外,更重要的是他们在心理上对权威主义形成了强烈的依赖性,从而形成了顺从主义。研究所还对庸俗的马克思主义从单纯的经济决定论对无产阶级革命性的预测提出了质疑和批判,并视其为机械唯物主

---

① [美]赫伯特·马尔库塞:《爱欲与文明——对弗洛伊德思想的哲学探讨》,黄勇、薛民译,上海译文出版社2008年版,1966年政治序言,第8页。
② [美]马丁·杰伊:《法兰克福学派史》,单世联译,广东人民出版社1996年版,第138页。

义的变种。霍克海默领导下的《权威与家庭研究》正是研究所对欧洲兴起的法西斯主义浪潮的理论关注以及对其形而上学思维方式的强烈拒斥。事实上,这一批判是"本真"的马克思主义批判精神的延续,在一定程度上从心理学的角度补充和发展了马克思主义。

再者,霍克海默领导研究所进行的《权威与家庭研究》对中国学者反思法西斯主义尤其是第二次世界大战中日本军国主义产生的机制提供了重要理论借鉴。第二次世界大战期间,日本军国主义在中国犯下了滔天罪行,导致了中国千万无辜生命丧生,给中国人民造成了严重的心理创伤。近年来国内一些学者开始关注这一问题的研究,例如张一兵教授指出:"法西斯分子正是在追求纯粹的本质(种族)同一性中,听着西方古典音乐来进行恣意杀戮的。这使得'神圣的'死亡成为一种平静的实验,一种被科学管理的除草劳作。"[①] 贺来教授认为:"形而上学和同一性思维的胜利,便是个人以一种'合理的'方式被清除和消灭,形而上学和同一性思维的凯旋,便是个体生命化为'奥斯维辛'焚烧炉里的缕缕青烟。"[②] 但是,直到现在国内学者还未就第二次世界大战中日本军国主义发生的机制进行深入系统的研究,这一领域基本还处在起步阶段。历史已经过去,但历史并未消亡。按照阿甘本的话语,当代社会中仍然潜存着不在场的法西斯主义的幽灵。因此,霍克海默的《权威与家庭》的研究为我国国内学者研究"权威主义"尤其是日本军国主义的发生机制提供了宝贵的理论借鉴,同时,对国人重新认识法西斯主义的"幽灵再现"起到了一定警示作用。

---

① 张一兵:《阿多诺:奥斯维辛之后不再写诗》,《福建论坛》(人文社会科学版)2001年第1期。
② 贺来:《"奥斯维辛"与现代哲学——考察现代哲学转向的一个重要参照系》,《天津社会科学》2004年第1期。

第二节 科学中的形而上学预设

科学与形而上学的争辩一直是学界研究的重要理论课题。自 17 世纪培根提出"知识就是力量"的口号以来，以实证主义为代表的科学主义一路高歌猛进，提出拒斥形而上学，并视其为虚假的臆造。这种完全抛弃形而上学的态度，自始一直遭到人本主义的强烈反对。关于科学和形而上学关系的深入探究，无疑法兰克福学派的研究在当代影响最大，最有代表性。在法兰克福学派的理论家中，霍克海默最早对科学进行了系统批判，他在《科学及其危机札记》《对形而上学的最新攻击》《理性之蚀》以及《启蒙辩证法》等文本中对科学进行了深入考察。霍克海默把科学作为一种技术理性（或工具理性）加以批判，认为科学中潜存着形而上学的预设①，沦为了晚期工业社会新的统治工具，导致了人的新的异化危机。霍克海默的科学观为法兰克福学派的科技功能批判奠定了一定的理论基础。

一 从批判到联姻——科学与形而上学的复杂关联

自西方启蒙运动以来，科学一直视形而上学为劲敌，把其作为自身的对立面而加以批判性考察。然而，科学与形而上学之间存在着复杂的关联，近现代哲学发展的历史已经表明，科学不可能完全摆脱形而上学。依据霍克海默的说法，科学本身就是一种意识形态，隐含着深刻的形而上学预设，是一种朴素的新形而上学的变种。科学在反形而上学的征程中最终实现了与形而上学的联姻。②

---

① 我国学者李醒民认为："科学预设是科学理论赖以开始的、大半未言明的起点，也是科学理论赖以立足的、不易察觉的深层根基，因而是极其自然的和不可避免的，而且在很大程度上是先验的和集体无意识的。它们是否为真，是不好断定且不必断定的，也不是科学家所关注的，他们也许根本就没有意识到它们的存在。"参看李醒民《科学的形而上学基础：科学预设》，《学术界》2008 年第 2 期。笔者认为这种观点和霍克海默相类似，深刻表达出了科学与形而上学的复杂关联。

② 这种"联姻"不是一种正式的"婚姻"，而是一种"隐婚"，以一种不自觉的方式潜存在两者的复杂关联中。

(一) 科学对形而上学的批判

霍克海默在《对形而上学的最新攻击》一文中开篇指出："把科学与形而上学调和起来，是很困难的事情。形而上学论述的本质存在、实体、灵魂和不朽，而科学对这类研究却没有多大用处。"[①] 科学反对形而上学致力于最高理念、先验悬设以及第一动因等方面的箴言。随着近代科学的快速发展，形而上学的权威已经被大大动摇了。在科学的教科书中也很少提及关于灵魂、不朽、实体等形而上学的话语。现代科学促进了精密仪器以及发达技术的快速发展，除了基础的物理学之外大多科学和经验直接相关。霍氏认为，科学的发展不断加剧了其与形而上学的鸿沟，双方的矛盾看似不可调和。笛卡尔提出"我思故我在"的重要哲学命题，以"怀疑论"的方式开启了近代西方哲学认识论的先河。但在笛卡尔的哲学中，存在着严重的"二元论"悖论，"自我"不是和现实联系在一起，而是被归为"信仰"，对于第一动因的思索仍要借助于上帝。科学对这种模棱两可的概念提出了深刻批判，认为它们是彻头彻尾的谬误。可以说，近代西方哲学在认识论上的瓦解以及范式转型，是和科学的批判密切相关的。黑格尔哲学的瓦解预示着近代西方哲学走向了穷途末路，面临着严重的合法化危机，并由此直接导致了现代西方哲学的诞生。形成了以叔本华、克尔恺郭尔为代表的强调"非理性"的"人本主义"思潮，和以英法实证主义者强调经验主义的"科学主义"思潮。而后者认为，科学的发展应该而且必须基于可靠的经验基础，反对传统的思辨形而上学对事物本质和规律的探讨。

在文艺复兴之前，科学一直是哲学的奴婢，是哲学的一个分支。然而，随着欧洲中世纪的终结，以及文艺复兴运动的兴起，科学从奴婢成为主人。"如果说从多姿多彩的古希腊罗马向神学一统天下的中世纪曾被比喻为从白昼进入黑夜，那么从中世纪转向'文艺复兴'则

---

① [德] 马克斯·霍克海默：《批判理论》，李小兵等译，重庆出版社1989年版，第128页。

被当做开始了新的黎明。"① 从文艺复兴之后,科学逐渐摆脱了神学和经院哲学的桎梏,不再满足于古代科学笼统的研究,而是在理性反思下进行分门别类的研究。经验主义的代表者培根、洛克、贝克莱、休谟等无不强调经验事实的重要性,反对形而上学对科学的干涉。进入现代哲学后,实证主义特别是逻辑实证主义更是视形而上学为劲敌,提出了鲜明的拒斥形而上学的口号。霍氏认为,科学和形而上学研究的是两个不同的问题域,具有不同理论特质。事实上,在19世纪中期之后,细胞学说、能量守恒定律以及生物进化论相继发现,为科学拒斥形而上学提供了重要的认识论基础。霍氏认为:"人们已经证明,绝对空间和绝对时间概念以及其他形而上学范畴都是站不住脚的。另外,至少就其传统形式而言,实体学说、因果学说、灵魂学说和心物关系学说,都是与现代科学方法相冲突的。"科学对形而上学的拒斥,事实上反映了西方进入近代哲学后的一种思维范式转型,即以理性取代神的位置,重新思索科学理论的认识论基础。霍氏认为,事实上,"科学早在17世纪就抛弃了一切事物(包括人在内)之间前定和谐的宗教概念"②。因此,可以说,西方近代以来科学对形而上学的拒斥是嫁接在理性解放这一重要的时代基础之上的。在与阿多诺合著的《启蒙辩证法》一书中,霍氏对启蒙理性的演变历史进行了深刻的考察,认为启蒙的历史就是与神话③抗争的历史。在霍氏的理论视野中,启蒙正是借助技术实现了对神话(形而上学)的反叛,启蒙与神话是矛盾的统一体。从这个视角,可以判定霍氏在一定程度上认为科学就是对形而上学的拒斥,并且这种复杂的关系伴随整个人类文明史的发展。

(二)科学不能摆脱形而上学

在科学发展的时代形而上学被完全驳倒了吗?霍氏认为,这是一个复杂的理论问题。在对霍氏的文本考察中,我们发现他的批判中隐

---

① 刘放桐:《新编现代西方哲学》,人民出版社2012年版,绪论第3页。
② [德]马克斯·霍克海默:《批判理论》,李小兵等译,重庆出版社1989年版,第130页。
③ 霍氏理解的"神话"具有一般形而上学的特质。

含了深刻的辩证法。霍氏并没有因为强调科学与形而上学思维方式的对立，而完全抛弃形而上学。事实上，霍氏认为，在科学发展的过程中，形而上学作为一种隐性的因素同时也被保留了下来，"从形式上看，科学知识被认为是正确的，但形而上学观点同时也被保留下来了。单靠反映自然和社会的混乱现实的科学，不满的群众和有思想的个人就会处于危险和绝望的境地。不管是私人的思想观念还是公众的思想观念，都离不开覆盖一切的意识形态。因此，同时保持科学和形而上学的意识形态就是十分必要的"①。霍氏的这一论断无疑是深刻的，人是一种具有理性思辨能力的同时具有复杂情感的真实存在，因此，在一定意义上科学中创造的琳琅满目的物质世界并不能完全代替人们对"信念""目标""意义"的终极思考和诉求。而后者的存在也就意味着人们"形而上"的精神存在不可能随着科学发展而完全被清除。实际上，科学的发展也是由人推动的，因而不可避免地具有"人"的因素存在。霍氏的科学观没有陷入当代狭隘的"科学主义"思潮之中，而是以一种严谨的态度考察了科学与形而上学的复杂关联。霍氏认为："从形式上看，科学知识被认为是正确的，但形而上学观点同时也被保留下来了。单靠反映自然和社会的混乱现实的科学，不满的群众和有思想的个人就会处于危险和绝望的境地。不管是私人的思想观念还是公众的思想观念，都离不开覆盖一切的意识形态。因此，同时保持科学和形而上学的意识形态就是十分必要的。"②在此，我们看到了霍克海默在讨论科学与形而上学关系时贯穿着明显的辩证分析方法。这种思想起源于其博士论文及其早期著作《作为理论哲学与实践哲学之间链环的康德的判断力批判》（1925）。事实上，霍克海默早期思想深受黑格尔和康德哲学的影响，这些思想在其后来对科学及其逻辑实证主义的批判中得到了显现。受其影响，霍氏认为完全排除"主观性"的科学是不可能存在的。科学与形而上学之间隐

---

① ［德］马克斯·霍克海默：《批判理论》，李小兵等译，重庆出版社1989年版，第130页。

② 同上。

藏着复杂的关联,"马克斯·普朗克是量子理论的创始人。根据自己的科学经验,他完全承认,一切事件,甚至'心灵王国'的事件,都是由自然现象决定的。另一方面,他又不愿意放弃自由意志这个形而上学概念,因为他所持的道德和政治观点以这个概念为前提"①。霍氏认为,在科学发展的道路中,这种自相矛盾的情况经常会出现,这源于资产阶级理论家对资本主义的依赖,他们不可能大张旗鼓公开反对现存的制度,而只能在形而上学的幻想中寻找内心的平静和安慰。这种资产阶级理论家的"虚伪"的特征在一般的人群中也随处可见。"自由、平等"等先验的理念深深植根于每个人的内心深处,当他们在现实中遇到挫折,也只能以重新浮现这些先验的观念来获得心灵的慰藉。霍氏认为,人品并没有实存的权利,每个人都以"证件"的形式获得社会的承认和认可。从一定意义上,霍氏的话语表达了每个人获取社会认同的"符号化"特征,离开了"身份地位",我们什么都不是。正是民众的这种复杂的情感特征,在快速发展的时代,为形而上学留下了位置,"形而上学梦想是逃避这些深深铭刻在他灵魂中的日常生活经验的方法,是根除这些经验的尝试,正像他可能去做的一样,孤立的、无足轻重的个人在这些梦想里与超人的力量、全能的自然和生命之流或无穷无尽的世界根据打成一片"②。因此,在霍氏阐述科学与形而上学的复杂关联时,表达了一种对形而上学既反对又无法割舍的复杂情感。

其实,霍氏在《科学及其危机札记》一文中,就对科学中隐藏的形而上学,进行了深刻的分析和批判。在霍氏的理论视野中,科学在当代和形而上学实现了联姻,变成了一种意识形态,成为阶级统治的工具。近代科学的发展,也印证了霍氏的这一论断。"形而上学和科学在一种意义上是互补的,形而上学不处理自然的详细的行为,而科学不处理自然知识的终极诠释。它们二者对综合的世界观察来说都是

---

① [德]马克斯·霍克海默:《批判理论》,李小兵等译,重庆出版社1989年版,第131页。
② 同上书,第133页。

必要的。"① 尽管近代科学的发展一直强调经验的重要作用，但是科学理论的发展总与理论预设密切相关，离开了后者，科学可能重新沦为相对主义。"沃金斯认为科学内部也存在形而上学。因为许多科学理论就是建立在有待检验的假定的基础上的，由于这些假定本身还无法检验，它们是靠信念支持的，所以这些假定、信念就是形而上学。"② 科学的发展可以说是与形而上学抗争的历史，然而这部历史却向我们展示了两者之间的复杂关联，"科学的诞生，标志着形而上学的终结。终结不是结束，而是新生。当形而上学成为科学时，'形而上学'终结了，科学化的'形而上学'则伴随着'形而上学'的涅槃冉冉升起"③。在霍氏的批判中，我们看到了梳理这种复杂关联的理论努力。

霍克海默认为科学这种反形而上学的自相矛盾的态度是和近代科学的特点分不开的，科学强调知识来源于经验的原则，但往往又对资本主义社会的真实的现实状况视而不见，脱离了社会实际，最终对形而上学的批判指向了自身。在《科学及其危机札记》一文中，霍氏认为："科学表现出双重矛盾。首先，科学认定这样一个原则，即它的每一步都具有批判的根基，然所有步骤中最重要的一步即科学任务的确定，却缺乏理论的根基，似乎是随意选定的。第二，科学必须涉及全部相关的知识，然而，它对它自身的存在以及它工作的方向所依赖的东西，即社会立于其上的全部关系，却尚未实实在在地把握住。"④ 这样，科学既没有充足的理论预设根基，又缺乏对社会现实的密切关注，面临着潜在的深刻危机。在《启蒙辩证法》中，霍氏以启蒙的蜕变展示了这一过程。霍氏认为，启蒙的逻辑在于"神话变成了启蒙，启蒙倒退为神话"，启蒙精神最终与技术理性相结合，变成了统治现代人的工具理性。科学发展无法完全摆脱形而上学的纠缠，这是科学

---

① 李醒民：《科学的形而上学基础：科学预设》，《学术界》2008 年第 2 期。
② 魏屹东：《西方科学哲学中的形而上学与反形而上学》，《文史哲》2003 年第 4 期。
③ 高伟：《"存在的遗忘"与形而上学的终结——论科学的形而上学化与形而上学的科学化》，《哲学研究》2005 年第 6 期。
④ ［德］马克斯·霍克海默：《批判理论》，李小兵等译，重庆出版社 1989 年版，第 5 页。

与形而上学的辩证逻辑。霍氏认为:"各种各样的协调企图都陷入了两个极端。一个极端主张科学是唯一可能的知识形式,残余的形而上学思想必须给科学让路。另一个极端反对单纯作为理智技能的科学,认为这种理智技能仅仅符合于对人类实存的次要考虑;真正的知识必须从科学中解放出来。"① 显然,霍氏是反对这两种极端的观点的,这种企图在科学的发展中事实上是不存在的,只不过是"科学主义"和"人本主义"在当代的两种极端反映。因此,在看待科学与形而上学的关系上,霍克海默始终持一种相对保守的辩证主义的态度。

(三) 科学与形而上学的联姻

霍克海默在《科学及其危机札记》《对形而上学的最新攻击》《启蒙辩证法》以及《理性之蚀》中是把科学作为一种技术理性(或工具理性)加以批判的。霍氏认为,科学不可能完全抛弃预设,而预设本身就具有形而上学的特性。科学在批判形而上学的征程中沦为了朴素的形而上学。② 在科学预设与形而上学的关系这个问题上,瓦托夫斯基认为:"从当代科学哲学的理论成果上看,形而上学在科学中的作用主要表现在,形而上学可看作科学的一部分,即看作科学假说和理论在其中得到阐述的最一般的概念框架;形而上学是一种观念的来源,它可以对科学思想的不同部分进行系统化的指导;形而上学的某些假定可以成为科学中的调节性、启发性观念,它们形成科学家的基本世界观及其思维方式的深刻结构,从而也就对科学家起着调节或指导的作用。"③ 霍克海默对科学中的形而上学倾向不像瓦托夫斯基和

---

① [德] 马克斯·霍克海默:《批判理论》,李小兵等译,重庆出版社1989年版,第132页。
② 国内关于科学与形而上学的争论,魏屹东认为形而上学发展经历了反复的过程,我们无法摆脱形而上学,参见魏屹东《西方科学哲学中的形而上学与反形而上学》,《文史哲》2003年第4期;高伟认为当科学走向绝对化并由此而蔑视一切其他知识时,本身就变成了一种朴素的形而上学,参见高伟《"存在的遗忘"与形而上学的终结——论科学的形而上学化与形而上学的科学化》,《哲学研究》2005年第6期;黄颖黔则认为形而上学可以对科学假说进行指导,影响科学家的世界观,并可能会渗透到科学实践中,参见黄颖黔《近现代科学与形而上学的相关嬗变》,《上海社会科学院学术季刊》1993年第4期。
③ [美] M. W. 瓦托夫斯基:《科学思想的概念基础——科学哲学导论》,范岱年等译,求实出版社1989年版,第21页。

国内学者是从肯定意义上去考察，相反，霍氏对科学沦为形而上学的遭遇加以了深刻的批判。霍氏认为，正是科学无法真正意义上摆脱形而上学的困境，才会忽视对社会以及人的生存境遇的关照，最终丧失了批判性，沦为一种肯定性的思维方式。霍克海默认为："科学的概念仅限于'描述，分类和现象的概括'。相反，他呼吁科学应该有一个广阔的概念，一个同时具有'定性和定量维度'，一个包括自然，社会，和一个能够解决'人类的真正需求'的研究。"[①] 霍氏的科学观隐含着一种改造社会现实的迫切愿望，他希望通过驱除科学中的形而上学，使其恢复批判性的功能，重新关注社会现实以及人的生存境遇。提倡科学的"实践性"构成了霍克海默科学观的一大特色。因此，霍克海默拒斥任何脱离社会实际的科学形态，他认为："任何科学如果仅仅是作为重建自然和文化分离的严肃本体论结构，都将被视为是传统理论而不是批判理论。这样的科学是批判的话题而不是资源。"[②] 但是，值得我们注意的是，霍氏认为科学与形而上学的"联姻"，从严格意义上是一种"隐婚"，是一种科学在反形而上学中一种不自觉的"隐存"。就像霍氏在《启蒙辩证法》中的分析判断一样，霍氏也预言了在科学反形而上学的征途中，存在一种自始至终的形而上学倒退，这是一种无法避免的代价。因此，霍氏的科学观中隐藏着"拯救"与"绝望"的复杂情感。

二 走向一种新极权——科学发展中工具理性的形而上学变种

霍克海默认为，科学中的形而上学倾向，就像在《启蒙辩证法》一书预言的一样，走向了科学的反面，在晚期工业社会彻底变成了一种工具理性。由此，对资本主义社会的政治、经济以及文化产生重大而深远的影响。霍氏认为，科学与政治结合，变成了一种新的意识形态；科学造成了资本主义社会经济的虚假繁荣，使人们沉醉于虚假的满足之中，丧失了批判性思维；科学造就了文化工业，使文化丧失了

[①] Lenny Moss and Vida Pavesich, science, normativity and skill: reviewing and renewing the anthropological basis of critical theory, *Philosophy and Social Criticism*, Vol. 2, 2011, pp. 139–165.

[②] Ibid..

"否定性"的特征。

(一) 科学对政治的深远影响

科学与政治的复杂关联是霍克海默科学观探讨的核心内容。霍氏认为当代科学具有鲜明的工具理性特征，成为晚期工业社会政治统治的帮凶，演变成了一种新的意识形态。他认为："不仅形而上学，而且还有它所批评的科学，皆为意识形态的东西；后者之所以也复如是，是因为它保留着一种阻碍它发现社会危机真正原因的形式。说它是意识形态的，并不是说它的参与者们不关心纯粹真理。任何一种掩盖社会真实本质的人类行为方式，即便是建立在相互争执的基础上，皆为意识形态的东西。"[1] 关于意识形态的讨论，马克思、恩格斯、列宁以及早期的西方马克思主义的代表人物葛兰西都有深刻的见解，他们把"意识形态"放在"人的解放"的对立面来加以批判考察，认为"意识形态"是一种虚假的存在。霍氏关于"科学执行了意识形态功能"的诊断是在晚期工业社会特定的历史语境中得出的结论。在霍氏看来，脱离社会实践的一切存在，皆具有意识形态的特征。科学以及其所批判的形而上学皆具有脱离社会现实的特征，因而皆具有意识形态的特性。[2] 霍克海默认为科学中隐存的工具理性在当代日益显现出形而上学的特征，它与资本主义社会的政治统治"联姻"，充当了一种新的极权统治手段。在《单向度的人——发达工业社会意识形态研究》一书中，马尔库塞继承和发展了霍克海默的"科学观"。和霍氏一样，马尔库塞同样认为，随着科技的快速发展，并没有实现"解放人"的目的，反而走向了这一目的的反面，人在晚期资本主义时代变成了"新的奴隶"。马尔库塞认为："发达工业文明的奴隶是受到抬举的奴隶，但他们毕竟还是奴隶。因为是否是奴隶既不是由服从，也不是由工作难度，而是由人作为一种单纯的工具、人沦为物的

---

[1] [德] 马克斯·霍克海默：《批判理论》，李小兵等译，重庆出版社1989年版，第5页。
[2] 关于"意识形态"的论述，马克思、恩格斯、列宁、葛兰西等都做出过深刻的论述，参见陈振明《法兰克福学派与科学技术哲学》，中国人民大学出版社1992年版，第134—146页。另参见陈学明、王凤才《西方马克思主义前沿问题二十讲》，复旦大学出版社2008年版，第157—170页。

状况来决定的。"① 显然，马尔库塞和霍克海默在看待"科学的政治统治功能"上意见基本一致。法兰克福学派的第二代代表哈贝马斯继承和发展了这一论断。哈氏认为在当代科学充当了"资本主义政治合法化"的辩护者，这是因为"诉诸技术的无上命令之所以是可能的，那是因为科学和技术的合理性本身包含着一种支配的合理性，即统治的合理性"②。在哈贝马斯看来，这种技术统治的合理性以一种"隐形"的方式存在于人们生活的周遭，执行着更深远的"意识形态"的功能。显然，在"科学执行意识形态"这一深刻判断上，马尔库塞和哈贝马斯继承和发展了霍克海默的观点。

（二）科学对经济的深远影响

在看待"科学与经济"的复杂关联上，霍克海默和马克思一样并不一般地反对科学作为生产手段对工业发展的伟大贡献，但他反对科学造成了一个更加严重的"人的异化状态"。西方马克思主义的代表人物卢卡奇在《历史与阶级意识》一书中，认为在资本主义社会因为"物化"的加剧，无产阶级逐渐丧失了对"总体性"把握，从而丧失了阶级意识。和卢卡奇一样，霍氏认为由于科学中工具理性的彰显，当代社会是一个极度"物化"的社会。但是，霍氏认为这个"物化"社会造成的结果不是"总体性"的丧失，而是"个体性"的丧失，即主体的"批判意识"的丧失。霍氏认为，科学本身具有局限性，科学的发展也从来没有摆脱普遍的经济危机。科学的这种局限性源于脱离了现实的物质实践活动，霍氏认为："科学拒绝以适当方式处理与社会进程相联系的问题，结果便导致一种内容和方法上的肤浅性，这种肤浅性反过来又表现在对科学涉及的不同领域之间的动态联系的忽略上，而且还以极为不同的方式影响到科学自身诸种原理的实际运用。伴随科学视野的如是萎缩而出现的事实：一套暧昧的、僵固的、拜物教的概念遂能够一直发挥作用；而这时人们真正需要的则是让它

---

① ［美］赫伯特·马尔库塞：《单向度的人——发达工业社会意识形态研究》，刘继译，上海译文出版社2012年版，第28页。
② ［德］哈贝马斯：《作为"意识形态"的技术与科学》，李黎、郭官义译，学林出版社1999年版，第42页。

们与事件的动态运动相联系，以便对它作出深入的理解。"① 正是源于对科学脱离社会现实的而造成自身"肤浅性"的深刻分析，霍氏认为科学的快速发展造就了一个繁荣的工业社会，但同时也滋生了"商品拜物教"，个人在科学造就的繁荣的社会中并没有摆脱"异化"的处境，反而更加深陷其中。对此，马尔库塞在《单向度的人——发达工业社会意识形态研究》中表示同样的担忧。马尔库塞认为，科技的发展造就一个繁荣的工业社会，使人们沉浸在虚假的繁荣和满足之中，丧失了批判的意识。马尔库塞言道："如果工人和老板享受同样的电视节目并漫游同样的游乐圣地，如果打字员打扮得同她雇主的女儿一样漂亮，如果黑人也拥有凯迪拉克牌高级轿车，如果他们阅读同样的报纸，这种相似并不表明阶级的消失，而是表明现存制度下的各种人在多大程度上分享着用以维持这种制度的需要和满足。"② 显然，霍克海默和马尔库塞对待"科学与经济"的复杂关联上，保持相类似的意见，即他们都认为科学的快速发展在造就了一个繁荣的经济社会背后面临着"人的异化"的深刻危机。

（三）科学对文化的深远影响③

关于科学与文化的复杂关联，是霍克海默"科学观"中浓墨重彩的一笔。霍氏认为科学造就了文化工业的大发展，但科学中的工具理性也随之渗透到了文化工业的各个角落，并对人们的日常生活和思维方式产生了深刻影响。霍氏认为在技术理性的操控下，艺术在文化工业中逐渐丧失了批判性，具有明显的"肯定性"和"顺从主义"的形而上学特征，受此影响，人们在这个时代变成了丧失"批判性"思维方式的"顺民"。在《文化工业：作为大众欺骗的启蒙》一文中，霍氏言道："不要指望观众能独立思考：产品规定了每一个反应，这种规定并不是通过自然结构，而是通过符号作出的，因为人们一旦进

---

① ［德］马克斯·霍克海默：《批判理论》，李小兵等译，重庆出版社1989年版，第4页。
② ［美］赫伯特·马尔库塞：《单向度的人——发达工业社会意识形态研究》，刘继译，上海译文出版社2012年版，第8页。
③ 文化工业中的形而上学倾向将在下一节作详细探讨，这部分主要探讨科学的发展对文化工业的深远影响。

行了反思,这种结构就会瓦解掉。文化工业真是煞费了苦心,它将所有需要思考的逻辑联系都割断了。"[1] 而造成这一现状的源头在于技术理性的形而上学思维方式,这种思维方式就像霍氏在《启蒙辩证法》中阐述的一样,以一种不可避免的方式转向了自身的对立面。可以说,霍克海默对科学与文化关联的深刻分析,隐藏着一种强烈的人本主义色彩,即对人的生存境遇的高度关注。霍氏的目的在于通过对科学造就的文化工业的批判来警示当代人,唤醒其批判意识,摆脱当代"文化工业"中人的"异化状态"。在《现代艺术和大众文化》一文中,霍氏言道:"现代社会结构证明,孩提时代的乌托邦之梦在青年时代的早期就将被击得粉碎,受到高度赞扬的'顺应'取代了臭名昭著的俄狄浦斯情节。"[2] 可以说,霍氏这种对当代人生存境遇的高度关注构成了其"科学观"中浓重的一笔,同时对法兰克福学派"科技观"产生了一定影响,为理解马克思的科技思想提供了一种参考系。

三 霍克海默科学观的影响

在法兰克福学派的历史上,是霍克海默第一次开始关注科学对晚期工业社会造成的重大影响,并深刻分析和批判了科学中的工具理性特征,揭示了其形而上学的特性。霍氏的这一批判为构建其批判理论奠定了方法论基础,为法兰克福学派的科技批判奠定了一定的理论支撑,为我们深入理解马克思主义科技观提供了理论参考。

(一)对批判理论构建的影响

自1930年霍克海默继任法兰克福大学社会研究所所长以来,霍氏开创了社会哲学的批判风格,即开始密切关注晚期工业社会的现实,强调理论与实践相统一的原则。而晚期工业社会的最大现实就是科学得以快速发展,并日益与近代理性精神相结合而形成了鲜明的工具理性特征。因而,当霍氏密切关注晚期工业社会现实时,就不可避免地对科学发展造成的社会影响进行深入考察。霍氏对科学的批判,

---

[1] [德] 马克斯·霍克海默、西奥多·阿道尔诺:《启蒙辩证法——哲学断片》,渠敬东、曹卫东译,上海人民出版社2006年版,第124页。

[2] [德] 曹卫东主编:《霍克海默集》,渠敬东、付德根等译,上海远东出版社2004年版,第216页。

既没有像传统理论一样强调体系性原则，也没有对"科学"进行"本体论"和"认识论"考察，而是关注科学与现实的密切关联以及科学发展对人的影响。霍氏对科学的深刻分析和批判展示了一种人本主义情怀，按照这种批判的思路，霍氏在《对形而上学的最新攻击》一文中对当代科学主义的代表逻辑实证主义进行了深刻批判（我们将会在下一章进行详细研究）。霍氏对科学中形而上学预设的揭示和批判，展示了一种新的文风，即以一种言简意赅的"札记"或"评述"的形式替代大部头巨著，把对社会以及人的关注融入其思想之中，形成了社会哲学的独特批判风格。霍氏这种对科学的批判风格以内在的形式在其后来的诸多力作中得到了显现，成为研究霍氏思想的一条主线。可以说，霍氏在20世纪30年代对科学的深刻批判，为其书写《传统理论与批判理论》奠定了重要的方法论基础。

（二）对法兰克福学派科技批判的影响

目前，学术界认为法兰克福学派的科技批判理论源于霍克海默，发展于马尔库塞，成于哈贝马斯。可以说，霍氏是法兰克福学派对科学进行深刻分析的第一人。霍氏提出的"科学执行意识形态功能"的论断被马尔库塞和后来者哈贝马斯继承和发展，形成了独特的法兰克福学派科技功能批判理论，对当代人们的"科学观"产生了一定影响。此外，霍氏强调的批判性即否定性思维方式，也被马尔库塞和哈贝马斯继承和发展。我们可以在马尔库塞的《单向度的人——发达工业社会意识形态研究》《论解放》《反革命与造反》等文本中以及哈贝马斯的《作为"意识形态"的技术和科学》《合法化危机》以及《交往行为理论》等文本中发现霍氏的科学批判对他们的直接影响。再者，霍氏的科学批判中始终关注人的发展，这个中心议题在马尔库塞和哈贝马斯的科技批判思想中同样得到了强调和发展。可以说，在法兰克福学派科技批判的历史上，霍氏不仅第一次对当代科学问题做出了深刻思考和批判，而且对整个法兰克福学派科技批判风格起到了奠基作用。

（三）对马克思主义科技观的影响

霍克海默开创的法兰克福学派的科技批判理论对晚期工业社会科技

发展造成的影响进行了深入的思考和批判，提出了"科学即意识形态"的著名论断，认为科学和传统理性主义相结合变成了阶级统治的工具。他对人的生存境遇的关注表现出强烈的"人本主义"色彩，这些思想在一定程度上弥补了马克思在19世纪提出的科技思想，为深入探讨马克思主义科技观起到了一定的理论参考。但是，霍氏的科技观既与西方马克思主义的科技观存在较大差别，也与马克思主义的科技观明显不同。霍氏以及法兰克福学派的科技观一般认为，科技已变成第一生产力，执行了意识形态的功能，丧失了"革命性"的功能，成为政治合法化的基础。而在马克思的科学观中并不一般否定科学的革命功能，马克思认为科学的发展可以充当资产阶级的帮凶，成为压迫工人的手段；但是，马克思并未完全否认科学的发展的"革命性"特征，认为科学的发展同样可以生产出资本主义的"掘墓人"。现代工业发展也表明了这样一个事实，科学完全也可以作为一种"解放"的力量推动社会的健康发展。因此对霍氏的科技观我们要谨慎甄别，辩证看待。

第三节　文化工业中隐藏的形而上学"图式"

在《启蒙辩证法》（1947）一书问世之前，霍克海默曾在1942年和洛文塔尔的通信中探讨过"大众文化"的特点[①]，这种思想最终在其《现代艺术和大众文化》一文中得以重现。但在《启蒙辩证法》问世之前〔甚至是在和阿多诺合作起草本书的草稿中一直延续了"大众文化"（mass culture）这一表述〕，对于为什么在正式出版的著作中将"大众文化"表述为"文化工业"（culture industry），阿多诺曾在《文化工业再思考》一文中给予了明确的回应，"'文化工业'

---

① 1942年10月14日，霍克海默给洛文塔尔的信中言道：大众文化中的反潮流反映在对它的逃避中。由于人的觉醒状态今天在全部细节上都已被规律化了，真正的逃避就是睡眠和发疯，或至少是某种缺点或弱点。反抗这些电影不是在尖锐的批评中，而是在人们睡眠或相互做爱的事实中。参见马丁·杰伊《法兰克福学派史》，广东人民出版社1996年版，第246页。

(culture industry)这个术语可能是在《启蒙辩证法》这本书中首先使用的。霍克海默和我于1947年在荷兰的阿姆斯特丹出版了该书。在我们的草稿中，我们使用的是'大众文化'（mass culture）。大众文化的倡导者认为，它是这样一种文化，仿佛同时从大众本身产生出来似的，是流行艺术的当代形式。我们为了从一开始就避免与此一致的解释，就采用'文化工业'代替了它"[1]。按照美国学者马丁·杰伊的看法，"阿多诺尤其不赞同被当作'大众文化'的东西，这一点是无法否认的。他确信'大众文化'是一种控制文化，绝不是像其字面上所显示的那样，是大众的，即从大众出发、为大众服务的文化。他与霍克海默都宁愿选用'文化工业'这个含蓄的术语而不喜欢'通俗文化'或'大众文化'这一表述，理由就在这里"[2]。在1942年和洛文塔尔的通信以及《现代艺术和大众文化》一文中，霍克海默对"大众文化"特点的论述与其后在《启蒙辩证法》一书中对"文化工业"表述极为类似，即旨在批判"文化工业"中隐藏的形而上学"图式"[3]导致的对人们抗议逻辑的压抑。事实上，霍克海默的"文化工业"批判，既是其自继任法兰克福大学社会研究所所长以来开创的"拒斥形而上学"理论倾向的延续，也是其后期批判思想的一种重要过渡，同时构成了法兰克福学派"文化工业"批判的主流话语。但拒斥并不意味着完全抛弃，霍克海默的"文化工业"批判中隐藏着一种拯救的企图。

一　类型——文化工业中形而上学"图式"的多元面貌

按照洛文塔尔在《文学、通俗文化和社会》一书的描述，通俗文化（抑或大众文化）的论争本就是一个古老的难题。早在16世纪蒙田就预言，通俗文化中隐藏着一种作为"消遣"的形而上学式的灵魂

---

[1] [德]阿多诺：《文化工业再思考》，高丙中译，《文化研究》第1辑，天津社会科学院出版社2000年版，第198页。

[2] [美]马丁·杰伊：《法兰克福学派的宗师——阿多诺》，吴康译，湖南人民出版社1989年版，第148页。

[3] 康德在《纯粹理性批判》一书使用了"图式"（schema）这一术语，并把它表述为沟通知性和感性的"中介"，本文借用这一术语，旨在表达隐藏在"文化工业"中造成人的异化的形而上学"图景"。

拯救。对此，帕斯卡尔则表示强烈地反对，认为"消遣"是巨大威胁，会扼杀人类的伟大的内心沉思。可以说蒙田和帕斯卡尔关于"通俗文化"的争论以一种"先知"般的形式预言了 20 世纪"文化工业"争论的主题。在"技术理性"的操控下，"大众文化"经过华丽的打扮后，在 20 世纪初迅速演变为一场声势浩大的"文化工业"大发展，蒙田所倡导的文化中隐藏的"消遣"的形而上学话语在这个时代得到了充分的彰显。事实上，在"文化工业"繁荣的背后，隐藏着更为深层次"形而上学"图式，即"文化拜物教"图式（之于文化自身）、"工具理性"图式（之于文化中介）、"自我规避"图式（之于文化心理）。

（一）"文化拜物教"图式

马克思曾在 19 世纪创作《资本论》时，对"商品拜物教"的演变历史作出过精辟的论述。他认为商品虽然看似平凡，但却隐含着一种"形而上学"的神秘性质。马克思在分析商品的演变历史中，为我们揭开了其神秘的面纱，"人脑的产物表现为赋有生命的、彼此发生关系的独立存在的东西。在商品世界里，人手的产物也是这样。我把这叫做拜物教。劳动产品一旦作为商品来生产，就带上拜物教性质，因此拜物教是同商品生产分不开的"①。卢卡奇在《历史与阶级意识》一书中对商品性质的论述表现出和马克思的极度相似性，他指出："商品结构的本质已被多次强调指出过。它的基础是，人与人之间的关系获得物的性质，并从而获得一种'幽灵般的对象性'，这种对象性以严格的、仿佛十全十美和合理的自律性（Eigengesetzlichkeit）掩盖着它的基本本质，即人与人之间关系的所有痕迹。"② 这样，当对象性存在以微妙的形式去除"人格化"并与人保持对立时，一种隐藏的"形而上学"的拜物教得到了彰显。马克思和卢卡奇的这一思想无疑对法兰克福学派"文化工业"批判起到了积极的引导作用。事实上，

---

① 《马克思恩格斯选集》第 2 卷，人民出版社 2012 年版，第 123—124 页。
② ［匈］卢卡奇：《历史与阶级意识》，杜章智等译，商务印书馆 2012 年版，第 149 页。

文化在晚期资本主义时代是以一种特殊的"符号"（商品）的形式出现的，更多地表征为一种商品的性质特征。洛文塔尔曾深刻指出"艺术作品几乎总是由单个的个体生产的，在这种个体的产品中充满了创造者的艺术和思想意图，并且个体创造者要为作品的内容和形式负全部责任。但是在民主的、工业化社会中的大众市场条件下，大量的个体必须参与到为'流行'市场所设计的'商品'生产中来"①。这样，个体的创作愈来愈符合"商品市场"的需求，文化作为一种独特的"商品"日益与创作者相脱离，显现了"文化拜物教"的本性。可以说，"文化拜物教"只不过是"商品拜物教"在晚期资本主义社会的一种延续，是一种特殊的"形而上学"图式，受其操纵，文化的批判性渐行渐远，日益沦为一种脱离现实的遥不可及的"神像"。对此，霍克海默在《启蒙辩证法》一书中给予了回应，"当人们谈论文化的时候，恰恰是在与文化作对。文化已经变成了一种很普通的说法，已经被带进了行政领域，具有了图式化、索引化和分类的含义。很明显，这也是一种工业化，结果，依据这种文化观念，文化已经变成了归类活动"②。"文化拜物教"的秘密在于，把文化创造者的劳动巧妙演变成了文化产品自身的天然属性，并最终以"文化商品"交换的形式隐藏了其背后的社会性质，从而虚假地塑造了一个形而上学的"图式"。

（二）"工具理性"图式

在《启蒙辩证法》一书中，霍克海默和阿多诺把对理性的探讨延伸到人类整个文明史，揭示出了"神话演变成启蒙，启蒙倒退为神话"的"否定性"逻辑，《文化工业：作为大众欺骗的启蒙》一文延续了这种批判的风格。霍克海默认为，在"文化工业"中隐藏着一种"工具理性"图式，它如同神话一样，全面操纵着文化的发展，剥夺了其"批判性"的功能，并最终导致了人的全面异化。霍氏认为

---

① ［美］利奥·洛文塔尔：《文学、通俗文化和社会》，甘锋译，中国人民大学出版社2012年版，导论第11页。
② ［德］马克斯·霍克海默、西奥多·阿道尔诺：《启蒙辩证法——哲学断片》，渠敬东、曹卫东译，上海人民出版社2006年版，第118页。

"工具理性"图式的显现是启蒙理性发展的必然结果。资产阶级对封建主义的批判建立在"启蒙理性"的基础之上,但是启蒙理性的批判并没有对商品交换的原则进行批判,而是把其贯彻到人们生活的各个领域,从而直接导致了"工具理性"的显现,并最终导致了"文化工业"的深刻危机。其实,在写《启蒙辩证法》一书之前,霍氏已经洞察到文化领域发生的微妙变化,在《现代艺术和大众文化》一文中,他指出:"美的自律就在于此,个性——艺术创造和判断中真正因素——并不存在于特有的气质和奇特的构想中,而是存在于承受对流行的经济体制进行外科整形的能力中,因为这种经济体制把所有的人都雕刻成一个模式。"[1] 就像马丁·杰伊所言:"康德把艺术形式主义规定为'无目的的合目的性',但在现代世界上它已成为'有目的的无目的性',目的由市场控制。"[2] 这样,由启蒙理性演变而来的"工具理性"的图式在资本主义后工业社会日益变得根深蒂固,彻底变成了"操作"的原则,并导致了人的异化,由此霍氏认为"不要指望观众能独立思考:产品规定了每一个反应,这种规定并不是通过自然结构,而是通过符号作出的,因为人们一旦进行了反思,这种结构就会瓦解掉。文化工业真是煞费了苦心,它将所有需要思考的逻辑联系都割断了"[3]。因此,"工具理性"图式开启了一个新的"神话帝国",在这样的土壤中孕育出来的"文化工业"携带了天生的"形而上学"的"肯定性"特征,丧失了"否定性"的维度。[4]

---

[1] [德]曹卫东主编:《霍克海默集》,渠敬东、付德根等译,上海远东出版社2004年版,第124页。

[2] [美]马丁·杰伊:《法兰克福学派史》,单世联译,广东人民出版社1996年版,第249页。

[3] [德]马克斯·霍克海默、西奥多·阿道尔诺:《启蒙辩证法——哲学断片》,渠敬东、曹卫东译,上海人民出版社2006年版,第124页。

[4] 霍克海默在《理性之蚀》一书中认为,导致文化工业中"工具理性"图式的原因乃在于"主观理性"过度膨胀的必然结果。他认为"这种物化是典型的理性主观化和形式化。它把艺术作品转化成文化商品,使对它们消费变成一系列与我们的真实意图和愿望相分离的情绪"。参见 Max Horkheimer, *Eclipse of Reason*, New York: The Continuum Publishing Company, 1974, p. 28。

（三）"自我规避"图式

弗洛伊德把人格分为"本我（Id）"（遵循"快乐原则"）、"自我（Ego）"（遵循"现实原则"）和"超我（Superego）"（遵循"理想原则"）。依照弗洛伊德的理解，"自我"应充当"本我"和"超我"的中介，既要压制"本我"的欲望，也要寻找合适路径满足"超我"的理想需要。但这一理想的人格模式在"文化工业"社会发生了严重分裂，按照马尔库塞的观点，在"文化工业"社会，"操作性原则"替代了"现实性原则"，成为文化心理的一种独特历史范式。在"操作性"原则的控制下，"自我"被遮蔽了，形成了"自我规避"的形而上学"图式"。在这样一种"图式"的操控下，人们生活在一种"虚假满足"的境遇之中。"文化工业最大的罪恶，在于它通过图式化，通过占领超我、迎合本我，有效地削弱了自我进行理性思考的能力，最终导致了社会现象层面和思维过程的物化。"[①] 霍氏认为导致"自我规避"的原因和资本主义极权社会的环境密切相关，"自我"的萎缩以及"文化工业"对"本我"和"超我"的迎合走的是同一条道路。正如霍氏分析"家庭逐渐瓦解，个人生活转变成为闲暇，闲暇转变成为连最细微的细节也受到管理的常规程序、转变成为棒球和电影、畅销书和收音机所带来的快感，这一切导致了内心生活的消失"[②]。因此，"文化工业"导致的"自我规避"图式仿佛把人们拉回了16世纪蒙田所倡导的文化要满足"消遣的需要"，从更深层次上反映了"文化工业"时代人们"逃避现实"的文化心理。"自我规避"图式是"文化拜物教"以及"工具理性"导致的必然结果。这样，在"文化工业"时代，文化自身、文化中介、文化心理彻底被披上了"形而上学"图式的神秘面纱。

二 影响——文化工业中被压抑的抗议逻辑

霍克海默认为"文化工业"中隐藏的形而上学"图式"直接引

[①] 凌海衡：《阿多诺的文化工业批判思想》，《外国文学评论》2003年第2期。
[②] ［德］曹卫东主编：《霍克海默集》，渠敬东、付德根等译，上海远东出版社2004年版，第216页。

起了人们生活方式的变化,并最终导致了对人们思维方式的压抑。在这个被"文化工业"操控的时代,人们越来越依赖于"图式"来引导他们的生活,变成了没有反抗意识的"顺民",丧失了"否定性"批判思维。"文化拜物教"图式与"文化异化"形影相随,导致了人的"隐退","工具理性"图式作为"文化中介"使人变成了被操纵的"座架","自我规避"图式隐藏了一种深层的"文化心理"使人"沉浮"于虚假的满足之中。

(一)"文化异化"与人的"隐退"

马克思在《1844年经济学哲学手稿》一文中对"异化劳动"作出过精辟的解读,他认为:"工人在他的产品中的外化,不仅意味着他的劳动成为对象,成为外部的存在,而且意味着他劳动作为一种与他相异的东西不依赖于他而在他之外而存在,并成为同他对立的力量;意味着他给予对象的生命是作为敌对的和相异的东西同他相对立。"① 由此,马克思总结出了劳动异化的四种规定,即"物的异化、自我异化、类的异化、人与人的异化"。马克思认为"劳动"作为工人的一种特殊性与工人保持对立,是资本主义社会这一特定阶段的一种特殊存在物。马克思"劳动异化"的思想对法兰克福学派的"文化工业"批判起到了重要的引导作用。通过对霍克海默"文化工业"批判思想的再考察,可以发现,霍氏是把文化作为一种特殊的"商品"来加以批判,这些思想可以在霍氏与洛文塔尔的通信、《现代艺术和大众文化》以及《启蒙辩证法》等文本中得以考证。事实上,霍氏在分析"文化异化"这个问题上表现出了与马克思的"劳动异化"批判类似的特征,即他是把文化作为人的一种对立的存在物而加以批判性考察的。文化本身是人的创造物,并最终要以服务人为目的,但在"文化工业"社会,却走向了这一事实的反面。文化作为一种对象性的存在经过投资商、开发商、广告商以及发行商的操纵,其自身的"使用价值"被剥离了,留下的仅仅是"交换价值"的空壳。这样,人被巧妙地从文化中剥离了出去,成为一种与文化对立的存在

---

① 《马克思恩格斯选集》第1卷,人民出版社2012年版,第52页。

而存在。霍氏在《现代艺术和大众文化》中大声疾呼："过去曾继承了艺术传统的所谓娱乐，今天只不过是像游泳或足球一样的大众化兴奋剂。大众性不再与艺术生产的具体内容和真理性有任何联系。"[①] 这样，大众和艺术在"文化异化"的状态下彻底变成了"最熟悉的陌生人"。"文化异化"事实上是"劳动异化"在资本主义社会的一种延续和加剧，反映了"异化"在资本主义社会的全面扩张，以及对大众的全面控制。这种控制导致的必然结果，就是大众在这个时代的彻底"隐身"，即作为一种"文化拜物教"的图式失去了反抗的功能。

（二）"文化中介"与人的"座架"

康德在《纯粹理性批判》一书中把"图式"解读为沟通知性与感性的中介，在"文化工业"社会这种"图式"以"工具理性"的形式充当了"文化中介"。海德格尔提出的"技术座架"在"文化工业"时代彻底变成了"人的座架"。大众在"工具理性"的操控下，完全被绑架了，变成了彻彻底底的"奴隶"，失去了批判的力量。歌德在18世纪就表现出了对被"操作"的文学作品的担忧，他在给席勒的信中这样写道："这些操纵流行趣味的作品在内容上没有差别；它们在所有细节上都机械地复制世界，并且诉诸公众的低级本能。"[②] 歌德这种担心在"文化工业"变得更为加剧，在"工具理性"的操控之下，大众变成了玩偶。霍氏认为，大众在这种"座架"中除了遵从，别无他法，"不遵从意味着在经济上和精神上的软弱无力，意味着'受雇于自己'。当外来的人被排除在外，他就很容易被认为是无能的人"[③]。这样，人在"座架"之中，被迫丧失了批判的思维。事实上，这一"座架"在"文化工业"时代造成了一种尴尬的局面，关于高雅文化，由于经过"文化中介"的操控，其旨在寻求人类普遍

---

① ［德］曹卫东主编：《霍克海默集》，渠敬东、付德根等译，上海远东出版社2004年版，第227页。

② ［美］利奥·洛文塔尔：《文学、通俗文化和社会》，甘锋译，中国人民大学出版社2012年版，第41页。

③ ［德］马克斯·霍克海默、西奥多·阿道尔诺：《启蒙辩证法——哲学断片》，渠敬东、曹卫东译，上海人民出版社2006年版，第120页。

解放的理想的内涵被阉割了，对于"通俗文化"，其隐藏的"叛逆性"的思维被同化了。这样，在"座架"里，再也寻找不到"否定性"的因素，一切都被"整齐划一"的标准化操作垄断了。对于社会被强行的"同一化"，奥布雷·德·维尔提出了深刻的见解："社会的某种同一化并将产生一系列后果，将会产生出一种延至性的力量，使气氛紧张、志气消磨、行为迟滞，并且于不知不觉之中毁灭人们的幽默感、禀赋和自发的情感。之所以能做到这一点，它靠的是使遮蔽成为一种习惯的必要，靠的是既不给人们食物，也不给人们空间，人们就这样被一个模子铸了出来。"[1] 霍氏认为，"文化中介"形成的"座架"吞噬了文化的批判性特征，其实质上反映了在"文化工业"时代，资本主义统治的加剧，以及人逐渐丧失自由的深刻危机。

（三）"文化心理"与人的"沉浮"

卢卡奇在《历史与阶级意识》一书中精辟地指出，由于无产阶级受到"物化"的影响而逐渐丧失了"革命的阶级意识"。卢卡奇的见解，对于我们挖掘"文化工业"社会下大众的"文化心理"无疑是重要的参照系。在"文化工业"时代，受"自我规避"图式的影响，大众沉浸在自我的虚假的满足之中。对此，马尔库塞在《单向度的人——发达工业社会意识形态研究》一书中也给予了积极的回应。马尔库塞认为："当代工业社会是一个新型的极权主义社会，因为它成功地压制了这个社会中的反对派和反对意见，压制了人们内心中的否定性、批判性和超越性的向度，从而使这个社会成了单向度的社会，使生活于其中的人成了单向度的人。"[2] 从"文化心理"的角度分析，马尔库塞所言的"单向度的人"恰恰是"自我规避"图式的一种显现，受这种图式影响"自我"沉浮于随波逐流之中。在"文化工业"社会，受操作的文化就转向满足"本我"的"快乐"和"超我"的

---

[1] ［美］利奥·洛文塔尔：《文学、通俗文化和社会》，甘锋译，中国人民大学出版社2012年版，第64页。
[2] ［美］赫伯特·马尔库塞：《单向度的人——发达工业社会意识形态研究》，刘继译，上海译文出版社2012年版，第205页。

"理想"。但是霍克海默认为,"文化工业"给大众提供的"娱乐"恰恰表征为一种"欺骗"的模式,"欺骗不在于文化工业为人们提供了娱乐,而在于它彻底破坏了娱乐,因为这种意识形态般的陈词滥调里,文化工业使商业将这种娱乐吞噬掉了"①。可以说,"文化工业"为大众提供的"娱乐"本身就隐藏着一个悖论,即满足大众"娱乐"和"理性"的需要和其提供的"整齐划一"的文化消费模式之间的冲突。本雅明在《机械复制时代的艺术作品》一书中提出了"氛围"这个艺术的重要衡量标准,他认为:"'氛围'艺术在大众文化时代的结束不仅意味着艺术感应的丧失,也是意味着植根于传统的经验的结束,它是现代社会文化危机的一方面。"②依照本雅明的解读,经过"文化工业"的层层操作之后,流向大众的无非是艺术的形式而已。对于公众的这种复杂的文化心理,阿多诺在《论流行音乐》一文中给予了深刻解读,他认为:"流行音乐最初所祈求的、以之为源泉并不断强化的思想构架,既是消遣的,也是不需要注意力的。它们全都是不需要注意力的消遣,它们将听众的注意力从现实的需求上分散出来。"③但是,"自我"追求"快乐"和"超我"追求"理想"的愿景很快被"文化工业"提供的"模块化"的娱乐方式打破了,因为,娱乐很快变成了"乏味"。由此,霍克海默认为"文化工业"为公众提供"娱乐"的"心理愿景"潜存着真实的欺骗,"自我"的"沉浮"无疑意味着从心理上失去了"否定"的抗争。

三 拯救——文化工业中形而上学"图式"的消解

1930 年霍克海默正式就任法兰克福大学社会研究所所长,之后发表了《社会哲学的现状与社会研究所的任务》一文,他指出:"社会哲学的最终目标就是,对并非仅仅作为个体的而是作为社会共同体成

---

① [德]马克斯·霍克海默、西奥多·阿道尔诺:《启蒙辩证法——哲学断片》,渠敬东、曹卫东译,上海人民出版社 2006 年版,第 128—129 页。
② [美]马丁·杰伊:《法兰克福学派史》,单世联译,广东人民出版社 1996 年版,第 242 页。
③ [德]阿多诺:《论流行音乐》,周欢译,《当代电影》1993 年第 5 期。

员的人的命运进行哲学阐释。"① 霍氏认为以前的哲学都关注对人类命运的研究,但都隐藏着一种形而上学的建构,而社会研究所最关注的是一种对形而上学思维方式的瓦解,开创一种理论与实践相结合的研究新风。本芮森(J. C. Berendzen.)认为:"需要注意的是霍克海默认为形而上学直接导致了不合理和痛苦。首先,形而上学是一种导致痛苦的社会安排,对形而上学的批判在于揭示其社会历史基础。其次,形而上学隐藏了社会安排造成痛苦的事实,它远离具体的生活环境,走向实体化的知性虚构。"② 事实上,正是沿着批判形而上学这种思路,霍氏开创了独特的批判理论,而毫无疑义,霍氏对"文化工业"的批判正是其批判思维的一种延伸。其实,在霍氏竭力消解形而上学的征途中隐藏着自其继任社会研究所所长以来长期坚持的理想,即"对人类命运兴衰"的关注,对"文化工业"的批判也孕育着拯救的种子。

(一)从"天国"到"人间"——"文化拜物教"图式的垮台

虽然霍克海默对文化的拯救和其他文化研究学者形式有所不同,但目的却有极度的相似性,即恢复文化的社会批判性特征。居约(Guyot)认为"真正的艺术的美本身就是道德的,并且表现了真正的社会性"③,司汤达说"艺术是幸福的承诺"④。霍克海默同样坚持文化的社会性,即认为文化来源于生活并将终归于生活。"文化拜物教"是文化发展在资本主义特殊历史阶段的一种"神话",是"商品拜物教"演变的必然产物。其演变逻辑在于脱去"人间"的躯壳,上升为"天国"的图式,同样,回归文化的真实向度乃在于"反其道而

---

① [德]马克斯·霍克海默:《社会哲学的现状与社会研究所的任务》,王凤才译,《马克思主义与现实》2011年第5期。

② J. C. Berendzen, "Postmetaphysical thinking or refusal of thought? MaxHorkheimer's materialism as philosophical stance", *International Journal of Philosophical Studies*, Vol. 5, 2008, pp. 695–718.

③ [美]利奥·洛文塔尔:《文学、通俗文化和社会》,甘锋译,中国人民大学出版社2012年版,第71页。

④ [美]马丁·杰伊:《法兰克福学派史》,单世联译,广东人民出版社1996年版,第205页。

行之",把文化从"天国"拉回"人间",让其重拾人间烟火。本雅明在《拱廊街》的一个注释里写道:"每个真正的艺术品都会有一个独特之处,能够使每位可以投入到这一点上的欣赏者本人感到一股像是从即将来临的黎明吹来的冷气。"[①] 本雅明的这种文艺情怀与霍克海默在《启蒙辩证法》一书中对艺术的评价极为类似,霍氏认为:"新奇的东西本不是商品,然而今天它已经彻头彻尾地变成了商品了,艺术抛弃了自己的自主性,反而因为自己变成消费品而感到无比自豪,于是,新奇事物便产生了魔力。"[②] 由此,可以看出,霍克海默关注的是艺术的独特性,即一旦艺术丧失了这种功能,也就意味着艺术的消亡。同样,我们也可以从霍氏的分析中看到他对文化的批判性的强调,他认为:"反抗的因素内在于最超然的艺术中。"[③] 马丁·杰伊非常认同霍氏的这种看法,他认为:"在社会矛盾被现实地消除之前,艺术的乌托邦和谐必须一直保持抗议成分。"[④] 霍氏对"文化拜物教"的批判,旨在剥去其"形而上学"图式的外衣,重新恢复文化批判性维度,使其在具体的社会实践中发挥解放人的功能。霍氏对文化的拯救内置于其批判的话语中,从其批判的话语,我们发现更多的是推倒,而从其深层理论旨趣上看,却深藏着拯救的意味,即恢复文化的社会性及其解放的维度。

(二)从"主观理性"到"客观理性"——"工具理性"图式的消解

霍克海默在《传统理论与批判理论》一文中精辟地解读了批判理论和传统理论的本质性区别。霍氏认为自笛卡尔以来的传统哲学从本质上是一种"形式逻辑"的产物,"主观理性"(抑或工具理性)正

---

① [德] 罗尔夫·魏格豪斯:《法兰克福学派:历史、理论及政治影响》,孟登迎等译,上海人民出版社2010年版,第275页。
② [德] 马克斯·霍克海默、西奥多·阿道尔诺:《启蒙辩证法——哲学断片》,渠敬东、曹卫东译,上海人民出版社2006年版,第142页。
③ [德] 曹卫东主编:《霍克海默集》,渠敬东、付德根等译,上海远东出版社2004年版,第213页。
④ [美] 马丁·杰伊:《法兰克福学派史》,单世联译,广东人民出版社1996年版,第206页。

是这种思维方式在现代社会的一种显现。霍氏认为造成"主观理性"的原因在于没有认清其真正的社会功能,"它不谈理论在人类生活中意味着什么,而只谈理论在它由于历史原因而产生于其中的孤立领域中意味着什么"①。霍氏认为,"文化工业"中的"工具理性"图式正是脱离社会实践的一种必然反映。在《理性之蚀》一书中,霍氏把"文化工业"中的"工具理性"特征扩展到更广阔的领域,他认为:"人已经无法理解自然,人实质上已经丧失了体验欢乐、幸福的能力,已经无法进行自我评价,也根本无法体验自己的成就带来的快乐了,而这才是自然真正的报复。"②霍氏认为,消解"文化工业"中"工具理性"图式的秘密就在于实现从"主观理性"到"客观理性"(抑或实践理性)的过渡。把理性与社会实践完美结合一直是霍氏的理想,我们可以从《批判理论》一书的考察中验证这一说法。事实上,霍氏对"工具理性"的消解从一定意义上讲就是"实践理性"的重建,这是同一问题的两个方面。在霍氏重建"客观理性"的过程中蕴含着"合目的性"的意蕴,"[总体理性]强调的重点不是手段,而是目的。这种思想的最高目的就是让'合理'事物构成的客观秩序(正如哲学所构想的那样)与人的存在——包括自利和自我持存——协调起来"③。因此,霍氏的理想在于消解"文化工业"中形而上学的图式,以一种"合目的性"的"客观理性"替代"主观理性",摘除"文化中介"的"座架",恢复文化的社会批判性。

(三)从"虚无"到"现实"——"自我规避"图式的退场

霍克海默对"文化工业"中"自我规避"图式的批判,展示了其试图把个体从"本我"和"超我"的"虚无"拉回"自我"的"现实"的企图,实质是要回归"主体性"。这一思想在《对形而上学的最新攻击》一文中已初显端倪,霍氏认为:"从莱布尼茨到目前

---

① [德]马克斯·霍克海默:《批判理论》,李小兵等译,重庆出版社1989年版,第189页。

② [德]曹卫东主编:《霍克海默集》,渠敬东、付德根等译,上海远东出版社2004年版,第40页。

③ 同上书,第456页。

德国唯心主义哲学的发展,可以证实下述看法:知觉世界既不是简单的摹本,也不是某种固定不变的东西,而是同等程度上的人类活动产物。"① 在此,霍氏无意为德国唯心主义哲学高唱赞歌,而是在表达"完全排除主体性是不可能"的这样一种深刻见解。事实上,霍氏在对形而上学的一系列的批判中,一直隐藏着要恢复"主体性"的努力,因为霍氏认为只有具有独立"主体性"的个体才可能有"否定性"的批判思维。霍氏认为,在"文化工业"中同样需要恢复"主体性"的批判维度,即要实现"自我"的回归。这种"自我"蕴含了"文化创作者"和"受众"两个维度,对于前者,要实现创作的灵感和社会实践相结合,对于后者要恢复"否定性"的维度。哈兹里特认为"天才在每个艺术行当中的最高成就从来没有被普通人理解过"②。哈兹里特在此强调的正是艺术的"灵感和创造性",对此霍氏持赞同的态度。霍氏认为在"文化工业"时代"娱乐所承诺的自由,不过是摆脱了思想和否定作用的自由"③。这实质上是一种对思想的"否定性"扼杀,是"自我规避"图式的显现。在这种"图式"下生活的人们不过是一堆没有思维的相同的复制品而已,"今天,正因为每个人都可以代替其他人,所以他才具有人的特性:他是可以相互转变的,是一个复制品。作为一个人,他完全是无价值和无意义的。随着时间的流逝,当他丧失了相似性以后,才会发觉确实如此"④。霍氏看到的正是被"自我"和"超我"遮蔽后的"自我"消失的严重后果,而真正的目的则在于消解"自我规避"图式,恢复"自我"的批判性思维。

霍克海默对"文化工业"批判的实质乃在于揭示晚期资本主义社会中潜存的"同一性"思想,为生活在"异化"境遇中的人们寻找

---

① [德] 马克斯·霍克海默:《批判理论》,李小兵等译,重庆出版社 1989 年版,第 153 页。
② [美] 利奥·洛文塔尔:《文学、通俗文化和社会》,甘锋译,中国人民大学出版社 2012 年版,第 55 页。
③ [德] 马克斯·霍克海默、西奥多·阿道尔诺:《启蒙辩证法——哲学断片》,渠敬东、曹卫东译,上海人民出版社 2006 年版,第 130 页。
④ 同上书,第 131 页。

一条解放之路。在霍克海默的文化批判中，贯穿着一种"否定性"的哲学逻辑，这种批判的方式和与其同期的阿多诺的文化工业批判思想形成了惊人的相似，两位大师在对晚期资本社会文化工业的批判中殊途同归。从总体上看，两位大师都身处欧洲特别是德国法西斯主义盛行的时代，作为有犹太血统的法兰克福学派的第一代主要领导者，他们都不同程度上受到了法西斯主义的迫害，因此，两位大师对极权社会总是以公开的方式表示批判，并试图寻找造成这种社会的原因（霍克海默的"批判理论"，阿多诺的"否定辩证法"分别构成了两者批判的哲学基础），他们对文化工业的批判实质乃在揭露隐藏在极权社会中的形而上学的"肯定性"思维方式，并在试图恢复人们逐渐丧失的"否定性"思维上实现了理论的"和解"。由两位大师合作完成的《启蒙辩证法》一书，既构成了两者研究文化工业的重要理论支撑，也为法兰克福学派其他成员的文化工业研究提供了重要理论借鉴。在某种意义上，霍克海默和阿多诺对"文化工业"研究的逻辑进路是一致的，即在双方的思想中都暗含着一种"否定性"的逻辑，并将"文化工业"带来的高度的"同一性"归结为对大众的"欺骗"。因此，在理论的旨趣上，两位大师都试图通过对晚期资本主义社会"同一性"（或"总体性"）思维方式的拒斥，恢复普通民众的批判意识，使他们摆脱文化工业的"欺骗"。在阿多诺看来，"理解文化工业，必须从它促进或阻碍'完整的自由'的潜在可能性这一角度着手"[①]。霍克海默则把促进大众的"解放"作为其批判理论的实践诉求。概言之，两位大师的"文化工业"批判的最终目的乃在于恢复普通民众的"自由意识"，并在此基础上为生活在极权主义统治下的人们寻找一条可行的"解放"之路。

霍克海默对"文化工业"的批判无疑击中其披着"形而上学"图式的华丽外衣，这既继承了其开创批判理论以来对形而上学的一贯态度，又反映了其竭力把理论研究与社会实践（资本主义现代性）紧密相连的行文风格。霍氏对"文化工业"的批判，既是对晚期资本主

[①] 凌海衡：《阿多诺的文化工业批判思想》，《外国文学评论》2003年第2期。

义极权社会的深入探究,更是对为什么会造成这样一种社会状态的思维方式的深刻回应。在"文化工业"批判中,霍氏无意通过一种"新图式"替代"旧图式",在其看来"图式"中都蕴藏着"形而上学的秘密",瓦解"图式"的最好办法就是要恢复人的"否定性"的批判思维,并把这种思维与社会实践联姻。本芮森(J. C. Berendzen.)认为:"狄尔泰的哲学理论通过'世界图片'来整合的,其中'问题的意义和世界的含义'都决定于世界图像的基础上,理想、至高无上的善、行为的首要原则都来源于这个基础。对于霍克海默,其哲学方案是要取代掩盖了真正的实际需要的现实世界的发明'图片'。"[1] 这无疑是对霍氏批判风格的精辟论断。霍氏的"文化工业"批判基本奠定了法兰克福学派"文化工业"批判的总基调,对后期的文化研究同样起到了理论奠基作用,为我们研究当下中国"文化工业"发展也起到一定的理论指导。

---

[1] J. C. Berendzen, "Suffering and theory: Max Horkheimer's early essays and contemporary moral philosophy", *Journal of Philosophy and Social Criticism*, Vol. 36, No. 9, 2010, pp. 1019–1037.

第四章　形而上学批判的理论向度

在《对形而上学的最新攻击》一文中，霍克海默把对晚期资本主义社会的"异化"现实的批判上升到其哲学基础。20世纪初期，逻辑实证主义的兴起和发展，在世界上迅速产生了重要理论影响。因而，霍克海默批判理论的构建不可能回避这一重要学术思潮。[①] 霍氏认为实证主义和形而上学"势不两立"，拒斥形而上学成了其一般特征。但是，实证主义尤其是逻辑实证主义和形而上学之间存在着复杂关联，它在拒斥形而上学的征程中面临着深层的悖论。霍氏认为，实证主义并未驳倒形而上学，反而被其绑架，在晚期资本主义社会沦为了朴素的形而上学。在一定程度上，逻辑经验主义丧失了批判性的特征，变成了晚期资本主义社会的官方哲学，成为统治民众的深层哲学基础。正是从这一理论视角出发，霍氏展开了对实证主义的深度挖掘和批判，认真梳理了其演变的历史以及其自身无法避免的逻辑"悖论"。霍氏对逻辑实证主义的系统批判，为其批判理论的构建打下了坚实的理论基础，具有重要的理论意义。

---

① 在就职演说中，霍克海默简要地批评了早期的社会理论。他解释说，研究所的工作依赖于实证研究。在这方面，他赞扬科学，但他也担心科学偏激。批判理论的目的是结合一个更广泛的观点出发的科学研究，进而克服形而上学和实证主义的问题。参见 J. C. Berendzen, "Postmetaphysical thinking or refusal of thought? MaxHorkheimer's materialism as philosophical stance", *International Journal of Philosophical Studies*, Vol. 16, No. 5, p. 703.

第一节 实证主义对形而上学的批判

实证主义作为一种研究传统,自古希腊开始已有学派关注和研究,古希腊的斯多亚学派,中世纪晚期的罗杰尔·培根和奥康,近代以来的笛卡尔、斯宾诺莎、休谟以及莱布尼茨等都对实证主义进行过深入考察和研究。实证主义作为一种哲学思潮始于19世纪30年代法国哲学家孔德开创的实证主义,亦被称为老实证主义,而产生于20世纪30年代以维也纳学派为代表的实证主义被称为新实证主义(或逻辑实证主义)。为更加详细而有区别地研究形而上学与两者之间的争论,我们在这一节中专设两个部分,分别考察霍克海默对实证主义两个不同阶段有区别的深刻洞察。

一 老实证主义对形而上学的批判

和形而上学的思辨形式相对立,实证主义提出了鲜明的拒斥形而上学的口号,把确定无疑的经验基础看成是构成知识的可靠标准。霍克海默指出"按照实证主义的观点,只要形而上学不是彻头彻尾的胡诌,它就属于诗。知识是科学独占的领域。至于人是什么这个问题,应该由日常生活过程和生理科学作出回答,而且在一定程度上也应由可以还原为他们的心理学作出回答。区分本质的东西与显现本质的东西,乃是毫无意义的事情"[①]。霍氏的这种指认大体体现了老实证主义的一般观点。以孔德为代表的老实证主义学派,大体继承了休谟的怀疑主义路线,对形而上学进行了系统的批判。从其理论诞生的背景,可以发现,其发生在黑格尔哲学解体,近代西方哲学向现代西方哲学的范式转型阶段,是现代西方哲学"科学主义"思潮的主要代表。哈贝马斯在其《后形而上学思想》一书中对实证主义的特征进行了揭示:"长期以来,实证主义及其后继者的立场一直都很明确。他们认

---

① [德]马克斯·霍克海默:《批判理论》,李小兵等译,重庆出版社1989年版,第135页。

为，形而上学问题毫无意义，因而也站不住脚，可以置之不理。这种狂热的反形而上学立场无疑暴露了他们想使经验科学思想成为绝对思想这样一种含糊的科学主义的意图。"① 老实证主义和西方启蒙运动带来的"理性"大解放有密切渊源。在一定程度上，正是在启蒙理性的指引下，人们冲破了宗教神学的思想束缚，自我重获反思的能力。在理性之光的普照之下，科学才重获新生。笛卡尔的《论方法》、《第一哲学沉思》和莱布尼茨的《单子论》是反映这一时期理性解放的经典文本，它们的出版开启了近代西方科学认识论的先河，对旧实证主义产生了深远影响。但对旧实证主义影响最大的当数18世纪以"怀疑"主义精神自居的大卫·休谟。在霍克海默看来，实证主义敌视一切带有形而上学幻想的东西，"像笛卡尔和斯宾诺莎这样的形而上学家刚刚有点这样的意思，而像孔德和斯宾塞那样的实证主义者虽然给这种思潮命了名，但他们那里的'世界观'杂质太多，无法代表真正的实证主义者"②。笛卡尔提出的"我思故我在"虽然开启了近代西方哲学的理性主义思潮，对后来的实证主义也影响甚大，但他解释的"感觉世界"中充满了"实在论"和"唯灵论"的糅合，因而被学界称为"二元论"的主要代表。后来的经验主义者把笛卡尔对经验的解释甚至归为"独断论"的范畴。被誉为实证主义的创始人的孔德致力于构建一个无所不包的实证主义体系，先后发表了《实证哲学教程》《论实证哲学精神》《实证主义概论》等著作，为实证主义奠定了重要理论基础。孔德坚持认为科学应立足于经验事实，要进行实证研究，反对思辨的形而上学。但是他在强调经验研究的同时把哲学对本质的研究也一并抛弃了，"它满足并且调和了唯物主义和唯灵主义的敌对主张中一切站得住脚的东西，而它在这样做时就把两者都抛弃了"③。与孔德同时代的实证主义的杰出代表斯宾塞同样致力于构建

---

① ［德］于尔根·哈贝马斯：《后形而上学思想》，曹卫东、付德根译，译林出版社2012年版，第27页。

② ［德］马克斯·霍克海默：《批判理论》，李小兵等译，重庆出版社1989年版，第134页。

③ 刘放桐：《新编现代西方哲学》，人民出版社2012年版，第6页。

一种无所不包的实证哲学体系。他认为科学只能以"现象界"为研究对象,现象背后的存在不是实证哲学研究的范围,"思维就是发生关系,任何思想都不能表达关系以外的东西……理智的作用只能限于处理现象,如果我们试图用它去处理现象以外的东西,那就会使我们陷入荒谬"①。显然,孔德和斯宾塞仍没有摆脱康德哲学的影响。正是从这一意义上,他们的实证哲学还是一种素朴的形式,和后来的逻辑实证主义有较大的区别。也正是从这角度出发,霍克海默才把他们称为带有"杂质"的实证主义形式。

霍克海默认为实证主义的确在批判"国家拜物教"和"虚幻的上帝"以及近代思辨形而上学中曾有过辉煌的过去,在一定程度上促进了科学的发展,有一定的进步意义。然而,在晚期资本主义社会,实证主义越来越脱离社会的现实,追求一种"学院式"的"世外桃源"。这种学究式的研究思路变相地迎合了独裁统治的需要,变成了浪漫的形而上学。霍氏认为"由于放弃了一切通过自身活动来改善自己的境况的希望,害怕彻底改变社会制度的中产阶级就投入了资产阶级经济领袖的怀抱"②。因此,在一定程度上,实证主义变成了极权主义国家统治的理论武器。霍克海默对中产阶级这种矛盾心态的深刻考察,与赖希、弗洛姆及马尔库塞对极权主义社会民众的心理分析相似,旨在解释极权社会发生的深层心理机制,并由此构成了研究"权威主义"的重要理论基础。

二 逻辑实证主义对形而上学的批判

20世纪30年代,实证主义实现了经验主义和现代数理逻辑的糅合,演变为新的形态,即新实证主义或逻辑实证主义(为和霍氏论述一致,下文统一以"逻辑实证主义"表述)。数理逻辑始于莱布尼

---

① 刘放桐:《新编现代西方哲学》,人民出版社2012年版,第22页。
② [德] 马克斯·霍克海默:《批判理论》,李小兵等译,重庆出版社1989年版,第136页。

茨，后经弗雷格、罗素的发展，并被实证主义继承和发展。维也纳学派[1]的开创者石里克等继承和发展了罗素的数理逻辑思想，并把其与实证主义实现了结合，开创了现代逻辑实证主义的思潮。石里克的学生洪谦先生认为"从数理逻辑中发现这个逻辑的新见解的，不是弗雷格或罗素，而是著名的逻辑理论家维特根斯坦，但是应用这个逻辑的新见解而创造一个新的哲学趋势的，则不能不归功于维也纳学派领袖石里克了"[2]。无疑，维特根斯坦的《逻辑哲学论》为维也纳学派奠定了重要理论基础，按照洪谦先生的理解，石里克正是在其指引下发生了由纯粹的"实在论"到"马赫主义"的哲学思想转型。与老实证主义一样，逻辑实证主义强调知识来源于经验的基本论断，认为形而上学是无意义的问题。石里克在《哲学的转变》一文中认为哲学根本就不是一个命题体系，更与科学无关。因而，"形而上学的没落并不是因为解决它的问题是人的理性所不能胜任的事（像康德所想的那样），而是因为根本就没有这种问题"[3]。维也纳学派成员普遍认为形而上学就像艺术或诗歌一样，但与科学毫无关联。他们认为，知识和形而上学是两个完全不同的领域。如果一个陈述在逻辑和经验上既不能证明是"真"或"假"，那这个命题就毫无意义，应该必须被排除知识的领域。卡尔纳普认为："一个词（在一定的语言里）具有意义，通常也说它标示一个概念。如果它只在表面上有意义而实际上没

---

[1] 关于逻辑实证主义的主要代表及形成历史，在此作简单介绍：20世纪20年代初期，石里克（M. Schlick）在维也纳大学担任为马赫特设的归纳科学哲学讲座教授之职。在这之后，汉恩（H. Hahn）、赖特梅斯（K. Reidermeister）、弗朗克（Ph. Frank）和纽拉特（O. Neurath）组织了以石里克为中心的"石里克小组"（derSchlicks Kreis），讨论现代物理学、数学和逻辑学的新发展，以及有关认识论问题。当时参加者还有卡尔纳普（R. Carnap）、门格尔（K. Menger）、米塞斯（R. von Mises）、魏斯曼（F. Waismann）、克拉夫特（V. Kraft）、费格尔（H. Feigl）以及哥德尔（K. Godel）等人。20年代末期，汉恩、纽拉特和卡尔纳普等人在"石里克小组"的基础上又建立了"维也纳学派"（der Wiener Kreis），成立了马赫学会，并出版了一本宣言式的小册子《科学的世界观点——维也纳学派》，阐明了这个学派的基本纲领。维也纳学派于1936年石里克被枪杀后，实际上已经瓦解。参见洪谦《论逻辑经验主义》，商务印书馆2005年版，第96—97页。
[2] 洪谦：《维也纳学派哲学》，商务印书馆1989年版，第20页。
[3] 洪谦：《逻辑经验主义》，商务印书馆1982年版，第10页。

有，我们就说它是一个'假概念'。"① 正是从这一观点出发，维也纳学派把"本原""神""理念""绝对""无条件""无限""绝对精神""本质"等形而上学的术语当作毫无意义的词汇加以了拒斥。因此，维也纳学派对形而上学的整体态度是："它可以充实我们的生活，但不能丰富我们的知识；它只能作为艺术作品，不能作为真理来评价。形而上学学说所包含的，有时是科学、有时是诗文，但决没有什么形而上学。"②

与洛克、休谟、孔德、斯宾塞等老实证主义者强调主体"感觉经验"不同，在逻辑主义那里无视这种关系，转向"记录句子"的纯粹的命题系统。霍克海默认为："经验标准不是感觉印象（像洛克和休谟那样），而是表述印象的判断。科学的唯一任务就是建立一个能够推出这类命题的系统，正如这类命题能由观察者的判断、由'记录句子'证实一样"③。在逻辑经验主义者那里，数理逻辑原则和经验验证原则构成了知识的必要条件，即当且仅当一个命题既能满足数理逻辑规则（在语义与语法构成上不产生歧义）又要能被经验所证明（能满足原则上认识原则或满足事实上认识原则）。因而，逻辑经验主义既反对传统的理性直观论亦与真理融通论相抗衡。按照维也纳学派的观点，老实证主义者的"感觉经验"仍然是一种内心的体验，既不能被逻辑所证明，也不能被他人所感知，属于"意识哲学"的范畴，体现的是"主体性原则"。在他们看来，个人的"体验"完全是一种主观的"个人感觉"，例如就像对颜色的感觉一样，不同的人对"红色"（或其他颜色）的感觉是不同的，甚至同一个人在不同的时间对同一种颜色的感觉也是有区别的。对一个有"色盲症"的人去描述我们看到的颜色的体验，即便描述的再精确，他也不能达到和所感者一样的体验。在一定程度上不同的所感者对颜色的体验构成了一个相对独立的"物自体"，不同的"物自体"之间缺乏"主体间性"。维也

---

① 洪谦：《逻辑经验主义》，商务印书馆1982年版，第15页。
② 洪谦：《论逻辑经验主义》，商务印书馆2005年版，第99页。
③ [德] 马克斯·霍克海默：《批判理论》，李小兵等译，重庆出版社1989年版，第138页。

纳学派者认为"知识是事实的证实的认识,体验是感觉的所与性的了解;知识是以形式构造为对象,体验则以主客观世界的一致为对象;知识是科学的基础,体验则是生活的方法"①。无疑,维也纳学派的观点击中了老实证主义的要害。

而在霍克海默看来,逻辑实证主义者与之前老实证主义者相比,缺失的恰恰是因过度强调"逻辑实证原则"而流失的"能动性"原则。靠分析词义、语法和记录句子,人的主动性被掩盖了。因此,霍氏认为:"科学被认为类似于一组容器,它被填得越来越满,并通过经常维修来保持它的良好状态。这个过程从前被等同于理智的能动性,但它与能影响它、从而能够给它提供方向和意义的任何能动性都没有关系。"②逻辑实证主义强调的这种"客观性"原则,在晚期资本主义社会赢得了广大市场,它不仅以科学研究的姿态赢得了民众的追捧,同时也被官方所推崇。霍克海默认为:"经验主义在各个阶段对知识对象的看法,实际上证明了资产阶级思想越来越浅薄,越来越不愿意看到非人事物的人性基础。"③因而,逻辑实证主义在一定程度上充当了资产阶级统治的"犬儒哲学"。

第二节 实证主义的困境

霍克海默认为,虽然逻辑实证主义标榜以"拒斥形而上学"为口号,但其理论体系日益演变成一种纯粹的"形式主义",脱离了社会现实,无视人性基础。逻辑实证主义的这种做法显然和提倡进行社会哲学研究的并具有"人本主义"倾向的霍克海默格格不入。霍克海默虽然也反对传统的形而上学,但并未因此而流入绝对的"形式主义",其整个批判理论的基础正是以关注人的生存境遇奠基的,在一定意义

---

① 洪谦:《维也纳学派哲学》,商务印书馆1989年版,第27页。
② [德]马克斯·霍克海默:《批判理论》,李小兵等译,重庆出版社1989年版,第140页。
③ 同上书,第138页。

上讲，他反对的是传统形而上学中的"肯定性""同一性"的思维方式，而不是主体性本身。通过认真考察《对形而上学的最新攻击》这一重要文本，我们可以把霍氏对逻辑实证主义的批判归结为三个方面：其一，霍氏提出"主体性"能被逻辑实证主义彻底清除吗？霍氏的答案是逻辑实证主义这种教条的思维方式本身就是卑劣的传统的形而上学思想的反刍。逻辑实证主义的做法没有消除"主体性"，反而走向了脱离人的"真空世界"；其二，霍氏认为逻辑实证主义玩的实际上就是"概念推理游戏"，流入了彻底的"学院式"的研究；其三，霍氏认为，逻辑实证主义自产生就面临着如何正确解释"逻辑与经验"结合的立论问题，其把"逻辑与经验"进行的强行杂糅，面临着无法解决的悖论。

一　忽视主体性，走向抽象的同一性

逻辑经验主义的建构原则是"逻辑证实原则"，其方法是典型的"物理主义"的还原法则。霍克海默正是沿着这种思路对逻辑实证主义忽视"主体性"展开了系统清理和批判。马赫在《感觉的分析》中就提出了排除"主体因素"的主张，认为主体就是"躯体的神经而已"。马赫的思想对维也纳学派的创始人石里克产生了重要影响，以至于这种思想在后来成了这个学派的集体共识。维特根斯坦曾说："命题虽能叙述所有的事实，不可能叙述逻辑的形式，因为命题是逻辑形式的反映；什么反映在语言之内的，什么就不能用命题为之叙述；否则我们必须将命题置之。"[1] 维也纳学派继承了维特根斯坦的哲学思想并展开了排除"主体性"的"重言式"的研究。他们认为知识就是一系列命题的总汇，如果一个命题不能被证实或证伪，这个命题就是假命题，是毫无意义的。老实证主义者如洛克、孔德、斯宾塞等强调"感觉经验"的法则显然在逻辑实证主义者这里也遭到了拒斥。按照维也纳学派的观点，"感觉经验"就是一种个人体验的"主体性"原则，这种体验是无法得到证实的，因而是一个形而上学式的伪命题。卡尔纳普在《通过语言的逻辑分析清除形而上学》一文中专

---

[1] 洪谦：《维也纳学派哲学》，商务印书馆1989年版，第21页。

门通过逻辑的法则对形而上学问题进行了批判，他认为一个知识的命题必须在"词义"和"语法"上合乎逻辑规则，而且能被证实，而形而上学显然与这些法则不相容，"我们所谓的形而上学陈述是无意义的，是用这个词的最严格的意义。从这个词的广泛意义上说，如果断言某个陈述或者提出某个问题而得不到任何效果，就说那个陈述或者那个问题是无意义的"①。和卡尔纳普一样，维也纳学派内部虽有诸多意见的分歧，但在主张"逻辑实证原则"这一点上却有普遍共识。他们认为，"一个带自身否定的组合命题通过'或者'（P∨~P）就一定是真的，同样的组合命题通过'和'（P·~P）就一定是假的"②。因而，一个命题或真或假，除此再无其他。他们以此原则，判定形而上学的命题属于假命题，他们不属于知识的范畴，至多是一种"信念""艺术"或"诗歌"而已。在实证原则的指引下，维也纳学派认为观察要建立在"客观条件"之下才是有意义的。因此，他们否认带有任何"主观成分"的经验性记录，认为这种记录和观察的方式会造成一系列的假命题。他们认为："一个真正的科学观察记录不应该是'现在我感觉到如此这般'，而应该是'N.N先生在地点O和时间T之内观察到的是如此这般'。"③霍克海默认为，逻辑实证主义的这种"排除主观性"的证实方法实际上是流入到了"记录句子"的"形式主义"。

霍氏认为逻辑经验主义排除"主体性"的主要方法就是把一切还原为"物理主义"，依照物理学的标准对命题进行检验。④ 为避免老实证主义者"现象主义语言"的私人性和主观性，在20世纪20年代

---

① 洪谦：《逻辑经验主义》，商务印书馆1982年版，第14页。
② 洪谦：《论逻辑经验主义》，商务印书馆2005年版，第100页。
③ 同上书，第103页。
④ 关于何谓"物理主义"，洪谦先生在《论逻辑经验主义》一书中是这样解释的："所谓物理主义，简言之，就是以物理学为基础，应用行为主义的心理学方法，从物理的物的语言（physical thing language）方面，将心理现象还原为物理现象，将心理学命题译为物理学命题，从而把'心理的'与'物理的'、'身体的'与'心灵的'统一起来，进而把一切经验科学还原为物理科学。"参见洪谦《论逻辑经验主义》，商务印书馆2005年版，第103页。

初期，成立不久的维也纳学派就以维特根斯坦的《逻辑哲学论》为基础进行了言说范式的转变，即过渡到"物理学语言"。维也纳学派认为这种语言的最大优势就是具有"客观性"，即能通过"主体间性"使不同主体联系起来。按照他们的逻辑进路，一切命题都必须先还原为"物理学语言"，因而"物理学语言"自然就变成了一种"元语言"。霍克海默认为逻辑实证主义者的这种做法，就是典型的"还原论"，把一切科学语言还原成"物理学语言"，本身就隐藏了一个先验的"预设"，是向形而上学的回归。通过"物理学还原"能够真正排除主体性吗？霍氏认为，这只不过是逻辑实证主义走向"绝对论"的一种狂想。霍氏认为："至少从黑格尔的《精神现象学》发表以来，人们就应该知道，最直接的经验、感觉和直觉，作为给予的东西，似乎只对狭隘的知性来说才是终极的东西；人们应该知道，它们是派生的、从属的东西。"① 霍氏的这一指证，揭示了逻辑实证主义的要害。事实上，并不是所有的科学语言像逻辑实证主义所说的那样可以在保持原意的情况下还原为"物理语言"。其实，观察、记录、检测都是有人参与的过程，不同的观察者的主观意向性自然不同，因而不同的观察者对同一事实的观察结果也必然有不同，不承认这一点，只能被列入机械主义的范畴。霍氏认为："从莱布尼茨到目前德国唯心主义哲学的发展，可以证实下述看法：知觉世界既不是简单的摹本，也不是某种固定不变的东西，而是同等程度上的人类活动产物。"② 事实上，康德早在《纯粹理性批判》中就断定知识就是"人为自然立法"的过程，一切知识都始于经验，而非来源于经验，先验范畴和经验的联结才能形成知识，而这一联结的载体无疑要发挥人的"主观性"。马克思则认为："人的思维是否具有客观的真理性，这不是一个理论问题，而是一个实践问题。"③ 马克思通过"自由的实践活动"实现了"主客观的统一"，实现了康德范式的转型。因此，逻辑

---

① [德] 马克斯·霍克海默：《批判理论》，李小兵等译，重庆出版社1989年版，第152页。
② 同上书，第153页。
③ 《马克思恩格斯选集》第1卷，人民出版社2012年版，第134页。

实证主义竭力排除"主观性"的做法在理论和实践上都是行不通的。

二 概念推理游戏，脱离社会实践

逻辑实证主义试图通过概念及命题的推理与演绎为知识奠定可靠的基础，这种理论努力是值得尊敬的，但这种理论活动无疑日益偏离了真实的社会生活，变成了一种纯粹的"学院式"的研究，这与霍克海默倡导的重视社会现实研究有原则性差异，因而遭到了霍氏的强烈批判。在逻辑实证主义者的理论视域中，关于"价值""意义""目的"等概念都是毫无意义的形而上学词汇，这种形而上学的概念就像康德的"自在之物"一样既无法认识，在经验中也无法证明，是一堆伪命题。在霍克海默看来，逻辑实证主义的这种做法已经完全脱离了"辩证法"范畴，走向孤立，变成了僵死的结构体系。霍氏认为："经验主义和教条主义一样僵死地看待知识结构，从而也同样僵死地看待现实结构（就现实结构能够被认识而言）。"[①] 在他们看来，社会仅仅就是一堆事实而已，因而"情感""意志"等也只能被还原为事实才有意义。霍氏认为逻辑实证主义的这种做法完全是一种机械主义的翻版。事实上，现代西方哲学的"人本主义"的代表叔本华和克尔恺郭尔早在19世纪中叶就强调了诸如"情感""意志"等非理性因素对知识的重要意义，现代科学的发展也已证明"非理性因素"是科技创新的关键因素。就像霍克海默所言，逻辑实证主义的最大弊端乃在于忽视了真实的人性基础。在逻辑实证主义者视野中人变成了"符号"或者是"机器人"。试问，这种抛弃了人的情感因素的教条主义理论对人的发展而言有何意义呢？对于这个问题，逻辑实证主义很可能把它作为一个形而上学式的伪命题而不假思索地加以抛弃，这就是他们的逻辑规则。在逻辑实证主义那里，"一切形式的演绎推论，事实上仅是一种符号的语言关系，用不同的同值的形式作成变式而已，因此，我们对于分析命题的效用性，是毫无可怀疑的：因为我们对于某个语言的应用法则已经明白，那么，每个语句的变式的内容和意

[①] ［德］马克斯·霍克海默：《批判理论》，李小兵等译，重庆出版社1989年版，第141页。

义，自然而然随之而明白了"①。显然，逻辑实证主义者永远活在"逻辑推演"的"虚假"世界中，唯独没有活在人的真实世界之中。因而，他们从来没有也不能看到造成的人的压抑、生活中的苦难，更不会预示未来。霍氏言道："人和人的科学是把人类拖向灭亡呢，还是造成了人类的真正觉醒？按照现代经验主义的看法，这种选择对评价现存世界没有什么意义。"② 因此，在霍氏看来，逻辑实证主义的这种做法是和辩证法根本对立的，他们孤立地把一切真实的生活看成一大堆"方便速记的符号"，"在他们看来，当科学家参与行动时，他们就从科学家转变成了活动的生物，即变成了元素、数据和事实。不过，他们一旦反思自己的行动，就重新变成了科学家"③。这种矛盾的心态，恰恰反映了逻辑实证主义的狡诈和诡辩，因此，一旦他们遇到"发展""趋向"等概念性问题，他们要么就把它们解释成重复观察到的事实，要么就会把这些问题抛给心理学家来处理。总之，逻辑实证主义者只活在"语言逻辑"的世界中，他们从来不谈论社会生活。霍氏认为，他们这种做法在一定程度上恰恰迎合了极权主义社会统治的需要，理论的狭隘性最终将变成一场灾难。

  逻辑实证主义者对社会生活的忽视是他们逻辑演练的必然结果。他们大多有较好的数理逻辑的修为，也期望通过逻辑的方式构建一个完满的"世界图景"，但是他们却终日沉醉于"学院式"的研究氛围中不可自拔，最终竟然忘记了自己是作为"人"而存在。就像霍氏所言："堆在科学家那里的'纯粹感觉经验的事实'，就跟堆到不中用的政府那里的自发拥护政府的示威活动一样多。"④ 这种长期教条式的思维方式，预示了"人"在他们的眼中也只不过是一个纯粹的"符号"而已，"在社会里，一个人一方面是家长；另一方面是商人；再一方面是思想家；说得更确切一点，他根本不是人，而是所有这些方

---

① 洪谦：《维也纳学派哲学》，商务印书馆1989年版，第38页。
② ［德］马克斯·霍克海默：《批判理论》，李小兵等译，重庆出版社1989年版，第145页。
③ 同上书，第150页。
④ 同上书，第155页。

面以及后来必然出现的更多方面"①。因而，在我们看来，霍氏对逻辑实证主义的批判是和他强调"人本主义"情怀是密切相关的，通过揭示和批判逻辑实证主义的"逻辑推演"法则，霍氏真正的目的乃是想还原一个真实的人的生存世界。

三 无法解决的悖论逻辑

霍克海默认为逻辑实证主义的悖论乃在于强行对"逻辑"和"经验"两个要素的杂糅。在霍氏看来，这两个要素仅仅是表层的联合，它们之间隐含着深层的悖论。这种悖论一方面体现在形式逻辑重视纯粹命题之间的推演，因而主张排除任何经验内容，另一方面则表现在从经验中不可能判定分析命题的有效性。在霍氏看来，"对逻辑这个没有内容的语言形式系统的解释，马上就表明自己是不可靠的，并在反形而上学的斗争中被迅速抛弃了。分离形式和内容，是根本做不到的事情"②。在纯粹的理论物理学中这种解释似乎有一定道理，但一旦进入社会系统，逻辑的解释必然被赋予确定的含义。逻辑一旦遇到"公正与否""应不应该""合不合理"等价值判断就会遭遇问题，因为这些判断都和"主体"因素相关。霍氏认为，"思想借以传递给予的东西、借以揭示、区分、转换对象之间的联系的方式以及借以表达思想和经验间的相互作用的语言结构，都是表象的样式或类型。这是形式逻辑无法逾越的障碍"③。在这个问题上，蒯因的理解和霍克海默比较相似。蒯因是美国逻辑实在主义的代表，他的观点既不同于罗素的原子主义，也和维也纳学派的逻辑实证主义有区别。在《经验论的两个教条》一文中，蒯因对传统经验论的两个教条④进行了深刻分析和批判。蒯因认为，在"分析陈述"和"综合陈述"之间很难严格

---

① ［德］马克斯·霍克海默：《批判理论》，李小兵等译，重庆出版社1989年版，第150—152页。

② 同上书，第163页。

③ 同上书，第165页。

④ 其一是相信在分析的，或以意义为根据而不依赖于事实的真理与综合的，或以事实为根据的真理之间有根本区别。另一个教条是还原论：相信每一个有意义的陈述都等值于某种以指称直接经验的名词为基础的逻辑构造。参见［美］威拉德·蒯因《从逻辑的观点看》，江天骥等译，上海译文出版社1987年版，第19页。

地划出一条界线来。分析陈述的秘密在于"同义转换"(诸如"单身汉"就是"未婚的男子"的命题等)或者"保全真值",而这两种做法事实上都容易导致"循环论证"。事实上,完全隔离"内容"的形式判断是不可能的。蒯因认为,"带有语义规则的人工语言这个概念本身就是'一个极其捉摸不定的东西',它对于了解分析性概念是毫无帮助的"[①]。因此,蒯因认为通过语义分析把分析命题割裂开来本身就是一种教条主义的做法。

逻辑实证主义的另一面的悖论乃是从经验中如何检验分析命题的有效性。对此,霍克海默认为逻辑和数学问题本身就是经验主义的一大难题,从零碎的经验事实中无法检验分析命题的有效性。逻辑实证主义的"还原论"并不能完全无误地把社会语言翻译成"物理学"语言。蒯因认为不同语言之间具有"异质性",他认为,"翻译的困难主要源于不同的语言以不同的方式剪接世界,不同的语言后面隐藏着不同的本体论"[②]。另外,逻辑实证主义的"还原论"在面临诸如"情感""意志"等"非理性因素"时更表现得软弱无力。正如霍氏所言,智力是一个相对独立的系统,是一个复杂的命题,逻辑实证主义对此无法逾越。综合命题的有效性自休谟以来一直受到学界的质疑,早在18世纪,英国哲学家休谟就提出了著名的"休谟问题"(即归纳主义既不能从逻辑上得以证明,也不能从经验中得以证明),他将归纳主义证明公式描述为

归纳原理在场合 X1 成功地发挥了作用。
归纳原理在场合 X2 成功地发挥了作用,等等。
归纳原理总能发挥作用。[③]

[①] [美] 威拉德·蒯因:《从逻辑的观点看》,江天骥等译,上海译文出版社1987年版,中译本序第19页。

[②] 周超、朱志方:《不可通约性与科学合理性——库恩科学合理性理论研究》,《武汉大学学报》(哲学社会科学版)2004年第4期。

[③] [英] A.F.查尔默斯:《科学究竟是什么》,鲁旭东译,商务印书馆2013年版,第68页。

这样，归纳原理证明本身诉诸归纳证明，形成了无法解决的逻辑悖论。此外，归纳原理也遭到了波普尔、库恩的强烈批判。波普尔在其著作《科学发现的逻辑》一书中对归纳原理进行了批判。他认为归纳原理最大的漏洞在于以单称陈述过渡到全称陈述，因而归纳原理极易产生矛盾，滋生逻辑悖论。波普尔认为，"从逻辑的观点看，显然不能证明从单称陈述（不管它们有多少）中推论出全称陈述是正确的，因为用这种方法得出的结论总是可以成为错误"①。他认为，既然运用归纳原理不能保证科学知识的合法性，那么就应换个角度，即运用证伪的方式，通过试错法，在推测和反驳中不断推动科学知识进步。波普尔在批判归纳主义的过程中提出了"证伪主义"理论，其要义是假如一种理论所提供的经验内容愈丰富，愈精确和普遍，它的可证伪度就愈大，科学性就愈高。他试图通过"否证"的方式来说明科学发展的逻辑，为我们理解科学的发展提供了一种新的路径。然而，自波普尔抛出"证伪主义"后，对其批判的声音从未间断。证伪主义同样需要观察，而观察又依赖于一定的理论，当观察和理论不一致时，矛盾就会出现。"一个令否证主义者窘迫的历史事实是，如果科学家们严格遵循他们的方法论，那么，那些被普遍认为是科学理论的最好榜样的理论永远也不能得以发展，因为它们在其初期可能就被拒绝了。"② 库恩认为，归纳主义和证伪主义把关注的视角放在个别的或成组的观察命题上，眼光过于狭隘了。为揭示科学发展的逻辑，库恩另辟蹊径，从"历史主义"的角度出发，把科学知识的发展描述为"前科学—常规科学—科学危机—科学革命—新的常规科学—新的科学危机"的辩证发展过程。在《科学革命的结构》一书中，他强调"范式"（paradigms）对科学发展的决定性意义，就像其在本书的"序言"中所言，"我所谓的'范式'通常是指那些公认的科学成就，它们在一段时间里为实践共同体提供典型的问题和解答。一旦我的疑

---

① ［英］卡尔·波普尔：《科学发现的逻辑》，查汝强等译，中国美术学院出版社 2008年版，第 3 页。
② ［英］A. F. 查尔默斯：《科学究竟是什么》，鲁旭东译，商务印书馆 2013 年版，第 115 页。

难冰释，这篇论著的草稿也就一蹴而就了"①。在库恩的理解中，"范式"是保证科学知识合法化的基础，不同的"范式"之间具有"不可通约性"，"范式"的改变就意味着世界观的改变，因此库恩认为"拒斥一个范式而又不同时用另一个范式去取而代之，也就等于拒斥了科学本身"②。库恩的这种科学观被波普尔和拉卡托斯等称为"相对主义"的科学观，是一种描述性质的科学言说方式。拉卡托斯吸收并修正了波普尔和库恩的科学观，提出了"研究纲领"，试图通过"'硬核'+补充假设（保护带）"来为知识提供可靠基础。

  事实上，在维也纳学派关于"知识的基础"这个"元问题"的争论一直存在。据洪谦先生记述，在石里克小组的讨论中，石里克和纽拉特的争论主要围绕此问题展开。"用来检验知识的基础命题需不需要重新得到经验的检验"？对此石里克和纽拉特持不同的观点，石里克认为，有些命题具有先验的"确证性"，对此我们如果再去怀疑，那么就可能面临"循环论证"的风险。纽拉特把石里克这种对待"元知识"的态度称为向"形而上学"的回归，他认为一切命题都是可以接受并且可以得到经验检验的。因此，关于"逻辑"与"经验"之间的悖论一直是包括逻辑实证主义者在内从事科学研究的一个难点问题。霍氏在《对形而上学的最新攻击》一文中，既和其他理论流派对此产生了共鸣，又表现出了明显不同，即他的批判是建构在"社会哲学"基础上的，其批判的目的乃在于揭示逻辑实证主义与晚期资本主义极权社会统治走向了融合，从而忽视了被"异化"社会的"人性"诉求，因而，霍氏的批判展示了一种试图回归"人道主义"的理论诉求。

---

  ① ［美］托马斯·库恩：《科学革命的结构》，金吾伦、胡新和译，北京大学出版社2012年版，序言第4页。
  ② 同上书，第68页。

第三节　实证主义走向欺骗的形而上学

霍克海默对逻辑实证主义的揭示和批判是和他提倡关注社会现实的社会哲学研究风格分不开的。在霍氏看来，逻辑实证主义不仅无法解决自身的悖论，更重要的是这种理论日益无视社会的现实，走向了一种"学院式"的研究，忽视社会现实中的人性基础。霍氏认为这种"重言式"的研究方式，日益表现为一种"肯定性"的思维方式，丧失了批判性的反思，最终沦为了晚期资本主义极权社会的帮凶，变成了欺骗民众的"犬儒哲学"，是一种带有独断论倾向的朴素形而上学的新变种。

一　实证主义沦为欺骗的工具

逻辑实证主义试图通过逻辑推演和经验证明的方式为知识寻找可靠的基础，这是无可厚非的，然而一旦他们诉求的可以确证的知识与真实的人的生活日益偏离之时，试问这种理论研究的意义何在呢？的确，就像逻辑实证主义者所言关于"有无意义"的话题根本就是一个无意义的问题，是一种纯粹的形而上学的虚构。然而，在霍克海默看来，逻辑实证主义的这种做法可能会带来一场灾难。霍氏自继任法兰克福大学社会研究所所长以来，一直提倡一种关注社会现实的研究方式，这和他对当时晚期资本主义极权统治的批判是分不开的。在霍氏看来，逻辑实证主义者的研究日益变成了极权统治的帮凶，成为欺骗民众的工具。从表面上看，逻辑实证主义标榜进行的是一种与"政治运动"无关的纯粹的科学研究，提倡"客观性"，正是打着这种学术"幌子"，他们赢得了一大批的信徒。在霍氏看来，民众没有真正了解这种哲学的本质，反而被其操纵，这才是问题的关键。逻辑实证主义的思维方式实质上就是一种传统形而上学"肯定性"思维方式的现代翻版，这种思维让民众日益变成了晚期资本主义社会的"顺民"，面对极权统治，他们通常表现为"集体失语"。我们以一个简单的例证即能说明逻辑实证主义的"高明"之处，1936年勒古藤贝格在《瑞士印刷工人联盟机关报》上说道:"希夫教授对那些想要检查大学实验室的反活体解剖协会会员们说,虽然动物没有沉睡,但参观者决不会听到一点声音。很简单,切断动物的声带,动物就没法由于痛苦而嚎叫了。"① 动物解剖学家的这种掩耳盗铃的做法,反映了逻辑实证主义者的一般特征。在他们的理论视野中,根本看不到情感因素的存在,一切情感符号都会被还原成物理语言,并最终变成一连串被摘录的语句,人以及人的真实的生活存在彻底变成了"空洞的符号"。在霍氏看来,这是多么可怕的事情!霍氏认为,逻辑实证主义的无视人性的这种做法,恰恰迎合了法西斯主义的心声,变成了一种半官方性质的资产阶级的"犬儒主义哲学"。霍氏认为,逻辑实证主义者的这种做法根源于他们的可悲状况,即他们放弃了任何反对现实的思维行动,彻底投靠了政治的需要。赖希在《法西斯主义群众心理学》一书就专门对晚期资本主义社会的这种"中产阶级"的矛盾心理进行了详细考察。赖希认为,中产阶级既反对权威又渴望权威,一方面,由于他们在经济上的脆弱,在经济危机爆发时不得已要投入大资产阶级的怀抱,寻求庇护所;另一方面,他们又对比他们还要贫穷的无产阶级进行压迫以显示他们的权威。中产阶级这种对权威的双重性格特征,被赖希称为"小人精神",因此,"法西斯主义体现的是中层,即被扭曲的反常的性格层次。反常的性格层次在现实生活中表现为小人精神,即既渴望权威又希望造反的精神,这种精神是典型的下中层人士的性格"②。在霍氏看来,这种"小人精神"在晚期资本主义社会就表现为对现实的盲目遵从,正好迎合了正在崛起中的法西斯主义的狂热浪潮。霍氏认为,逻辑实证主义看似"客观"的"命题陈述"中充满了狡诈和欺骗,在这样一种思想的指导下,民众都非"正常人",而是"精神病人",晚期资本主义社会国家就是最大的"精神病院"或"监狱"。在马尔库塞看来,这样的人就是"单向度的人",这样

---

① [德] 马克斯·霍克海默:《批判理论》,李小兵等译,重庆出版社1989年版,第147页,引文略有改动。
② [奥] 威尔海姆·赖希:《法西斯主义群众心理学》,张峰译,重庆出版社1993年版,中译者序第7页。

的社会就是"单向度的社会"。在此,我们再次看到了在霍氏的言辞中充满"人本主义"的色彩,他对逻辑实证主义的批判大体基于这样的基调。

二 实证主义走向新的独断论

霍克海默认为逻辑实证主义是攻击理性主义的"先验预设",并认为这是一种通过实证无法检验的独断论。然而,逻辑实证主义的研究能脱离理性吗?显然,答案是否定的。大部分的逻辑实证主义者应该首先是一个理性主义者,然后才是一个经验主义者。"概念"、"词义"、"判断"以及"命题检验"每一个环节都打上了理性思考的印记。因此,我们有理由相信逻辑实证主义绝不是彻底的反理性主义,而是反理性的"独断论"。问题的关键是,这一任务他们完成了吗?霍氏认为,逻辑实证主义标榜要反对"先验预设",然而他们把经验说成是检验一切知识的标准,这无疑又预设了"经验"的永恒形式,把其他语言还原成"物理学语言",这也隐含着新的独断论。按照利奥塔在《后现代状态》一书中的分析,各种语言之间因"游戏规则"不同存在着"不可通约性",并不存在一种凌驾于其他语言之上的"元语言",科学语言仅仅是众多语言形式中的一种,并不比其他语言更优越。所以,霍氏认为逻辑实证主义在反"先验预设"中走向了新"预设",在反对"独断论"中走向了新的独断论。霍氏的这一批判,无疑抓住了逻辑实证主义的要害。事实上,理论建构完全排除"预设"是根本不可能的,自康德的"哥白尼革命"以来,这一见解已深入人心。然而,逻辑实证主义者却把康德、黑格尔等看成是疯子,把"智力"看成空洞的"逻辑符号",这显然是幼稚可笑的。就像杜里舒在他的名作《精神与社会》中所说:"所谓方法,无所谓自然科学的方法,仅有一种基本的方法,就是思想的方法:就是明确的概念,严密的分析、无矛盾性,确定性而已。"[①] 逻辑实证主义者就是利用这样一套严格的科学分析方法,它可以确定命题的有效性,但却没有任何实际内容。霍氏认为,把这样一套机械的方法运用到分析社会

[①] 洪谦:《维也纳学派哲学》,商务印书馆1989年版,第37页。

问题或心理问题，就会明显出现问题。把"智力"因素还原成"符号语言"，就彻底剥夺了"智力"的"主动性"，这样的做法本身就是一种独断论的思维方式。因而，"计算"和"技巧"就成了逻辑实证主义的重要特征，霍氏做了一个形象的说明，他假设有一个关押了数百名囚犯的监狱，为了更好地生活，囚犯必须善于精打细算，必须充分发挥他们的聪明才智，才能获得食物。① 但是他们却永远没有关注环境的变化，并视其是不可改变的。事实是，这些罪犯永远还是处于监狱之中，他们没有想去改变这一状况，这是典型的逻辑原子主义的缩影。霍氏的这一说明，隐喻了晚期资本主义极权社会中"真实人"的生活状态。

霍氏认为，逻辑实证主义的这种做法体现了典型的"工具理性特征"，是一种机械主义的做法。那么，怎么能消除这种"工具理性"的思维方式呢？霍氏认为，在分析社会现实问题时要注意利用"辩证法"的思维方式，"在辩证理论中，整个社会表现的主要兴趣在历史上不断发生变化这个事实没有被看作是错误的标志，而被看作是知识的内在因素"②。这种辩证的思维方式显然没有像逻辑实证主义一样把一切事件包括社会事件和心理情感全部看成不动的"速记符号"，而是充分考虑到了它们的能动因素。显然，在这一点上，我们看到了黑格尔、马克思和早期西方马克思主义对霍氏批判理论的影响，"与马克思一样，霍克海默否定在认识主体和客体之间的截然分离；但是，他既不以主观唯心主义及其现代实证主义变种的方式把客体归入到思辨的主体，也不向黑格尔和费希特的形而上学唯心主义投降。霍克海

---

① 在《理性之蚀》一文中，霍氏认为这种"计算"和"技巧"乃是"主观理性"的典型特征，在这种理性指导下人们以为成为自然的真正主人，结果却遭遇了自然的反叛。霍氏认为："自从自然被征服，在人类世界之内、之外，已失去了有意义的动机，自然没有被真正超越或和解，而仅仅是被压抑了。""在落后的社会阶层这个意义上，自然人的反叛是反对合理的增长，事实上促使了理性的形式化，其服务于束缚自然而不是解放自然。"我们认为，霍氏对"主观理性"的批判和分析思路是对逻辑实证主义批判的延续和发展。参见 Max Horkheimer, *Eclipse of Reason*, New York：The Continuum Publishing Company, 1974, pp. 64, 83.

② [德] 马克斯·霍克海默：《批判理论》，李小兵等译，重庆出版社1989年版，第158页。

默呼唤着一种辩证的思维方式，以及作为达到一个合理社会的前提条件"①。霍氏认为，辩证法中有极其深刻的理论内涵，这是逻辑实证主义者所不可能领会的。与逻辑实证主义不同，辩证法不会停留在无聊的"命题推演"之中，而是强调对社会现实的一种关注。因而，与经常忽视社会现实中的人性基础的逻辑实证主义相反，辩证法一开始就视其为理论前提。因而，在霍氏的理论视野中，表达了把辩证法融入批判理论的努力。

三　实证主义充当了形而上学的新变种

能不能消除形而上学？对于这个问题的解答就像整个形而上学的演变历史一样，从来没有停止，但从来也没有形成统一的答案。在历史上，曾有许多学派都剑指形而上学，"古代的唯物论和怀疑论，中世纪后期的唯名论和近代经验论，无疑都是反形而上学的逆流。但它们并没有走出形而上学思想的视野"②。现代西方哲学尤其是逻辑实证主义更是以拒斥形而上学为其基本目标，但是，事实证明，形而上学作为人类思维方式的一种倾向，并未完全被驳倒。在对待形而上学的态度上，霍克海默表现出了一种复杂的情感。"霍克海默认为，形而上学不是追求一个人类的特别利益，它掩盖人们正确理解生活。"③ 因而，和现代西方哲学家一样，霍氏一般是反对形而上学的。但是，在我们认真考察霍氏的文本后，就会发现，霍氏对待形而上学的真实态度应该是"欲罢而不能"，即他既认为应该抛弃形而上学的"肯定性"的思维方式，但又同时流露出了一种"悲观主义"的基调，认为不可能真正取消和抛弃形而上学。在《对形而上学的最新攻击》一文中，我们可以印证这种说法。霍氏认为逻辑实证主义和新浪漫主义哲学家一样都忽视了对真实的社会生活的考察，"形而上学向人类提

---

① ［德］马克斯·霍克海默：《批判理论》，李小兵等译，重庆出版社1989年版，导论第4页。
② ［德］于尔根·哈贝马斯：《后形而上学思想》，曹卫东、付德根译，译林出版社2012年版，第28页。
③ J. C. Berendzen, "Postmetaphysical thinking or refusal of thought? Max Horkheimer's materialism as philosophical stance", *International Journal of Philosophical Studies*, Vol. 16, No. 5, 2008, pp. 695–718.

供不能用科学手段证实的存在并借此而用希望喂养人类,这确实是错误的;但当科学自以为是唯一的知识和理论,当它甚而至于蔑视哲学即蔑视一切对待科学的批判态度时,它也的确变成了朴素的形而上学"①。后现代主义学者利奥塔也同样认为,科学知识仅仅是知识的一种形式,他通过"语用学"的考察方式,认为科学知识并不比其他知识更高明,甚至它经常要求助于叙事知识。利奥塔认为,"人们使用知识一词时根本不是仅指全部指示性陈述,这个词中还掺杂着做事能力、处世能力、倾听能力等意义。因此这里涉及的是一种能力,它超出了确定并实施唯一的真理标准这个范围,扩展到了其他的标准,如效率标准(技术资格)、正义和/或幸福标准(伦理智慧)、音美和色美标准(听觉和视觉),等等"②。霍克海默也认为把科学知识当作唯一的知识的形式,是幼稚、偏执的独断论的做法。

霍氏认为,以数理逻辑为基础的逻辑实证主义和传统形而上学一样,具有"肯定性"的特征,变成了一种安慰的学说和精神的避难所。"对于霍克海默,解放的社会科学的方法论要求是实证研究和解释性哲学的结合。在这方面,他是不完全不屑一顾形而上学,他认可形而上学者(尤其是马克斯·舍勒)的认识,即自然科学变得过于专业化和狭隘。"③霍氏认为在传统的形而上学家那里,还能看到"主体性"的光辉,甚至也不乏有一些深刻的洞见(有时虽然以虚假的形式表现出来),但在逻辑实证主义那里,却越来越变得敌视人了。霍氏认为,"形而上学家无疑对现行普遍状况负有责任,因为它颂扬这些状况并发展出了一种荒谬的表达方式。可是,在新实证主义那里,人变成了哑巴,只有科学在说话。由于实证主义者在社会中所处的中间地位,他们在两边都看到了敌人。他们反对思想,不管思想是倾向

---

① [德]马克斯·霍克海默:《批判理论》,李小兵等译,重庆出版社1989年版,第176页。

② [法]利奥塔:《后现代状态:关于知识的报告》,车槿山译,南京大学出版社2011年版,第74页。

③ J. C. Berendzen, "Postmetaphysical thinking or refusal of thought? Max Horkheimer's materialism as philosophical stance", *International Journal of Philosophical Studies*, Vol. 16, No. 5, 2008, pp. 695–718.

于前进还是倾向于后退到形而上学"①。霍氏的这一批判是深刻的，它击中了逻辑实证主义的要害，揭示其倒退为"朴素形而上学"的真正本质。国内有些学者，认为霍克海默对实证主义的批判，是在为形而上学辩护。我们认为这一看法并不是很恰当。在考究霍氏对待形而上学的态度时，一定要联系其批判风格。在20世纪30年代，霍克海默极力提倡一种社会现实研究的风格，其对文化工业、权威主义和科学的批判就是很好的一个例证。霍氏对形而上学的批判实质乃是清除其"肯定性"的思维方式，因为在他看来正是这种思维构成了"极权社会"的哲学基础。正是基于这种实践情怀，霍克海默展开了对晚期资本主义社会的详细批判和考察，"与对当代社会历史情况及它所包含的可能性的激进主义相关，霍克海默的理论植根于解放社会的实践中。霍克海默尝试去除正如我们所看到的在经典的'传统理论'留下的困境，为一个非形而上学的思想铺路。这种思想超越了形而上学和科学主义、超越基础主义和相对主义"②。我们假设形而上学为A，逻辑实证主义为B，霍氏反对B，认为B像A，那么霍氏的真实意图是要肯定A还是否定A呢？答案是否定的，我们认为霍氏的真正意图乃是既反对A也同时反对B。霍克海默的形而上学的理论实质乃是向一切脱离社会现实，在一定程度上变成晚期资本主义极权统治帮凶的"肯定性"的思维方式开战。他的目的乃在于通过这一方式，恢复人们的批判性思维，向一切奴役人的社会制度"说不"，因而在他的理论中始终贯穿着一种强烈的"人本主义"精神。

第四节 实证主义的形而上学特征

霍克海默认为实证主义在批判形而上学的征程中沦为了一种朴素

---

① ［德］马克斯·霍克海默：《批判理论》，李小兵等译，重庆出版社1989年版，第179页。

② Konstantinos Kavoulakos, From Habermas to Horkheimer's early work: directions for a materialist reconstruction of communicative critical Theory, *Telos*, No. 130, 2005, pp. 39–62.

的形而上学。在《对形而上学的最新攻击》和《传统理论与批判理论》等文本中，霍克海默对传统理论①的形而上学特征进行了概括，认为传统理论总是强调理论研究独立于社会之外，是典型的形式逻辑，其思维方式是"肯定性""同一性"。

一 理论研究独立于社会之外

霍克海默认为传统理论是一种独立于社会之外的活动，他们要么关注"概念游戏"沉醉于纯粹的思辨之中（表现在思辨哲学家那里），要么专注于"经验归纳""命题判断"，沉醉于"事实"之中（表现在实证主义者那里），尽管他们的出发点不一样，但却都几乎一致认为理论是一种人类独立的活动，他们追求"独善其身"，很少关注社会。总之在传统理论家的视野中"价值与研究""理论与行动"是相分离的。但是在霍克海默看来，传统理论家编制了一个并不真实的谎言。理论即便是非生产性的但它一刻也离不开人们的实践活动，我们经验到的感性世界，甚至我们的器官都和人类的实践活动紧密相连。传统理论家强行隔断理论与实践的关联，纯属闭门造车，在理论和实践上都是不可能的。笛卡尔强调"天赋观念"，认为这些观念能统摄杂乱无章的经验世界，并给我们带来一个有序的知识体系。当人们问及"天赋观念"从何而来？笛卡尔言道，"天赋观念"既不来源于经验，也不来源于人自身，而来源于"上帝"的馈赠。笛卡尔的哲学无疑陷入了"二元论"，事实上"这个上帝其实就是我们的列祖列宗，我们感谢他们的辛勤劳动"②。霍克海默认为，传统理论与实践的分离导致的严重结果就是把人变成了抽象的符号，丧失了主动性。在思辨哲学家那里，关心的是"主客""心物""思有"等"二元论"的哲学话题，哲学和具有多方面价值和意义的人之间严重分离了。康德的"哥白尼革命"旨在为理性设定界限，但又先验地设定了"自

---

① 霍克海默在《传统理论与批判理论》一文中所称谓的"传统理论"概念，是指自笛卡尔以来，以自然科学的方法为基础确立的哲学观念，主要指西方近现代实证主义哲学思潮。

② ［法］笛卡尔：《谈谈方法》，王太庆译，商务印书馆2009年版，"笛卡尔生平及其哲学"（代序）第21页。

在之物"的存在,从而重新陷入了"独断论",从根本上他的理论仍然停留在"理论与实践"相分离的传统理论视野中。黑格尔试图通过"绝对精神"挽救康德的"不可知论",但他的理论基本停留在"概念"的辩证演绎之中,人和人的世界都是这种演绎的必然结果,他的哲学虽然构建了一个无所不包的理论体系,但仍属于传统理论的范畴。同样,在实证主义者的视野中,虽然他们都一致强调经验的重要性,但在人们日常生活中生动的事实,在他们的研究中却变成了到处堆砌的"命题"和"符号",生活中的"生动"被"抽象"代替了。总之,在传统理论家的视野中个体是被动的,他们在生动的现实面前总是表现得无能为力。霍克海默则认为,"实际上,有助于更新现存知识的大量发现的实际联系,以及这种知识对事实的应用,都不可能由纯粹的或方法论的根源推出,而只能在现实的社会过程中加以理解"[1]。事实上,理论的构建以及科学的发展一刻也离不开也不可能离开人的主观能动性。传统理论强调理论的决定作用,思想的统治权,实际上都是人的主观能动性的结果。"科学这个行当只是劳动或人的历史活动过程中的一个非独立的环节,但在这种哲学中,前者却取代了后者。"[2] 霍氏认为这实际上是传统理论中"逻各斯精神"的浮现,在这种精神的指引下,理论与现实、主观与客观之间的紧张关系被"和谐"代替了。事实上,自康德以来人们已经明白,主客之间紧张的关系不可能完全消除,这不是主观上可不可能,而是在客观上不可避免。但传统理论家却无视这种对立。因此,在一定程度上,传统理论家忽视现实"异化"问题,成为极权社会的辩护人。霍克海默认为,"在传统的理论思想里,个别客观事实的起源、思想借以把握事实的概念系统的实际应用以及这类系统在活动中的地位,都被看作是外在于理论思想本身的东西。这种异化用哲学术语表达就是价值与研究、知识与行动以及其他极端之间的分离,它使学者免于陷于我们指

---

[1] [德]马克斯·霍克海默:《批判理论》,李小兵等译,重庆出版社1989年版,第187页。
[2] 同上书,第191页。

出的那些紧张，并给他的活动提供一种确定的框架"①。正是这种确定的框架，使传统理论家忽视了人在极权社会中被奴役的现实，从而在一定程度上沦为了"顺从哲学"。

二 形式逻辑

传统理论无论以什么样的方式进行研究，它们的目的乃在于回答知识是什么？知识如何可能？换言之，它们关心的永远是知识的生成而不是其应用。霍克海默认为，"对大多数研究者来说，理论是关于某个主题的命题总汇。理论的真正有效性取决于派生的命题是否符合实际"②。彭加勒在《科学与假设》一书中就把知识比喻成一个图书馆，"实验物理学被委托做采购工作。至于数学物理学，其任务将是编制书目"③。因此，要不断增加新知识，就要不断地归纳、总结和概括。因此，知识的生产就像现代的工厂一样是"命题、假说、演绎"流水线工程，具有典型的形式逻辑的特性。传统理论的起源和近代西方哲学的发生有密切关联。笛卡尔提出的"我思故我在"的哲学命题开启了近代西方哲学的先河，为知识的发展奠定了重要的方法论原则。笛卡尔认为，我们在了解知识之前，首先要对一切知识抱有怀疑的态度和精神，但唯独"我在思考"这个事实是不能怀疑的，是确定不移的事实。笛卡尔认为，我们对知识的认识应该从简单的确定无疑的对象开始，然后推出复杂的对象知识，"凡是我没有明确地认识到的东西，我绝不把它当成真的接受"④。那么，怎样才能形成确定无疑的知识呢？笛卡尔认为，经验是杂乱无章的，不可能形成知识的可靠基础。数学、逻辑属于天赋观念，是理性固有的，它们具有普遍稳定性，可以构成知识的可靠基础。经验主义者洛克反对笛卡尔的"天赋观念"。他认为人出生时什么观念都没有，思想就像一张白纸，后天的学习和经验才逐渐形成了我们的观念，因此，洛克主张一切知识都

---

① ［德］马克斯·霍克海默：《批判理论》，李小兵等译，重庆出版社1989年版，第199页。
② 同上书，第181页。
③ ［法］昂利：《彭加勒》，李醒民译，商务印书馆2009年版，第128页。
④ ［法］笛卡尔：《谈谈方法》，王太庆译，商务印书馆2009年版，第16页。

来源于经验。围绕知识来源于天赋观念还是经验形成了唯理论和经验论两个派别，并最终在康德哲学中实现了调和。在《纯粹理性批判》中，康德展现了调和唯理论和经验论的努力，提出了"先天综合判断"的重要命题，认为知识起源于经验，但并非止于经验。康德认为，在进行认识论讨论之前，有必要对人的理性进行认真的考察，找出理性的界限，从而实现了认识论上的一场"哥白尼革命"。在霍克海默看来，各种传统理论对知识的解说方式虽有不同（有的依赖经验判断，有的依赖不证自明的洞见），但他们都开始于"主观公设"，因此归属于意识哲学范畴。传统归纳主义认为，一切知识都来源于经验归纳，这本身也是一个"主观公设"。事实上，由于人的有限性，通过经验归纳仅仅可能是"不完全归纳"，并不能保证知识的可靠性。自休谟以来，传统归纳主义就受到了强烈的攻击和批判。查尔默斯认为，"归纳论证不同于演绎论证的一个特征就是，他们把有关某一特定种类的某些事情的命题，推广到有关该类的所有事情的命题，从而超出了前提所蕴含的内容"[1]。任何归纳都要依赖一定理论基础，这些理论又需要去归纳证明，这样就会陷入"循环论证"的悖论。像波普尔的"证伪主义"、库恩的"范式理论"在一定意义上都是一种"主观公设"，没有这个前提，也就没有理论家的理论。法国科学哲学家彭加勒就特别强调"假设"的作用，认为没有"假设"就没有理论，"数学家没有假设便不能工作，就更不用说实验家了。假设不仅是必要的，而且通常也是合理的。即使是被抛弃的假设，也不是毫无成效的，可以说它比真实的假设贡献更大：它是决定性实验和提醒人们从中推出新东西的诱因"[2]。彭加勒认为像几何学原理既非先验范畴也非经验判断，而是来自于科学家的约定，由此提出了著名的"真理约定论"思想。他认为："收集一堆事实并不是科学，正如一堆石块不是房子一样。"[3] 和笛卡尔一样，彭加勒认为从杂乱的经验现象中不能推导

---

[1] ［英］A. F. 查尔默斯：《科学究竟是什么》，鲁旭东译，商务印书馆2013年版，第62页。
[2] ［法］昂利：《彭加勒》，李醒民译，商务印书馆2009年版，中译者序第26页。
[3] 同上书，第126页。

出可靠知识,只有从"假设"出发,整合经验,才能保证知识的有效性。彭加勒的"真理约定论"遭到有些学者的批判,被认为是带有"康德主义"的先天命题的回归。彭加勒的"约定论"和库恩的"范式"有相似之处。库恩在《科学革命的结构》一书中提出了著名的"范式理论",以一种"历史主义"的方式解读了科学革命的结构。在库恩看来,科学的发展有赖于形成稳定的"科学共同体",科学中的核心概念是共同体的共同约定,不同"科学共同体"之间因核心观念的不同具有"不可通约性"。因此,库恩认为,"我所谓的'范式'通常是指那些公认的科学成就,它们在一段时间里为实践共同体提供典型的问题和解答"①。

在霍克海默看来,关于知识的"假设"在当代越来越演变成纯粹的数学符号系统,即便是社会科学也未能幸免。社会科学家殚精竭虑地尽心设计问卷,搜集事实,作出判断,就像工业生产的流水线一样。理论家的任务在于恰当的说明"假设"和"事实"之间的逻辑关联,做出详细的理论说明,除此别无其他。"我们是靠应用于特定情况的条件命题进行工作的。如果已知事实 a、b、c、d,那么我们必定期待事件 q 的出现;如果缺少 d,就期待事件 r;如果增加 g,就期待 s,如此等等。这种计算是历史的逻辑工具,就像它是科学的逻辑工具一样,传统意义上的理论就是以这种方式制作出来的。"② 很明显,这种知识带有典型的形式逻辑的特征。这种知识的特征在实证主义者身上得到彰显。在孔德看来,观察是知识的来源,离开主体的观察无所谓知识,"在一个盲人的种族那里不可能有任何天文学,不管设想该种族如何聪慧;无论是可能为数更多的暗黑星体的背面,还是我们透过大气去观察天体,到处都是一片阴霾"③。在早期实证主义者孔德的理论视野中,我们还可以看到主体的"感觉经验",但在逻辑

---

① [美] 托马斯·库恩:《科学革命的结构》,金吾伦、胡新和译,北京大学出版社 2012 年版,序言第 4 页。
② [德] 马克斯·霍克海默:《批判理论》,李小兵等译,重庆出版社 1989 年版,第 187 页。
③ [法] 奥古斯特:《孔得》,黄建华译,商务印书馆 1996 年版,第 10 页。

实证主义那里，却变得越来越敌视"主体性"了。"实证主义思维方式把具体客观事实的出现，把用以把握事实概念体系的实际运用，把这些体系在行动中的作用，都看作外在于理性思维本身的存在，从而自动放弃了理性对现实的批判维度，丧失了理论所应有的社会良心和责任感。"① 霍氏认为，尽管实证主义者一直强调观察和预测，但事实上，这仅仅表现为他们的"私人信念"而已。在逻辑实证主义那里关心的仅仅是概念、命题以及形式化的符号判断。洪谦先生认为，"逻辑实证主义的哲学方法，是自然科学的方法，尤其是数学与物理学的方法，它完全摈弃一切离奇的思想结构，神秘的直觉作用，以及所有感情上的信念，而代之以严密的逻辑推论，精细的实际观察，以及事实上的证据"②。简言之，通过对《传统理论与批判理论》一文的详细考察，霍氏对传统理论的清算旨在揭示其形式逻辑的本质特性，这种思维方式导致了主体性的丧失，失去了对现实的关注，变成了一堆空洞的符号而已。

三 肯定性的思维方式

传统理论把理论活动归结为独立于社会之外的一个特殊部门，他们不关心社会和其他学科，认为知识的生产乃在于构建理论体系，因而他们的活动属于纯粹的认识论范畴。在传统理论家的视野中，他们关心的只不过是被剪切过的"碎片化的事实"，一切有利于构建理论的才被剪切，其他的则置之不理，是典型的拿来主义的做法。在思辨哲学家那里，一切意义和价值都被整合为概念的符号，是一种纯粹私人性的断言；而在逻辑实证主义者看来，一切关于价值的、意义的命题都是形而上学的伪命题，他们不是问题而是诗歌或者艺术。传统理论家只关心在"自我预设"中构建属于"自我"的理论体系。因此，"经常的论点是，同一对象给某一学科提出了只能在久远的未来解决的问题，而它在另一个学科里却被看作是简单的事实。物理学中当作

---

① 马俊领、刘卓红：《论霍克海默对实证主义的批判——启蒙批判早期进路研究》，《广西社会科学》2008 年第 11 期。

② 洪谦：《维也纳学派哲学》，商务印书馆 1989 年版，第 37 页。

研究课题的关系，在生物学中却是不成问题的问题。在生物学里，生理过程提出了问题，而心理过程却没有提出"①。这种学科之间的不可通约性是传统理论家自我封闭的概念体系的必然结果。显然这种研究的风格和霍克海默提倡的"跨学科"研究是格格不入的。按照现代科学哲学家库恩在其名著《科学革命的结构》一书的解读，这种学科之间的分离，与科学共同体的观念有关，不同的科学共同体之间的核心理念有本质的区别，因而导致了"理论预设""研究方向""研究目的"的大相径庭。库恩认为，"科学革命中出现的新的常规科学传统，与以前的传统不仅在逻辑上不相容，而且实际上是不可通约的"②。在霍克海默执掌法兰克福社会研究所后，就一直强调"跨学科式"的经验研究，在他看来，只有敢于借鉴其他学科的一切优秀成果，才能避免理论的偏见，从而形成辩证的批判风格。

传统理论家无论如何狡辩，也无法摆脱从属于一定阶级的事实。即便他们一直渴望"世外桃源"，但只有他们作为一个公民而存在，就不可能完全跳出"阶级的范畴"。事实上，传统理论家苦心经营的知识理论体系，正是一定阶级社会的必然产物。启蒙运动以来的"思辨哲学"正是新兴的资产阶级反对封建主义和宗教神权的反应。他们主张"主客二分"实际上是要把人从神的"从属"中解放出来，恢复人的主体性。因而，在资本主义发展的初期阶段思辨哲学关注人性，具有一定的历史进步性。但是越往后发展，这种哲学越走向了其反面，变得越来越敌视人了，在他们的理论中只关心体系构建，不关心人的存在，人和人的世界消失了。这种演变实际上正是自由资本主义向国家垄断资本主义过渡的必然结果。资产阶级在取得稳定的政权之后，不希望有批判哲学的存在，思辨哲学无视现实的这种做法正好迎合了统治者的需要。逻辑实证主义者采用的最典型的做法就是"还原主义"，把一切社会现实还原为"物理学"和"数学"符号，抽空

---

① [德]马克斯·霍克海默：《批判理论》，李小兵等译，重庆出版社1989年版，第191页。
② [美]托马斯·库恩：《科学革命的结构》，金吾伦、胡新和译，北京大学出版社2012年版，第88页。

真实的社会现实,因此,在他们的视野中只有"命题"和"判断"。和思辨哲学家一样,他们在一定程度上也充当了统治阶级的辩护人。在霍克海默看来,传统理论家的共同之处,就是对现实不是进行"否定"而是"肯定性"的理解。这种私人的"假说的王国"发挥着"顺从主义"的功能。

概言之,关于传统理论的形而上学特征,这是一个极其复杂深刻的哲学话题。如果要想真正理解霍克海默对传统理论的形而上学特征概括和批判,就不能对其进行单纯的文本性考察,而有必要而且必须从形而上学演变的整个历史进程来对其进行宏观的深度挖掘和分析,这样才能真正展示霍氏形而上学批判的理论特质。可以说,形而上学是西方哲学史的核心,在一定程度上两千多年的西方哲学史就是一部围绕"形而上学"争辩的演变史。虽然,不同时期各种流派在一定程度上完成了对之前的形而上学的不同程度上的否定或超越,但很快又会被后来者所代替或超越。我们认为,形而上学的演变历史在一定程度上恰恰反映了人类思维的超越性特征,正是这种超越性的思维激励着不同的学术团体进行不同科学假说,并由此形成了多种文本解释。其实,恩格斯在《反杜林论》一文中就对人类思维的至上性进行了深入的分析和批判,他认为,"人的思维是至上的,同样又是不至上的,它的认识能力是无限的,同样又是有限的。按它的本性、使命、可能和历史的终极目的来说,是至上的和无限的;按它的个别实现情况和每次的现实来说,又是不至上的和有限的"[①]。尽管,不同历史时期学界对形而上学的理解有出入甚至是大相径庭,但这不意味着它们之间不存在任何"共性"。从形而上学的演变历史中我们发现,尽管不同学派赋予它的含义不同,然而对"本质、实体、灵魂"的思考却构成了不同时代形而上学的一般主题。在《对形而上学的最新攻击》一文中,霍克海默开篇就对形而上学的一般特征进行了总结性的概括,

---

[①] 《马克思恩格斯选集》第3卷,人民出版社2012年版,第463页。

"形而上学论述的是本质存在、实体、灵魂和不朽"①。霍氏认为,在传统的形而上学隐含着一种深刻的"洞见",是一种先验的信念,并由此构成了人们行事的箴言。

霍克海默关于形而上学特征的一般概括体现了从巴门尼德到黑格尔哲学的一般特征。自巴门尼德的存在论之始,途经古希腊柏拉图的理念论、亚里士多德的实体说、中世纪的神学、康德的哥白尼革命,最终到黑格尔的无所不包的古典形而上学,西方形而上学发展史可谓蔚为壮观。但归结起来,这段形而上学历史的一个共同理论特征乃在于超越杂多世界,追求世界始基的"同一性""普遍性""永恒性","从巴门尼德到黑格尔的形而上学都将普遍的、永恒的概念性领域理解为其唯一的对象。唯有排除了所有经验属性的概念,才被形而上学认为是存在本身"②。这种排除经验杂多观念更多地体现在不同学派围绕世界的"一"和"多"的争论上。康德通过"哥白尼式的革命"实现了认识论的范式转型,以先验的形式规定了人们认识的领域,在一定程度上调和了"唯理论"和"经验论"的矛盾。然而其以先验形式对知识的把握,在一定程度上又重新陷入了独断论。黑格尔用辩证的思维方法批判并改造了康德哲学,然而他却以"绝对精神"重新构建了一种无所不包的形而上学体系,"从'实体即主体'的原则出发,黑格尔构建了一个预悬终点为起点、以终点为目的的'圆圈'式的目的论形而上学体系,逻辑学所研究的范畴体系就是这个体系的本质结构"③。在黑格尔那里,形而上学最终形成了其典型形式。

然而,在黑格尔去世不久,由于其体系内部的矛盾以及科学和社会的不断发展,黑格尔哲学迅速发生了解体,并由此导致了哲学思维范式的转型。霍克海默认为人们对传统形而上学体系产生怀疑,与其体系内部的矛盾以及科学对其观念的摒弃密切相关。以黑格尔为代表

---

① [德] 马克斯·霍克海默:《批判理论》,李小兵等译,重庆出版社1989年版,第128页。
② 谢永康:《批判理论的范式转型及其问题——重思"后形而上学思想"与"否定的辩证法"的关系》,《中国社会科学》2009年第3期。
③ 张志伟:《形而上学的历史演变》,中国人民大学出版社2010年版,第213页。

的传统形而上学高举"理性"的大旗,并视其为解决人类一切问题的"万能工具",结果却走向了其反面。人在理性面前彻底变成了"抽象"的存在。这样,传统形而上学在推倒"神像"后又重新塑造了一尊"理性神像",变成了另一种形而上学。在《对形而上学的最新攻击》一文中,霍氏也表示了对形而上学的一种复杂情感和担忧。认真考察文本会发现,霍氏既反对形而上学,但又同时认为,形而上学包含着人们的一种精神寄托,不可能彻底地被推倒。霍氏认为,自从近代科学上的"细胞学说"、"能量守恒和转化定律"以及"生物进化论"的提出,人们已经发现对形而上学的许多观念和提法是站不住脚的,是无意义的。"需要注意的是霍克海默认为形而上学直接导致了不合理和痛苦。首先,形而上学是一种导致痛苦的社会安排,对形而上学的批判在于揭示其社会历史基础。其次,形而上学隐藏了社会安排造成痛苦的事实,它远离具体的生活环境,走向实体化的知性虚构。"[1] 在霍氏的形而上学批判中,我们始终能看到他从现实出发对人的真实境况的关注,他的理论具有较强的"人本主义"色彩。但问题的关键是,这是否就意味着我们就应该抛弃形而上学呢?霍氏认为,不管在理论上还是在实践上完全抛弃形而上学都是不可能的。霍氏认为,在一个晚期资本主义社会生活中的人,当他在现实中受挫,就会在情感上诉诸一种形而上学似的解脱,"形而上学涉及的本来的,真正的实存。轻视经验证据、偏爱虚幻的形而上学世界的根源,在于资产阶级社会中解放了的个人与他在这个社会的命运之间相互冲突。这种对科学的哲学轻蔑,在个人生活里起着鸦片烟的作用,在社会里则起着欺骗的作用"[2]。我们同意霍氏这种富有见地的表述,如果仅仅把形而上学看成是一种思维方式,那么它一定会潜存在每个真实人的内心之中,任何想彻底摆脱形而上学的幼稚的想法,本身就是一种形而

---

[1] J. C. Berendzen, "Postmetaphysical thinking or refusal of thought? Max Horkheimer's materialism as philosophical stance", *International Journal of Philosophical Studies*, Vol. 16, No. 5, 2008, pp. 695–718.

[2] [德]马克斯·霍克海默:《批判理论》,李小兵等译,重庆出版社1989年版,第134页。

上学的再现。所以,"从总体上看,追求反形而上学的彻底性,这本身就是一种形而上学。它不过是以绝对否定的方式表达出的形而上学。从理论上说,追求彻底的反形而上学,永远不会摆脱重新陷入形而上学的怪圈"①。

---

① 常健:《反形而上学还是后形而上学》,《文史哲》2002 年第 6 期。

第五章　形而上学批判的社会哲学的完成

　　霍克海默的形而上学批判与其批判理论构建之间存在什么关联？这是一个复杂的理论问题。对于这一问题的考察需要追溯到法兰克福学派的起源。20世纪20年代初，魏尔（其父亲是早期"社会研究学会"基金会的主要资助人）在法兰克福大学获得博士学位后，于1922年发起了"第一届马克思主义研究周"，吸引了包括卢卡奇、波洛克在内的一批理论研究者，但这次会议并没有取得实质性的效果。魏尔由此滋生了建立一个经济独立的研究所的主张，当时的霍克海默、波洛克对此表示支持。1923年在一个名为"社会研究学会"的私人基金会的资助下，研究所正式成立了。维也纳大学的卡尔·格吕贝格被任命为研究所的第一任所长。在其领导下，研究所形成了一种扎实的经验研究的氛围，对霍克海默产生了重要影响。但是通常意义上的法兰克福学派的批判理论并未在此时期形成。1930年霍克海默正式继任社会研究所所长，在继承研究所重视经验主义研究的基础上，开创了社会哲学批判的风格。在霍克海默看来，注重经验主义研究无疑是重要的，但是经验研究是没有批判的，必须要对它进行哲学的改造，因此研究所的首要任务是要和社会学、历史学、政治经济学、心理学等学科合作，构建一种"交叉学科式"的社会哲学研究和批判。霍克海默在就职演说中就旗帜鲜明地对社会哲学进行了阐释，他认为，社会哲学的任务乃在于对人类命运的兴衰作出哲学的解释，其目标不在于个体而在于整个社会共同体。在《社会哲学的现状与社会研究所的任务》一文中，霍氏认为，"社会哲学根本不是具体科学；毋宁说，它是（致力于研究一定的社会化形式的）实质社会学。它研究不同的具体的（使所有人联系在一起的人类共同生活的）方式：从家庭经过经济团体和政治协会直到国家和整个人类"[①]。霍氏在《论哲学的概念》和《哲学的社会功能》等文章中反复强调哲学不是一种观念，不是公式和教条，而是一种批判的工具。这样，霍克海默在继承研究所重视经验主义的基础上，通过对传统理论形而上学思维方式的批判，实现了"形而上"与"形而下"的和解，确立了社会哲学的研究范式。

霍氏的《传统理论与批判理论》一文乃是其提倡社会哲学研究的一种延续和总结。在此文中，霍氏详细阐述了批判理论与传统理论的区别，确立了批判理论的核心原则、研究方法、研究对象。霍氏认为批判理论的对象应该是对晚期资本主义国家"极权主义"展开批判，而不是躲在现实的背后"独善其身"，批判理论的功能在于变革现实。霍氏认为，"极权社会"的"异化"状况应归咎于笛卡尔以来传统哲学的形式逻辑特征，要对"极权社会"进行批判，首先要对传统哲学进行彻底清算。霍氏认为，传统理论实质上就是一种纯粹的认识论体系，它置身于社会之外，不会也不可能关注社会现实，因而必然和社会现实脱节。因此，这种理论得到了统治者的认可，变成了一定意义上的"政治哲学"。在霍氏看来，正是传统理论的这种特征，造成了晚期资本主义社会中人的"奴化"。霍氏认为，批判理论既不像思辨哲学沉醉于概念的世界之中，也不像经验主义专注于事实之中，批判理论要实现"形上"与"形下"的融合，既要关注现实以及真实的人的生存境遇，又要对现实进行哲学省思和批判，它不向一切权贵低头，它的目的乃在于实现人的解放。霍氏认为，批判理论提倡的是辩证逻辑，因此它没有一种固定模式，而是随社会现实变化而变化。为揭示霍克海默实现的社会哲学的范式转型，我们有必要而且必须回答几个重要理论话题：霍克海默的形而上学批判与批判理论的关系是什么？批判理论的反形而上学性怎么理解？批判理论的逻辑结构是什么？对这三个问题的解答乃是揭示霍克海默试图实现从"形上"与

[①] ［德］马克斯·霍克海默：《社会哲学的现状与社会研究所的任务》，王凤才译，《马克思主义与现实》2011年第5期。

"形下"融合的社会哲学范式转型的关键之所在。

第一节 形而上学批判与批判理论的关系

形而上学批判既是霍克海默批判理论的逻辑起点,也是批判理论的重要内容及思想内核。形而上学批判的指向和目标乃在于构建一种有别于传统理论的批判理论,可以说霍克海默的批判理论是其形而上学批判思想的逻辑延伸。如果我们把形而上学定义为一种"肯定性"的思维方式,那么霍克海默的批判理论正是对这一思维方式的"否定"。因此,在一定意义,霍氏的形而上学批判和其批判理论是一致的。

一 形而上学批判是批判理论构建的逻辑起点

像其他理论家一样,霍克海默批判理论的构建绝不是空穴来风,更不是心血来潮的冲动,而是对传统哲学深刻体认,和对晚期资本主义社会异化现实切身体会的必然选择。从理论上看,传统哲学的观念并没有给人们带来一个自由而公正的社会,反而总是表现得与现实格格不入;从现实看,欧洲无产阶级革命的接连失败、与父亲权威的抗争以及作为犹太血统而被迫流亡美国的经历,都迫使霍克海默对那个特定的年代进行深入的思考。对传统哲学的失望,对极权社会的憎恶以及对民众的同情和无奈,使霍克海默产生了无家可归的忧伤,激发了其拒斥传统思维方式的反叛精神和斗志。霍克海默曾经言道:"自由的勇士并未找到其内心的宁静,他们的哲学即政治学。他们的目标并不是让他们的灵魂在恐怖面前不动声色;同样,他们经历的畏惧也不能构成阻止他们的证据。"[①] 这种反叛的精神一直伴随着霍克海默早年的生活,并内化为一种"否定性"的精神意识。在霍克海默看来,统治阶级对民众的奴役以及民众的集体失语本质上是同一问题,即是

---

① [德]马克斯·霍克海默:《批判理论》,李小兵等译,重庆出版社1989年版,第238页。

传统哲学的形而上学思维方式外化的必然表征。霍克海默认为要激发民众的抗争意识，就要清除传统哲学的精神枷锁，即要拒斥传统形而上学"独善其身"不问人间疾苦的理论态度，以及追求同一性、肯定性的思维方式，恢复人们的批判意识。对善的渴望，与对恶的憎恶成为霍克海默理论思考的原动力。他认为："不是善，而是恶是理论的对象。它是以对一定形式的生活的复制为前提条件的。它的基本原理是自由，它的论题是压迫。只要语言成了辩护词，那它就坠落了。根据它的本质，它就既不能是中性的，也不能是实践的。——难道你就不说明好的方面，并宣布爱是原则，以代替无穷的辛酸痛苦吗！对于真理来说，只是一种表达，那就是思想，就是对不公正加以否定的思想。"[1] 正因这种对不公大胆说不的思想，使霍克海默意识到美好社会的理想绝对不存在于形而上学的概念之中，解放的动力应该而且必须在压迫的现实中寻找。在霍克海默早期的著作和书信中，可以发现其关注经验研究和拒斥形而上学的思想倾向。大学时代对康德的深入研究，使霍克海默认识到了主体能动性的重要作用，并成为其反对传统形而上学的重要精神动力，但这并不意味着霍克海默就是彻头彻尾的康德主义者，事实上对现实的关注已经使其摆脱了康德的先验悬设，霍克海默从康德那里借鉴的是主体能动性的批判精神而不是其他。把理论与经验结合起来，构成了霍克海默拒斥形而上学的锐利武器，同样也成了批判理论构建的逻辑起点。

对现实不公的抗争构成了霍克海默早期思想的最初动力。事实上不仅霍克海默，"法兰克福学派批判理论一直反对形而上学的哲学，因为它忽略了苦难和不公正"[2]。与传统理论家不同的是，霍克海默一开始就没把解放的希望寄托于纯粹的理论体系之中，他植根于具体的历史的境遇，把哲学的反思与民众无家可归的哀伤结合起来，融入辩

---

[1] 转引自［德］H. 贡尼、R. 林古特《霍克海默传》，任立译，商务印书馆1999年版，第46—47页。

[2] J. C. Berendzen, "Postmetaphysical thinking or refusal of thought? Max Horkheimer's materialism as philosophical stance", *International Journal of Philosophical Studies*, Vol. 16, No. 5, 2008, pp. 695 – 718.

证法的因素，在具体的历史中，在理论与实践的统一中寻找解放的动力。在《资产阶级历史哲学的发端》一文中，霍克海默指出，"对于历史事件必然性完全成功的阐述和对它的认识，对于进行阐述和认识的我们来讲，成了把理性注入历史的手段；但是，历史并没有'自在地'观察到理性，历史并不是'权力'，而只是产生于人的社会生活过程的事件的抽象总结。没有一个是被'历史'召唤到生活中来的，或是被'历史'所杀死的，历史既不提出任务，也不解决任务。只有真正的人在行动、在克服困难，只有他们才能成功地减轻个别人的痛苦和普遍人的痛苦，这些痛苦是他们自己或是自然力量制造出来的"[①]。因此，在历史的概念中并不能找到解放历史的动因，只有行动的人，只有具有批判思想的人的行动才能改变历史，在这一点上，霍克海默无疑接近了马克思的思想。马克思对资本主义异化现实的批判，同样源于资本主义社会造成的无家可归的哀伤，治疗这种哀伤同样成为马克思批判的动力，"无家可归成了一种世界命运……马克思从黑格尔出发，从根本的和重要的意义上认作为人的异化的东西，其根子在于近代人的无家可归性……因为马克思经历了异化，他深入到了历史的本质之中，因此马克思关于历史的见解就比其他所有人的历史观更高出一筹"[②]。反观霍克海默的早期著作，马克思的批判精神和宏达的历史情怀对其批判思想起到了一定影响。自霍克海默继任研究所所长后，就提出了把经验主义研究和哲学批判结合起来的理论诉求，这既是其早期拒斥形而上学的延续，也是继续推进社会哲学构建的逻辑起点。

和其他理论家一样，霍克海默的批判理论必然要选择一个逻辑的支点。对传统哲学的深入思考和对现实的抗争，使霍克海默认识到，造成极权社会的原因乃是传统形而上学的同一性、肯定性的思维方式。事实上，对传统形而上学的批判，对经验主义的研究构成了霍克

[①] 转引自［德］H. 贡尼、R. 林古特《霍克海默传》，任立译，商务印书馆1999年版，第36页。

[②] 同上书，第104页。

海默批判理论不可或缺的逻辑起点,在一定意义上,没有形而上学的批判就不可能有社会哲学的思考,更不可能诞生影响后世的批判理论。

二 形而上学批判是批判理论的重要内容

和传统理论相比较,霍克海默构建的批判理论一反体系型的套路,而改以具体的问题域为中心,形成了以专题研究的写作风格。因而,呈现于世人面前的批判理论通常也不是某一本大部头的著作而是一些围绕晚期资本主义社会问题或传统哲学批判的论文集,因此很难说哪篇具体论文代表了霍克海默批判理论的全部精神。但是,通过考察霍克海默早中晚期的主要学术著作,可以发现在这些相对零散的作品集中,蕴含着一条主线,即对传统形而上学思维方式的拒斥和批判。如果再加以细分,可划分为两条线路,一条是明线:即对包括黑格尔在内的传统的形而上学思维方式的批判;一条是暗线,即对晚期资本主义社会现实中隐藏的形而上学图式以及实证主义的朴素形而上学倾向的批判。这两条主线构成了霍克海默批判理论的核心线索。为更直观地说明霍克海默批判理论的这一特性,我们不妨从其早中晚一些代表性的论文中寻找证据。霍克海默早期的代表性论文如下:《关于目的论判断力的悖论》(博士论文,1922),《资产阶级历史哲学的起源》(1930),《社会哲学的现状与社会研究所的任务》(1931),《科学及其危机札记》(1932),《黑格尔与形而上学问题》(1932),《唯物主义与形而上学》(1933),《唯物主义与道德形而上学》(1933),《朦胧——在德国的笔记》(1934),《真理问题》(1935),《权威与家庭》(1936),《对形而上学的最新攻击》(1937),《传统理论和批判理论》(1937),《现代艺术和大众文化》(1944)以及霍克海默早期的一些书信等。在这些重要的学术论文中,霍克海默有针对性地对传统的形而上学思维方式进行了深入的研究和批判,对晚期资本主义社会现实中隐藏的形而上学图式进行了深刻的剖析。其中《社会哲学的现状与社会研究所的任务》一文是霍克海默继任研究所所长的就职演讲,这篇论文中提出了社会哲学构建的任务,即构建一门关注整个人类命运的具有跨学科性质的社会哲学研究的新范式,从而开启了批判理论研究的思路;在《黑格尔与形而上学问题》一文中,霍克海默对传统形而上学的集大成者黑格尔的体系性哲学进行了批判,认为黑格尔的体系性哲学范式的最大的特征就是概念内部的辩证演绎法则,在黑格尔看来,整个世界不过是概念自我演变的一种结果而已。在同一性的法则之下,黑格尔构建了一个无所不包的形而上学体系,"借助抽象'范畴',黑格尔对自然和人类世界作出了解释。他根据自我认识的发展阶段来划分历史。黑格尔论证现实的合理性所运用的是同一体系的知识概念。但是,黑格尔反对抽象的同一性和谢林,认为在同一性当中,差异性不仅被否认,而且必须在该词的双重意义上加以'扬弃'。同一性必须被当作是矛盾的抽象的同一性,它是从矛盾的克服当中产生的;就是说,同一性必须被当作是拥有丰富内涵的统一的哲学世界体系"[①]。然而,在霍克海默看来,同一性的哲学范式在现代已经遭到了诘难并走向了瓦解,这样,黑格尔哲学的大厦也就崩溃了。内在于黑格尔概念体系中的同一性法则从来没有看到真实的历史动力,它走的不过是从精神解释历史发展的旧的意识哲学的套路。事实上,"把历史进程的本质说成是一种精神冲突,不仅神化了历史的进程,也暗示着对同一性的坚定信仰"[②]。在这篇论文中,霍克海默针对传统哲学中特别是黑格尔哲学中的形而上学问题进行了深入的思考,可以说是一种以"明线"的形式对形而上学同一性的思维方式的公开批判。在《唯物主义与形而上学》一文中,霍克海默延续了批判形而上学的文风,通过对形而上学类型的深入分析和批判,揭示了批判理论的唯物主义基础;在《科学及其危机札记》《权威与家庭》《现代艺术和大众文化》等文本中,霍克海默把研究的视域聚焦到了晚期资本主义的经验事实,分析了政治、科学以及文化工业如何变成了极权政治的帮凶,揭示了它们背后隐藏的形而上学图式;在《对形而上学的最新攻击》一文中,霍克海默深刻分析了实证主义尤

[①] [德]曹卫东主编:《霍克海默集》,渠敬东、付德根等译,上海远东出版社2004年版,第34页。

[②] 同上书,第41页。

第五章　形而上学批判的社会哲学的完成　177

其是逻辑实证主义退化为朴素形而上学的秘密，揭示了其充当了极权政治统治帮凶的本质特征。另外，在霍克海默早期的一些书信中，也反映了他对隐形的形而上学法则的拒斥，例如1942年10月14日，霍克海默给洛文塔尔的信中写道："机械主义对人的统治无论是闲暇时间还是工作时间都是绝对相同的，我甚至可以说理解消费领域中行为模式的关键就是人在工业中的处境，他在工厂、官方组织、工作场所的日程安排。消费趋于消失，或者按我说，吃、喝、看、爱、睡成为'消费'，那么这种消费意味着人已经成为一个机器，不论他是在车间外部还是内部。"[1] 在上述的这些文本书信中，霍克海默没有去探讨形而上学是什么的元问题，而是以一种"暗线"的方式对隐藏在经验现象中的形而上学的思维方式进行了批判，其理论用意乃在于揭示形而上学同一性的、肯定性的思维方式对公众的消极影响。

霍克海默的中后期著作主要是流亡美国期间和重返德国后的一些著作和书信，主要包括：《启蒙辩证法》（1947，与阿多诺合著）、《理性之蚀》（*Eclipse of Reason*，1947）、《工具理性批判》（1967）、《笔记：1950—1969》（1974）等。这些文本可以看成是霍克海默批判理论思想的延续和发展，其中《启蒙辩证法》一书的发表使霍克海默和阿多诺赢得了世界的关注和声誉。在这本书中，霍克海默和阿多诺深入探讨了启蒙理性与神话的辩证关系，揭示了理性倒退为神话，演变成一种新的形而上学的秘密；在《理性之蚀》一书中，霍克海默则重点分析了客观理性和主观理性的区别，以及客观理性如何演变成主观理性的秘密。霍克海默指出，"如果理性被宣告不能决定生命的终极目标，并且必须满足于它自己降低为一种单纯的工具，它唯一剩下的目标仅仅变成了协调活动的延续"[2]。霍克海默对主观理性的工具化的指认，其目的乃是回答为什么形而上学的同一性思维方式在晚期资本主义社会仍会大行其道。在霍克海默看来，主观理性的工具化已

---

[1] 转引自［美］马丁·杰伊《法兰克福学派史》，单世联译，广东人民出版社1996年版，第245—246页。

[2] Max Horkheimer, *Eclipse of Reason*, New York: The Continuum Publishing Company, 1974, p. 63.

经丧失了批判的维度,变成了极权政治操控的工具。霍克海默认为:"哲学的任务在于追求一种洞察力,其目的不是服务于有用性的计算,而是试图进一步理解自然本身。"① 由此,可以看出,霍克海默中晚期的主要思想是对批判理论的进一步补充和发展,是对早期拒斥形而上学肯定性思维方式的进一步发挥和解答。从上述的文本解读中,我们可以发现,在霍克海默批判理论中始终围绕着对形而上学的批判和拒斥,可以说,形而上学批判是批判理论的重要内容。

三 形而上学批判是批判理论的思想内核

批判理论指向自由、幸福和解放,通向这一理想需要的是具有"否定性"的批判精神,而不是停留在传统的形而上学的肯定性思维方式之中。形而上学批判乃是一种"否定性"的批判,两者本质上是一致的。可以说,如果没有对传统形而上学思维方式的清理和批判,就不可能有辩证逻辑、社会哲学范式以及历史人本主义等批判理论思想内核的诞生。对善的向往,对恶的憎恶,以及对民众向极权社会政治统治的顺从和精神的麻木不仁的无奈,构成了霍克海默反思晚期资本主义症状的原始动力。在霍克海默看来,纯粹的思辨哲学以及流行实证主义都不可能肩负起解放的重任,因为他们本质上是一种经院哲学,对人性的忽视和对现实不公的视而不见根源于他们传统的形而上学思维方式。事实上,自从霍克海默继任研究所所长甚至更早他已经意识到现实的不公乃是传统形而上学观念的一种外化,因此,仅仅停留在经验的研究是不够的,必须把现实的问题上升到哲学高度,对传统理论的思维方式进行彻底的清算。霍克海默多次指出,哲学的使命在于对流行的观念(主要指当时流行的实证主义)进行批判,"哲学不能被变为宣传,这绝不是最可能的目的……哲学对发号施令不感兴趣。精神状态一片混乱,以至于这种说法又被解释为,似乎它提出了绝不服从任何命令的愚蠢建议,即使这种命令可能拯救我们的生命;事实上,哲学可以被解释为一种反对命令的命令。如果哲学应该有所

---

① Max Horkheimer, *Eclipse of Reason*, New York: The Continuum Publishing Company, 1974, p. 70.

成就的话，那么它的首要任务就是克服这种状况"①。正是在这种反叛精神的指引下，霍克海默发动了一场现代哲学的思想革命，提出了实现"形上"与"形下"融合的社会哲学的构想，而这一思想的实施是以形而上学批判为中心的。

首先，通过形而上学批判，批判理论摆脱了传统理论的形式逻辑法则，走向了辩证逻辑。霍克海默认为传统理论的最大特点是认为理论活动是独立于人类生活之外的一种独特的活动，不管是在传统的思辨哲学那里，还是在实证主义那里，人和人的真实生活是不存在的。传统理论关注体系的构建，而不是人的解放。从本质上，传统理论是概念的活动，它的基本法则是形式逻辑，它的思维方式是从肯定中寻找理论的同一性，其实质上延续了传统形而上学模式。霍克海默指出，"实际上，对事实的接受、选择、描述和综合不能没有主观偏向，概念的使用也不可能不涉及主体的旨趣乃至整个人类实践"②。事实上，对康德和黑格尔的研究，已经使霍克海默清醒地认识到任何哲学范式中排除"主观性"的努力都是不可能的，因为哲学本就是人的反思活动。传统理论中人的主动性的消亡，实际上已经倒退到了前康德哲学，是形而上学思维方式的另一种变种。霍克海默在批判传统理论中，引入了黑格尔的辩证法因素，但他绝没有仅仅停留在黑格尔式的概念的演绎谱系之中，在一定程度上他和马克思类似，在运用辩证法的过程中引入了唯物主义和实践的因素。霍克海默认为，和传统理论的形式逻辑法则不同，批判理论的法则是辩证逻辑。而要实现这一范式的转换，必须要以形而上学批判为前提。

其次，通过形而上学批判，批判理论实现了"形上"与"形下"融合的社会哲学范式转化，推动了理论与实践的统一。法兰克福学派早期的跨学科式的经验研究使霍克海默意识到，纯粹的经验研究可以为批判理论提供丰富的素材，但经验的研究不能等同于批判理论本

---

① ［德］H. 贡尼、R. 林古特：《霍克海默传》，任立译，商务印书馆1999年版，第47—48页。
② 陈振明：《法兰克福学派与科学技术哲学》，中国人民大学出版社1992年版，第91页。

身，只有融入哲学的反思才能形成变革实现的强大力量。因此，自从霍克海默继任研究所所长之后，就展现了试图实现"形上"与"形下"融合的理论努力。为实现这一抱负，霍克海默认为首先要充分发挥理性的主动性作用，对经验世界和理论世界进行双重批判。在《工具理性批判》一书中，他指出："理性只有通过对世界的疾病进行反思，弄明白世界的疾病是怎样由人生产和再生产的，它才能实现自己的合理性。在这样一种自我批判中，理性将同时忠于自己，其途径则是坚持真理的原则。我们只能把真理的原则归功于理性，它是用不着求助于别的动因的。"① 沿着这种思路，一方面，霍克海默对晚期资本主义社会中的政治、科学、文化等社会现象中隐藏的形而上学图式进行了清理和批判；另一方面，霍克海默对包括黑格尔哲学、实证主义在内的传统理论的形而上学倾向进行了批判。这种双重维度的批判，使霍克海默清醒地认识到要实现批判理论的社会哲学范式，必须要清除传统的形而上学的思维方式对经验领域和理论领域的影响，实现"形上"与"形下"的融合，推进理论与实践的统一。因此，可以说，形而上学批判成了批判理论社会哲学范式转化的关键因素。

再次，通过形而上学批判，批判理论实现了历史人本主义的回归。寻找人类理想的家园是霍克海默进行哲学反思的动力和最终目的，也是其批判理论的最终指向。和传统理论的抽象的人本主义不同，批判理论指向了历史人本主义。在霍克海默看来，只有在历史中才能理解人的本质，人本主义的关怀绝不是抽象的思辨而是以真实的历史为基础的对人的真实的关怀。因此，"批判理论不但反对认识，而且也反对任何一种法律上批准幸福和把幸福当作报酬而加以许诺的制度"②。在霍克海默看来，概念上（例如法律、法规、理念等）许诺的幸福和现实的真实的幸福完全是两个领域，前者是思辨的形而上学领域，属于抽象的人本主义，后者是真实的实践领域，属于历史人

---

① ［德］H. 贡尼、R. 林古特：《霍克海默传》，任立译，商务印书馆1999年版，第59页。

② 同上，第75页。

本主义。批判理论要实现历史人本主义的回归，就必须对抽象人本主义的形而上学思维方式进行批判。"对全面联系的最终否定，对理想的安定生活的拒绝，对始终是成功的世界的拒绝，显示了否定的严肃和痛苦，只有对完全是另一种东西即无条件的东西的渴望，才会明白这一点。"[1] 霍克海默带着无家可归的乡愁寻找理想的人类家园的历史人本主义，可以说是拒斥形而上学思维的另一种写照。

第二节 批判理论的反形而上学特征

和传统理论不同，霍克海默开创的批判理论具有明显的反形而上学特征。[2] 自霍氏继任法兰克福大学社会研究所所长以来，他一直倡导要把扎实的经验主义研究和哲学研究结合起来，既要关注社会现实又要进行哲学批判，两者缺一不可。在《论哲学的概念》以及《哲学的社会功能》中，霍氏特别强调哲学不是教条和公式，虽然自古以来理论家对哲学的定义千差万别，但哲学最重要的社会功能乃在于其批判性。霍氏认为，社会哲学的功能乃在于直面晚期资本主义社会的"异化"现实，对极权社会应该保持一种"否定性"的理解，"今天，哲学中的斗争已不再表现为同神的斗争，但世界的这种局面并不亚于对神的批判"[3]。霍氏认为批判理论不是独立于社会之外的纯粹理论构想，相反它时刻与现实相连。因此，他积极主张"主客统一""理论与实践统一"，倡导历史性研究的风格，关注对研究对象的批判，反

---

[1] [德] H. 贡尼、R. 林古特：《霍克海默传》，任立译，商务印书馆1999年版，第82页。

[2] 对于批判理论的特征，沃恩兹这样认为："批判理论有两个主要特征：一是霍克海默作为法兰克福学派批判理论的奠基者，影响贯穿其思想发展是社会历史环境，而不是知识的自我统一和对自主思想的压抑；二是对改变事物进入好的状态的伤心欲绝的渴望。"参见 Walentowicz, Halina, Max Horkheimer and his philosophy, *Journal of Dialogue and Universalism*, Vol. 5–6, 2006, p. 64.

[3] [德] 马克斯·霍克海默：《批判理论》，李小兵等译，重庆出版社1989年版，第246页。

对建立体系性的知识理论。

一 反对主客二分

传统理论知识的特征在于"主客二分",并以此为基础建立了派别林立的知识体系,这是自笛卡尔以来传统理论的重要表征。"主客二分"的思维方式曾在反对封建主义和宗教神学方面起到过积极的作用,具有鲜明的阶级属性。但是,自黑格尔哲学解体后,随着近代西方哲学向现代西方哲学的范式转型,这种思维方式随即成为批判的对象。霍氏认为在传统理论中"主客二分"导致的严重后果乃在于"主体性"的消亡,人们丧失了批判性的思维。不管是思辨哲学的抽象还是实证哲学的命题判断,其实质就是要抽离人的主体性,把人变成符号,使人在现实面前"失语",这是多么可怕的事情!霍氏认为在"主客二分"思维方式的影响下,人是"无助"和"孤独"的,人在社会现实面前永远是旁观者和被动者。在实证主义者那里,他们只关心一大堆"速记符号",他们的任务就是"证明"和"分类",除此之外别无他求。在实证主义者面前,一切工具仅仅是身体器官的延伸,情感等主观因素也是一堆跳动着的物理符号而已。他们通过"物理语言"的还原方式剥夺了一切能动的主体因素,主体被隐藏了。洪谦先生认为,"逻辑实证主义的哲学方法,是自然科学的方法,尤其是数学与物理学的方法,它完全摈弃一切离奇的思想结构,神秘的直觉作用,以及所有感情上的信念,而代之以严密的逻辑推论,精细的实际观察,以及事实上的证据"[①]。而在思辨哲学那里,身体只不过是思想的延伸而已,在思辨哲学家看来,一切生产都是思想的特权。这样"客体"被排除在外,同时主体也被抽象了。康德试图以先验的形式恢复主体的能动性,却引入了"物自体"的哲学概念,陷入了不可知论,其结果仍然是一种先验的"二元论";费希特认为"我现在完全相信,人的意志是自由的,我们存在的目的不是享受幸福,而仅

---

① 洪谦:《维也纳学派哲学》,商务印书馆1989年版,第37页。

仅是值得享受幸福"①。这就是思辨哲学家的唯心主义做法，把"思想"的自由幻想成真正的自由，这与批判理论所理解的现实的自由有本质的区别。黑格尔哲学也同样宣扬"自由"，但这种自由乃是"概念的辩证运动"而已。费希特和黑格尔则试图通过"绝对自我""绝对精神"的先验概念，实现主客之间的统一，然而其结果则是重蹈历史覆辙，他们的哲学充其量是一种先验概念的能动性，而不是主体的能动性。

霍克海默认为，批判理论关注的乃是现实的人，因而它反对"主客二分"，提倡"主客统一"，恢复人的主体性。霍氏认为，统治阶级害怕批判理论，因为一旦人们具有了批判精神，就意味着会对不合理的现实进行批判。霍氏深受叔本华哲学的影响，他认为叔本华的悲观主义为这个时代提供了深刻的教诲。同样，我们有理由相信，从叔本华那里，霍克海默继承了一种"否定性"的精神，霍氏认为，"与实证主义极不相同的是，他（叔本华）的学说阐明了否定并在思想中保留了否定，因而揭示出为人和一切生物所共享的团结的动机：他们之被抛弃的命运"②。霍克海默反对"主客二分"，提倡"主客统一"，是和他"否定性"的思维方式分不开的。在霍克海默看来，在晚期资本主义社会急需这种具有"否定性"意识的主体性的回归。只有具备这种精神，才可能看透极权主义的实质，才会获得一种解放的力量。因此，霍氏的批判理论具有一种强烈的人本主义精神，其批判的目的乃在于改变"被奴役的人"的现实。

二 反对构建体系哲学，改革文风

霍克海默认为传统理论的特征乃在于其体系性。霍氏认为这种理论的缺陷在于囿于狭隘的思维空间之内，彼此间因"理论预设"、"研究对象"及"研究目的"的不同而具有不可通约性。他认为哲学构造体系很容易陷入封闭，从而走向教条，社会哲学应另辟蹊径，要

---

① 转引自［德］马克斯·霍克海默《批判理论》，李小兵等译，重庆出版社1989年版，第219页。
② ［德］曹卫东主编：《霍克海默集》，渠敬东、付德根等译，上海远东出版社2004年版，第289页。

进行一种关注具体问题的"交叉学科式"的研究。"霍克海默的研究虽然强调局部研究,缺乏像阿多诺的错综复杂性,但这并不意味着他的工作是容易的。终其一生他表现出偏爱文章和集合的笔记,而不是系统的文本。"[①] 只要认真考察霍克海默的研究文本就会发现,他没有致力于构建一种大部头的"体系理论",而是形成了以"问题意识"为导向的"小部头"研究风格,但在研究问题的过程中贯穿着内在的逻辑结构。可以说,霍克海默"问题式"的研究涉猎的范围是非常广泛的,他的文本研究中涉及晚期资本主义社会的科学、文化、政治、哲学等多个领域,对晚期资本主义现代性带来的种种弊端进行了深入的剖析和批判,为我们提供了有益的教诲。总之,霍氏对晚期资本主义社会的经验研究,在于清除隐藏在这个社会各个角落中的形而上学的"肯定性"思维方式,恢复人们思维的批判性,并期望以此改变人们"被奴役"的现实。为清楚表述霍氏的文风,我们准备以"具体文本"的方式给大家提供解读。这些文本主要有《科学及其危机札记》《现代艺术和大众文化》《文化工业:作为大众欺骗的启蒙》《权威与家庭》《哲学的社会功能》《论哲学概念》《叔本华的现实意义》。

霍氏对科学的关注和批判主要体现在《科学及其危机札记》等相关文本之中。霍氏并没有完全否定科学在现代工业中的积极作用,也没有赋予其原罪的性质。而是认为在晚期资本主义状况之下,科学失去了解放人的功能,日益变成了一种工具理性,成为一种新的意识形态,变成了极权统治的工具。霍氏认为,"科学的方法重视的是存在而非生成,一定的社会形式则被视为是一种恒常不变的方式运转的机制"[②]。这样,科学的创造性被形而上学的思维替代了,科学在给人们带来一个物质富裕的社会的同时并没有实现人们的解放,反而实现了对人的全面统治,加深了人的奴役。在《现代艺术和大众文化》《文化工业:作为大众欺骗的启蒙》等相关文本中,霍氏表达出对晚期资

[①] Peter M. R. Stirk, *Max Horkheimer: A New Interpretation*, Lanham: Barnes & Noble Books, 1992, p. 2.

[②] [德] 曹卫东主编:《霍克海默集》,渠敬东、付德根等译,上海远东出版社2004年版,第160页。

本主义文化发展的高度关注。霍氏认为，在晚期资本主义社会，大众文化已经不是大众的文化，其与工具理性相结合变成了文化工业。这种文化以"标准化""模式化"而自居，抽空了文化的"内容"，变成了娱乐大众的文化"形式"。在霍氏看来，大众文化工业是一种赤裸裸的欺骗，大众沐浴在这种文化的"温床"上，根本就不需要思考。享受这种文化的过程就相当于在慢慢地吸食鸦片，它会麻痹人们的神经，使人们彻底沦为"奴隶"。霍氏认为："晚期资本主义的娱乐是劳动的延伸。人们追求它是为了从机械劳动中解脱出来，养精蓄锐以便再次投入劳动。"[1] 因此，霍氏认为文化工业就是一种彻彻底底的欺骗，它使人们享受"被奴役"而不自知。在《权威与家庭》等文本中，霍氏表达了对极权主义的关注。极权主义既是霍氏所处时代的重要特征也是霍氏领导的社会研究所早期经验主义研究重点关注的领域。霍氏认为权威主义的形成有深层的社会心理根源，人们对经济的依赖性转变为一种深层的心理依赖，并最终形成一种"形而上"的观念潜存于人们的内心之中。霍氏指出，"生产过程对人的影响，并不仅仅表现在直接的当代形式中，人们自己可以在其工作中体验到这种形式；而且还表现为被整合进诸如家庭、学校、教会、崇拜构制等一系列变化缓慢和相对稳定体制中的形式"[2]。资产阶级在反对封建主义的斗争中树立了自身的权威，同时保留这种权威。霍氏认为，晚期资本主义社会权威主义是和民众长期内心持存的"依赖性"分不开的，儿子对父亲的崇拜，妻子对丈夫的依赖，变成了民众对极权国家的依赖。这种依赖，使民众丧失了理性评判这个社会的标准，成为甘愿"被奴役"的"奴隶"。在《哲学的社会功能》《论哲学概念》等文本中，霍氏表达了其社会哲学的观念。霍氏的批判理论是和他提倡社会哲学研究分不开的，甚至可以说，在一定程度上他的批判理论可以约等于其社会哲学。霍氏认为哲学的重要功能不在于构建体系，而

---

[1] ［德］马克斯·霍克海默、西奥多·阿道尔诺：《启蒙辩证法——哲学断片》，渠敬东、曹卫东译，上海人民出版社2006年版，第123页。
[2] ［德］马克斯·霍克海默：《批判理论》，李小兵等译，重庆出版社1989年版，第51页。

在于批判,在于唤醒民众,从而解放民众。霍氏认为,"哲学与现实当代对抗源于其原则。哲学认为,人的行动和目的绝非是盲目的必然性的产物。无论科学概念还是生活方式,无论流行的思维方式还是流行的原则规范,我们都不应该盲目接受,更不能不加批判地效仿。哲学反对盲目地保守传统和在生存的关键性问题上的退缩"①。霍氏反对把哲学看成是不变的教条,强调哲学的研究应积极借鉴其他一切学科的积极成果,展开跨学科的关注社会现实的研究。可以说,霍氏对哲学社会功能的阐述在于对极权社会批判的需要,其根本目的是要把人从"奴役"之中解放出来。在《叔本华的现实意义》一文中,霍氏则表达了其思想与叔本华的密切渊源。在霍氏看来,叔本华的思想中虽然具有一种挥之不去的悲观主义色彩,但他却是看透了这个社会的掘墓人,在他的思想中蕴含着强烈的"否定"现实的欲望,这种思想为当代提供了深刻的教诲。霍氏指出,"今天,世界所需要的是叔本华的观念——因为他的观念正视绝望,所以面对绝望时,反而更知道希望"②。霍克海默对叔本华的肯定,乃在于他和叔本华一样也看到了在极权社会民众的麻木和无力的抗争,在和阿多诺合著的《启蒙辩证法》一书中,他甚至把这种情绪上升为整个人类文明史。

从霍克海默这些具体文本的解读中,可以明显发现他有别于传统理论家的体系哲学。他的学说目的不在于构建体系,而是从"问题意识"出发,致力于解决现实问题,实现人的解放。但这并不意味着在这些看似零散的文本中没有任何逻辑可循,相反,我们发现在这些文本中隐含着霍氏拒斥形而上学"肯定性"思维方式的"否定性"逻辑。

三 反对肯定性思维方式,提倡否定性批判

传统理论曾经在反对封建主义和宗教神学中起到过解放人的作用,但是历史越往后发展,它越走向了自身的对立面。它在推倒一尊

---

① [德]马克斯·霍克海默:《批判理论》,李小兵等译,重庆出版社1989年版,第243页。
② [德]曹卫东主编:《霍克海默集》,渠敬东、付德根等译,上海远东出版社2004年版,第290页。

神像后又塑造了新的神像（即理性本身）。问题的关键是人从神的桎梏中解放出来后，真的获得了真正的解放吗？传统理论在把人从"天国"拉到"人间"后停滞不前了，它把构造体系的知识活动看成是人类理性独特的活动，走进了一个狭隘的知识空间，把人与人的真实世界看成纯粹的知识的符号，把"理想的世界"当成"真实的世界"，实质上是一种典型的形式逻辑的形而上学的"肯定性"思维方式。霍克海默认为，传统理论在极权主义社会起到的是"肯定性"的作用，它忽视了"被奴役"的人的真实生活，在一定程度上变成了顺从哲学。霍氏把自己构建的理论称为批判理论，代表了他期望像马克思主义理论一样关注人的解放的理论诉求。马克思曾在《黑格尔法哲学批判》导言中对资本主义的异化现实进行了深刻地剖析和批判。马克思认为，人就是人的真实的世界，人们在取得反神学的胜利后，这种真实的世界回归到人本身了吗？马克思认为，资本主义的世界中仍然存在旧神学的性质，宗教中的苦难在这个社会有残留的痕迹。因此，人们反抗自身"被奴役"的斗争还要持续下去，"真理的彼岸世界消逝以后，历史的任务就是确定此岸世界的真理。人的自我异化的神圣形象被揭穿以后，揭露具有非神圣形象的自我异化，就成为了为历史服务的哲学的迫切任务"①。从文本解读中我们发现，霍氏同样认为晚期资本主义社会仍然是一个充满"异化"的社会，他认为这个社会就像"监狱"或"牢笼"。但可怕的是，人们情愿待在这个监狱之中，变成乖巧的"顺民"。在反神学的斗争中，人们还充满着激情，理性还闪耀着耀眼的光芒，然而现在理性却黯然失色了！原因何在呢？这是长期困扰霍氏的问题。霍氏认为，传统理论的形式逻辑不仅把理论桎梏在一个狭小的范围，这种理论间接地影响着人们的思维方式以及处理社会事务的活动方式，它教会人们像构造体系哲学一样构建现实世界。这样，现实只不过是理论的摄影而已，理论中的"肯定性"嫁接到了真实的社会生活之中。在传统理论的影响下，人们的思想最终没有办法摆脱形而上学的"窠臼"，彻底沦为了一个"沉

---

① 《马克思恩格斯选集》第1卷，人民出版社2012年版，第2页。

默者"。

在极权社会中，怎样挽救被麻醉的人们？什么才是解救他们的良药呢？在霍氏看来，在晚期资本主义的极权统治下，人们获得的自由和尊严一点也不比"神学"统治时代多。对这个社会的批判，应该唤醒"沉睡"的人们，激发他们像以前反神学一样的抗争精神，这个时代需要的是具有"否定性"精神的批判理论。霍氏认为，"批判思想关心的事情也是大多数人关心的事情，只是他们没有认识到这一点而已。在批判理论影响下出现的概念是对现在的批判"[1]。霍氏认为，批判理论关注的不是个人的命运，而是作为人类共同体的集体命运，因此，批判理论关心的恰恰是每个人的真实生活状态。和马克思一样，批判理论的目标乃是寻找人们的"理想世界"，霍氏指出，"批判理论追求的目标——社会的合理状态，是由现存的苦难强加给它的。设计这样一种苦难的办法的理论，不会为既存现实服务，而只能揭露那个现实的秘密"[2]。这种隐藏在现实中的"秘密"是什么呢？是人们还普遍处在"水深火热"之中，生活在"异化"的地狱。就像马克思所言："批判不是头脑的激情，它是激情的头脑。"[3] 霍氏的批判理论乃在于恢复被"形式逻辑"笼罩下失去光芒的理性，重新唤醒人们对社会不公的抗争，在霍氏的理论中，我们看到了这种强烈的"人道主义"诉求。因此，霍氏认为，理论家不应该囿于"学院式"的研究，更不应该"独善其身"，逃避社会生活，"理论家的职责在于促进社会朝着一个消除了非正义的未来发展，他会发觉自己甚至与无产阶级中通行观点相对立，正如我们在上面所指出的那样"[4]。在霍氏的理论中，消除社会的不公与批判理论的张力是统一的。

---

[1] ［德］马克斯·霍克海默：《批判理论》，李小兵等译，重庆出版社1989年版，第208页。
[2] 同上书，第206页。
[3] 《马克思恩格斯选集》第1卷，人民出版社2012年版，第4页。
[4] ［德］马克斯·霍克海默：《批判理论》，李小兵等译，重庆出版社1989年版，第210页。

第三节 批判理论的逻辑结构

和传统理论的形式逻辑不同，霍克海默的批判理论倡导在实践意义上建立起辩证逻辑结构。在《传统理论和批判理论》一文中我们看到霍氏的这种思想深受黑格尔和马克思辩证法的影响。霍氏认为，批判理论不是独立于社会之外的理论活动，相反，它紧贴社会现实，社会变化是其理论根据，另一方面，批判理论并不是被动的反映社会变化，它也推动社会不断发展。霍氏认为，和传统理论不同，批判理论关注社会历史的变化，重视人的生存境遇，主张与社会之间建立起一种历史性的关系，倡导理论与实践统一的风格，积极发挥理性的主动性变革社会现实。总之，批判理论的构建与霍氏对人类命运的深度关切是分不开的。

一 倡导历史性原则

霍克海默认为，传统理论强行割裂了理论与历史的关联，纯粹是一种欺骗，其结果是把孤立的理论创造变成了"整个历史"，把"真实的历史"变成了"理论"的衍生物。对于传统的理论家而言，当他是理论家时，他不是"人"；当他是"人"时，他不是理论家。这样，传统理论家就生活在这种矛盾的角色转换之中，对他们而言，人不过是抽象的符号而已。传统理论这种形式逻辑的特征造成了严重后果，历史被看成是静止的，人被排出历史之外。霍氏认为即便传统理论再深刻卓越，也只不过是一种认识论而已，它与人类历史的关系是两条"平行线"，没有"交集"，这样的理论对人类的解放而言有何意义呢？事实上，黑格尔在《精神现象学》一书中就对形式逻辑的特征进行了深刻的阐述。黑格尔认为形式逻辑割裂了"主体"和"客体"的关联，像康德那样用"先验图式"统摄经验，事物发展的生动过程被僵死的同一性原则代替了，这种理论体系只不过是一种先天的独断论而已。黑格尔认为，"图式及其无生命的规定的那种一色性，和这种绝对的同一性，以及从一个到另一个的过渡，都同样是僵死的知性或理智，同样是外在的认识"①。黑格尔认为要摆脱这种传统的知性范式，就必须构建能动的"概念"范畴。康德和费希特都提倡主体的能动作用，但不管是康德的"先验范畴"还是费希特的"自我意识"都仍停留在主观性范围内讲能动性，与此相比，黑格尔则认为"实体即主体"，事物的发展有其内在的规定性，是一种自在的能动的整体运动过程。在黑格尔看来，知识就像是一棵生命之树一样，会生根、发芽、结果，最后变成一棵参天大树。因此黑格尔认为，"形式的知性并不深入于事物的内在内容，而永远站立在它所谈论的个别实际存在之上纵观全体，这就是说，它根本看不到个别实际存在"②。但是，黑格尔的主体的运动过程只不过是概念的运动而已，从根上讲他是以唯心主义的形式揭示了辩证法的运动规律。柯尔施认为，"给予理论以一种在历史的客观运动之外独立存在的权利，显然既不是唯物主义的作法，也不是黑格尔意义上的辩证法的做法；它只不过是一种唯心主义的形而上学的做法"③。在马克思看来，黑格尔的辩证法只不过是本末倒置的概念的辩证法而已，并没有也不可能揭示人类社会的一般运动规律。在马克思看来，不应该用概念去解释和理解现实，而是相反。社会历史的运动变化才是辩证法的秘密所在。马克思指出："辩证法在对现存事物的肯定的理解中同时包含对现存事物的否定的理解，即对现存事物的必然灭亡的理解；辩证法对每一种既成的形式都是从不断的运动中，因而也是从它的暂时性方面去理解；辩证法不崇拜任何东西，按其本质来说，它是批判的和革命的。"④ 在马克思看来，并不存在永久不变的现实，当然也不可能存在凝固不变的理论，对社会历史以及理论的理解应当从变化的过程，也就是从暂时性方面去理解，把社会历史看成运动变化的过程。

---

① ［德］黑格尔：《精神现象学》上卷，贺麟、王玖兴译，商务印书馆1979年版，第35页。

② 同上书，第36页。

③ ［德］柯尔施：《马克思主义和哲学》，王南湜、荣新海译，重庆出版社1993年版，第23页。

④ 《马克思恩格斯选集》第2卷，人民出版社2012年版，第94页。

在《传统理论和批判理论》一文中，我们看到了马克思辩证法对霍克海默的影响。从对辩证法的角度来看，霍氏的批判理论更接近马克思的观点。霍氏认为批判理论来源于现实并将终归于现实，它不是教条，而是随现实变化的理论，它的理论目标指向"非人性"的社会现实，立足于人类解放，具有革命精神的宏大气魄。霍氏认为："在真正的批判思想里，解释不只意味着一个逻辑过程，而且也意味着一个具体的历史过程。"① 因此，霍氏反对"学究式"的研究，提倡理论应深入社会现实，关注人民疾苦，要用辩证逻辑理解历史的深刻变化，为人类的福祉谋求出路。因此，理论与现实之间的紧张关系乃是社会矛盾的集中反映而已。在晚期资本主义社会，伴随着工业化程度的不断提高，"计算""操纵"等变成了这个社会的关键词，这个社会在给人们创造了丰富的物质财富的同时，把社会变成了"单向度的社会"，把人变成"单向度的人"，物质财富的增加和人们被奴役的程度是成正比的。传统理论没有看到这种真实的社会现实，把理论的紧张看成了"社会的紧张"乃是一种"黑格尔式"的本末倒置的做法。霍氏指出，"社会批判理论就其总体而言是个别存在判断的呈现。从广义上说，批判理论指出，作为近代史基础的、历史地给定了商品经济的基本形式，本质上包含了当今时代的内部和外部的紧张关系"②。因而，霍氏对历史的理解是和他对晚期资本主义社会经济的关注分不开的。正是从这个角度出发，霍氏认为，"批判理论没有一个教义性的主旨，今天没有，明天也没有"③。没有对社会现实的关注，没有对晚期资本主义社会结构的认真考察，理论永远只可能停留在"空洞"的层面而已。因此，"不存在判断整个批判理论的普遍性标准，因为批判理论总是以事件的重复出现、因而是以自我再生的总体

---

① ［德］马克斯·霍克海默：《批判理论》，李小兵等译，重庆出版社 1989 年版，第 202 页。
② 同上书，第 216 页。
③ 同上书，第 222 页。

为根据的。也不存在可以由批判理论的接受加以指导的社会阶级"①。在一定程度上,正是霍克海默坚持并贯彻了历史的辩证法,他部分实现了理论构建的转向,即从纯粹的"认识论"转向"实践哲学"。

二 理论与实践统一性原则

语言是思维的工具,不管是传统理论还是批判理论在某种意义上都是人类思维的一种表达。所以,仅从概念上对两者加以区分并不能取得令人满意的效果。霍克海默同样看到了这一点,他指出,批判理论也会涉及一系列诸如商品、价值和货币等一些抽象概念,这些概念在批判理论构建中起着种的作用。批判理论和传统理论都是从抽象规定开始的,但结果却走上了两条完全不同的道路。前者虽有概念判断和演绎,但强调概念的现实来源和理论与实践相统一的原则,后者则相反。因此,一旦两种理论面向社会现实,它们的区别马上就会呈现出来。我们不妨以黑格尔的"概念演绎"为例,来详细考察一下两者之间的重要区别。黑格尔认为,"概念"是有生命的,它是一个自我展开的过程,是纯粹的自身的运动,它自己实现自己。黑格尔认为表象思维沉浸在经验的杂多之中,很难从中摆脱出来而获得自身存在,而形式思维否定内容,很容易陷入空洞的否定之中。在黑格尔看来,这两种思维方式都不可能实现自身的纯粹的运动,因而也不可能构成一个完整的"自身"。"概念思维"才是一种自觉的辩证运动,它就是它自身,它在完成一个圆满的辩证运动后,重新回到自身。黑格尔认为,"概念的思维努力要求我们注意概念本身,注意单纯的规定,注意象自在的存在、自为的存在、自身同一性等等规定;因为这些规定都是这样的一些纯粹自身运动"②。因此,黑格尔认为"实体即主体",概念的运动早已包含在自身存在之中。"上帝是存在。在这个命题里,宾词存在,具有着主词熔化于其中的那种实体性的意义。在这里,存在不应该是宾词,而应该是本质;这样一来,上帝就好像不再

---

① [德]马克斯·霍克海默:《批判理论》,李小兵等译,重庆出版社1989年版,第228页。

② [德]黑格尔:《精神现象学》上卷,贺麟、王玖兴译,商务印书馆1979年版,第39页。

是它因命题里的位置而取得的那种身份，即是说，它不再是固定的主词了。"① 黑格尔通过概念的演绎实现了一次以唯心主义的形式表达出来的完美的辩证历程。可以说，在概念的演绎上，黑格尔完成了一个无所不包的形而上学体系的构造。在马克思看来，黑格尔这种头足倒置的做法只不过是理论家的一种"思想探险"而已，应该把黑格尔颠倒了的世界重新翻转过来。马克思在撰写《资本论》时也运用了诸如"资本""价格""价值""工资"等一般"种"的概念，但马克思对这种概念的探讨从未离开具体的资本主义社会发展的现实。马克思认为这些概念反应的不是"物的关系"而是复杂的"社会关系"。这样，马克思成功实现了黑格尔辩证法的范式转型，把它从"天国"拉到"人间"，揭开了其神秘面纱。在分析工资的本质时，马克思这样言道："劳动力的价值和价格转化为工资形式，即转化为劳动本身的价值和价格，正好显示出它的反面。工人和资本家的一切法的观念，资本主义生产方式的一切神秘性，这一生产方式所产生的一切幻觉，庸俗经济学的一切辩护遁词，都是以这个表现形式为依据的。"② 马克思总是从抽象的概念出发，得出隐藏在这种规定背后的一般的社会关系，从而解放了黑格尔神秘辩证法中的合理内核。在这种概念的演绎分析上，霍克海默表现出了和马克思的相似性。在法兰克福学派的早期研究中，一直都非常重视经济的研究，我们在《传统理论与批判理论》一文中看到了霍氏重视经济分析的思想倾向。霍氏重视经济分析，但绝对没有陷入经济决定论，他认为，"仅仅依照经济判断未来的社会形式，却是一种机械的思维，而不是辩证的思维"③。在霍氏看来，理论与实践的统一是两方面的，它们相互影响，而不是孤立，一方面实践是理论的最终来源，另一方面，理论在实践面前并不是无能为力，它总表现为要改造现实的理论张力。

---

① ［德］黑格尔：《精神现象学》上卷，贺麟、王玖兴译，商务印书馆1979年版，第42—43页。
② 《马克思恩格斯选集》第2卷，人民出版社2012年版，第246页。
③ ［德］马克斯·霍克海默：《批判理论》，李小兵等译，重庆出版社1989年版，第235页。

霍克海默强调"理论与实践统一"的原则是和其关注晚期资本主义社会人们被奴役的命运分不开的,他这种统一的哲学包含着一种"变革现实"的"实践哲学"内涵。霍氏认为探索支持这场革命的理论当然不可能存在于纯粹的"学究式"的理论中,而只能在批判的理论之中。传统理论的形式逻辑早已把人们的"反抗精神"消磨殆尽,它培养出来的是具有"肯定"精神的资产阶级的"顺民"。思想上的幻想并不能促进现实的合理化,因而对晚期资本主义的批判也不能仅仅停留在幻想之中。就像马克思所言,"批判的武器当然不能代替武器的批判,物质力量只能用物质力量来摧毁;但是理论一经掌握群众,也会变成物质力量"①。霍氏同样渴望理论能被群众掌握,变成变革现实的锐利武器,而不是仅仅停留在言谈之中。柯尔施曾这样言道:"如果在整个资产阶级社会中的全部真实的现象有不可分割的联系,那么它的诸意识形式就不能仅仅通过思想而被消灭。这些形式只有通过这些形式被理解的物质生产关系自身在客观——实践上被推翻的同时,才能够在思想和意识上被消灭。"②霍氏同样认为,不要对现实的"奴役"和"不公"抱有任何幻想,只有拒斥形而上学的思维方式,才能为"被奴役"的人们寻找一条解放的道路。"这种持续的、辩证的、发展的哲学理论和专门的科学实践(使用的例子是霍克海默给的)旨在阐明经济结构,心理学和文化之间的联系,以这样一种方式,各方面的社会科学家和理论家的工作可以被汇集在一起,建立一个社会的经验图片代替以普遍的原因或精神的旧形而上学类别。"③因此,我们有理由认为,霍氏的这种"理论与实践相统一"的原则是一种重视"交叉学科"研究的、拒斥形而上学思维方式的人道主义关怀。

---

① 《马克思恩格斯选集》第 1 卷,人民出版社 2012 年版,第 9 页。
② [德] 柯尔施:《马克思主义和哲学》,王南湜、荣新海译,重庆出版社 1993 年版,第 51 页。
③ J. C. Berendzen, "Postmetaphysical thinking or refusal of thought? Max Horkheimer's materialism as philosophical stance", *International Journal of Philosophical Studies*, Vol. 16, No. 5, 2008, pp. 695–718.

三 理性能动性原则

理性的主动性乃是恢复其批判的光芒,问题的关键是理性的光芒为何失去了昔日的色彩?霍克海默认为这个祸根应归结于理性走向了工具理性。在《理性之蚀》一书中,霍克海默对理性的形式作了区分,他把关注伟大的善念以及人类命运的具有一种普遍力量的理性称之为客观理性(objective reason),把自文艺复兴以来具有主体意识的理性称之为主观理性(subjective reason)。霍氏认为,在客观理性并不排斥主观成分,它强调主体的反思能力,并认为通过这种形式可以实现伟大的善念。但是自启蒙运动以来,随着人的理性从宗教中解放出来,理性逐渐脱离了其主观形式,变成了无"客体"的纯粹的"个体意识"。霍氏认为,"从主观来看,理性意味着一件事或一个思想而不是一种行动,它专指一个有目的的对象或概念关系,而不是对象或概念自身。这意味着,这件事物或想法是好东西。没有合理的目的,认为一个目的超过另一形式的理性的优势就变得毫无意义。但从主观的方法看,如果这两个目的服务第三和较高的一个,如果它们是手段,而不是目的话,这样的讨论是可能的"①。在霍氏看来,"主观理性"这种"无客体"的形式是其追求"自我持存"的必然结果。霍氏认为,"理性的疾病在于人类对自然统治的欲望"②。文艺复兴之后,理性从神学中解放出来获得了独立形式,并成功实现了对自然的控制。但这种极度膨胀的"主体理性"并没有像其预期的那样会给人类带来美好生活,由这种理性造就的发达的工业体系也并未给人们带来期望的幸福,反而变成了压抑人和统治人的新的有效形式。霍氏认为,这种主观理性实质上就是韦伯所言的工具理性。主观理性在成功实现了对自然的统治权之后,把这种有效的形式延伸到人类生活的一切领域,成为当代极权社会统治人的合法基础。在霍克海默看来,这种主观理想带来的悲哀是,它使人们丧失了体验自然的快乐、追求幸

---

① Max Horkheimer, *Eclipse of Reason*, New York: The Continuum Publishing Company, 1974, p. 5.

② Ibid., p. 119.

福的能力，更重要的是丧失了批判反思的能力。霍氏认为，主观理性的形成是理性自我逻辑发展的必然延伸，它本身具有一种膨胀的形式，就像其在《启蒙辩证法》一书中所言，理性的发展必然走向自身的反面，"奥德修斯和水手们"尽管抵挡住了塞壬歌声的诱惑，却因此也失去了自由，这种失去"自我持存"的压抑感很快变成了他们统治自然的有效工具。霍氏认为，主体理性成功实现了对"客观理性"的反叛，并最终把对自然统治转嫁到对人自身的统治，这完全是一种"狡诈"。

如何才能摆脱工具理性的统治实现人类的自由呢？霍氏在《传统理论和批判理论》一文中试图为这个问题提供一种答案。"操纵""算计""符号化""盈利"等概念变成了晚期资本主义社会的"关键词"，此乃工具理性统治下的必然结果。霍氏认为，对工具理性的反叛就像其对客观理性的反叛一样，要反其道而行之，即要把其压制之下的"理性的主动性"重新恢复过来。因此，霍氏倡导以一种批判理论展开对人类命运的思考，"该理论的目的绝非仅仅是增长知识本身。它的目标在于把人从奴役中解放出来"①。霍氏认为的"理性的主动性"并不是狭义上的"主观意识"，而是一种类似于"客观理性"的具有恢复人类善念的一种批判反思，具有较强的现实指向。他认为："自由的勇士并未找到其内心的宁静，他们的哲学即政治学。他们的目标并不是让他们的灵魂在恐怖面前不动声色；同样，他们经历的畏惧也不能构成阻止他们的证据。"② 霍氏提倡的"理性的主动性"源于对晚期资本主义社会人类命运的高度关注，它不是"学院式"的哲学探讨，其目的不在于在角落里玩"文字游戏"，而是要变革不合理的现实。因此，霍氏认为："想在自身之内寻找宁静的哲学，无论它出于何种真理，都与批判理论无缘。"③

霍克海默开创的批判理论不仅为法兰克福学派奠定了坚实的理论

---

① ［德］马克斯·霍克海默：《批判理论》，李小兵等译，重庆出版社1989年版，第232页。
② 同上书，第238页。
③ 同上。

基础，在世界范围内也赢得了声誉。他对传统理论的批判是与对人类命运的关注分不开的，他倡导理论的批判性无疑在一定程度上唤醒了"沉睡"的人们，激起他们变革现实的斗志，因而不仅为晚期资本主义社会而且在一定程度上为当代社会的那些仍未摆脱"奴役"的人提供了一服"强心剂"，为我们这个时代试图摆脱"形而上学"思维方式的人们提供了深刻的教诲。但是，也不能否认，霍氏对传统理论的批判也存在瑕疵之处，他对传统理论的批判并未深入传统理论的体系之内，而仅仅是从关注人类命运的角度否定了其脱离社会现实的形式逻辑特性。"与对逻辑经验主义的经验主义原则相比，霍克海默对其形式主义的批判就显得苍白无力了。这种批判基本上是表层的，并未深入到逻辑经验主义的具体理论中去揭露这种形式主义。"[①] 其实，并不是所有的传统理论都是置身事外，独善其身。可以说，现代工业的发展离不开科技革命，而科技革命的形成离不开科学的理论活动，从这个角度出发，理论总是对现实产生并非直接性而是间接性的影响。在近代西方历史上，正是启蒙运动以来传统理论开创的理性解放精神，才使资产阶级获得了反对封建主义和宗教神学的胜利，因而，有理由相信即便是传统理论也曾有过推动人类解放的辉煌历史。此外，霍克海默倡导的批判精神以及对人类命运的关注和马克思的批判仍有较大区别。马克思倡导的对人类命运的关注是和无产阶级的革命和斗争紧密相连的，"无产阶级宣告迄今为止的世界制度的解体，只不过是揭示自己本身存在的秘密，因为它就是这个世界制度的实际解体"[②]。马克思把哲学的批判和无产阶级的实际行动结合起来，具有扎实的群众基础。显然，在这一方面霍克海默的批判理论显得有点"苍白无力"，"虽然霍克海默在对逻辑实证主义的批判中揭示了它的方法的根本缺陷并用辩证的方法去加以弥补，但是，他所理解的社会现实以及运用的辩证方法与马克思主义仍有一段距离。尤其是他试图以一种'诗意'的形而上学去打破逻辑实证主义对人及其现实的沉默，不

[①] 陈振明：《霍克海默对实证主义的批判》，《科学技术与辩证法》1991 年第 1 期。
[②] 《马克思恩格斯选集》第 1 卷，人民出版社 2012 年版，第 15 页。

能不说是开启了之后的'西方马克思主义'以美学的方式从事社会批判以及回归到人的心灵拯救的唯心主义道路"①。再者，霍克海默在他的文本著作中，虽然一直强调理性批判的精神，但这种理性到底是什么？怎么来界定？他一直措辞含糊，②"一个经常出现的问题是，批判理论从来未加以明确界定理性到底是什么，辩证法在批评各种冒充为真理的体系时是壮观的，但要清楚地指出自己的假设和价值时，它就不怎么雄辩了"③。尽管学界对霍克海默开创的批判理论褒贬各异，但我们仍然相信这种理论的张力，只要为霍氏的批判理论寻找到合适的土壤，只要这种理论一经群众掌握，那么它就有可能转化为革命的力量。

---

① ［德］马克斯·霍克海默：《批判理论》，李小兵等译，重庆出版社1989年版，本序第21页。

② "他们（指霍克海默和阿多诺——笔者注）在1946年10月进行了一系列讨论，希望通过这些讨论来澄清如何拯救启蒙。如何发展正当的理性这个概念。但是这些讨论表明他们对这些问题已经非常困惑了"；"当霍克海默在《理性之蚀》和他任职演讲中，以及随后对占支配地位的'主观理性'和'客观理性'进行对比之时，他自己一点也没有明确地坚持自己对客观理性的所有权，看来，他在回避这一问题。与此同时，他却利用机会对占主导地位的'主观理性'提出了坚决的批判。"参见［德］罗尔夫·魏格豪斯《法兰克福学派：历史、理论及政治影响》，孟登迎、赵文等译，上海人民出版社2010年版，第430、662—663页。

③ 李隽：《霍克海默社会批判理论诠释》，《哲学堂》2004年第1期。

第六章 形而上学批判的意义及其局限性

　　1930年霍克海默继维也纳著名的马克思主义研究者、法学家、政治家格吕贝格之后，任法兰克福社会研究所所长。他继承了格吕贝格重视经验和历史研究的学术传统，但又对这个传统进行了修改，突出了哲学在经验和历史研究中的地位，以对人的具体实践形式的批判为任务，发表了一系列有关批判理论的文章，开创了法兰克福学派社会批判理论。霍克海默的形而上学批判为法兰克福学派奠定了重要理论基础，在拒斥形而上学的道路上与后现代主义不期而遇，作为时代化的批判理论，在一定程度上补充和推进了马克思主义的新发展，作为划时代的批判理论，在一定程度上对当下中国具有一定的理论指导意义。

　　传统意义上认为，霍克海默和阿多诺作为法兰克福学派的第一代创始人，开创了法兰克福学派的批判风格，提出了批判理论。哈贝马斯作为法兰克福学派的第二代代表，与第一代在批判风格和理论旨趣上产生了严重分歧，双方围绕"规范"和"革命"产生了激烈争论。哈贝马斯旨在构建一种"实践哲学"，从而实现批判范式的转型，把霍克海默的形而上学批判引向后形而上学批判。霍克海默的形而上学批判面临着理论前提、理论与实践统一等"悖论"，具有一定局限性。但需要指出的是，虽然从霍克海默到哈贝马斯，再到霍耐特，批判理论的重心发生了重大转移（从否定走向肯定，从反规范到重建规范），但是倡导"历史性原则"以及通过理论努力实现人的解放的终极目的并没有完全消解，从这个意义上来讲，霍克海默所建立的批判理论原则虽经历挫折但并未完全垮台。

第一节　形而上学批判的意义

长期以来,霍克海默的社会批判理论并未引起学界的足够重视(从目前国内外学界对其研究情况大致可以得出这样的结论,这部分内容已在文章的"绪论"部分阐述,在此不再赘述),这无论对于研究法兰克福学派、西方马克思主义抑或马克思主义乃至后现代主义的学者而言乃是不小的损失。作为法兰克福学派社会批判理论的创始人,霍克海默形而上学批判的理论思想不仅奠定了法兰克福学派早期批判理论的基本基调,而且对中晚期的法兰克福学派的批判理论产生了重要影响。"《批判理论》一书,是霍克海默的主要代表作,对确立霍克海默的思想基础以至奠定整个'西方马克思主义'哲学理论基础,都起到了极大的作用。尤其影响到马尔库塞、哈贝马斯等人对社会所作的批判性考察。整部文集,可以看作是法兰克福学派所倡导的批判理论及其方法的纲领性文献。"[1] 不管是早期法兰克福学派对霍克海默批判理论的继承和发展,还是中晚期法兰克福学派对霍克海默批判理论思想的背离,事实上,都无法完全摆脱霍克海默形而上学批判强调的"理论与实践相统一"的辩证逻辑框架。早期法兰克福学派学者的思想基本沿着霍克海默批判理论的"历史性原则",强调"否定性、反体系"的特征对西方极权社会展开了批判。事实上,霍克海默开创的社会批判理论不仅为法兰克福学派奠定了重要的理论基础,而且它已经逐渐内化为一种"幽灵",成为现代西方哲学发展中抑或后现代主义进程中"批判"的代名词。首先,霍克海默被誉为法兰克福学派批判理论的鼻祖绝不言过其实,他开创的具有"否定性"意味的"社会批判理论"成为法兰克福学派主要成员尤其是早期成员的重要理论基础,他与阿多诺合著的《启蒙辩证法》(1947)一书成为早期

---

[1] [德]马克斯·霍克海默:《批判理论》,李小兵等译,重庆出版社1989年版,第10页。

法兰克福学派理论研究的最高成就，在理论界获得了极高的声誉，而这本书恰恰是霍克海默早期形而上学批判研究的延续，乃至在此基础上阿多诺的《否定的辩证法》(1966)的完成乃是早期批判理论的继续完善和发展；马尔库塞的《单向度的人——发达工业社会意识形态研究》、赖希的《法西斯主义群众心理学》、弗洛姆的《逃避自由》等文本的完成也大致受益于霍克海默批判理论的影响。从这个层面上来讲，霍克海默的形而上学批判研究为探索法兰克福学派主要成员的思想提供了宝贵的理论素材和逻辑进路。其次，霍克海默的思想补充和完善了西方马克思主义，尤其对西方马克思主义的其他流派和成员产生了不同程度的影响。存在主义的马克思主义者萨特的"人学辩证法"和霍克海默倡导的"人本主义"具有异曲同工之妙，生态马克思主义对晚期资本主义异化的批判与霍克海默对现代科学的批判具有某种程度上的相似性，其他流派的西方马克思主义，例如弗洛伊德主义的马克思主义、结构主义的马克思主义、分析的马克思主义等也基本举起了"批判"的大旗，在不同程度和层面上受到了霍克海默思想的影响。再次，在20世纪70年代后兴起的后现代主义思潮，从某种意义上也是一种社会批判理论，是对资本主义现代性反思的必然结果。后现代学者虽然流派众多，但他们大致认同以"否定性"、"多样性"、"差异性"、"不确定性"替代"肯定性"、"同一性"、"同质性"、"确定性"的形而上学思维方式，在对待现代性和对资本主义社会的甄别上，后现代主义和霍克海默的思想具有相似性。最后，霍克海默的思想在一定程度上或某些层面上补充和完善了马克思主义。因此，认真研究霍克海默的理论为我们全面深入理解马克思主义提供了宝贵的理论素材和一种新的理论视角。此外，霍克海默的思想具有重要的现实意义。他对晚期资本主义社会政治、科学、文化的批判不仅为他处的那个时代提供了一种警示和教诲，亦不仅为资本世界摆脱"异化"提供了一种解决方案，而且同样对坚持马克思主义指导和不断深化改革开放的中国提供有益的教诲。

一 创建批判理论——为法兰克福学派奠定重要理论基石

在欧洲工人阶级普遍丧失了革命意识的历史背景下，霍克海默对资本主义极权社会的反抗，表现为一种"理论的退守性"选择，在思维方式上表达了对极权社会统治下人的"异化"状态的深度担忧。因此，在理论的旨趣上霍克海默采取了一种"历史性""理论与实践相结合"的方式对抗资本主义世界的极权状态，发出了振聋发聩的批判，大声对民众的普遍"顺从主义"说"不"。从理论逻辑上，霍克海默的批判采取了一种"反推式"的规则，即从资本主义极权社会统治下人的"异化"现实，反思其背后的思维方式，并进而把这种批判的视角延伸到人类整个文明的起源，即以一种"否定性"的批判逻辑展开包括对传统形而上学、晚期资本主义社会、逻辑实证主义以及启蒙理性的批判，最终创建了批判理论，为法兰克福学派奠定了重要理论基石。

（一）对传统形而上学思维方式的清算

霍克海默认为，资本主义极权统治下人的"异化"以及批判思维的丧失与传统的形而上学思维方式密不可分，即以一种普遍的"肯定性"的思维方式替代"否定性"的思维，民众丧失了批判的向度，甘心做一个"舒服"的奴隶。正是基于这种理论的视角，霍克海默在对资本主义极权社会展开激烈的批判时，首先清算的便是导致这种情况出现的思维方式，即传统的"肯定"的形而上学思维方式。在《黑格尔与形而上学问题》《对形而上学的最新攻击》两篇论文中，霍克海默展开了包括对黑格尔在内的传统形而上学的批判。霍克海默认为，传统的形而上学关注的是本质存在、实体以及灵魂不朽等不容置疑的"洞见"，这种"洞见"预设了一种先验的不容置疑的逻辑规定，构成了人的思维方式存在的基础。在传统的形而上学体系中，思维的任务在于维护体系的稳定，因而采用一种"肯定性"的思维方式排除一切"否定性"的不稳定因素。在霍克海默看来，这种形而上学的"肯定式"的思维方式在晚期资本主义社会并没有消亡，而是被"技术理性"所绑架，变成了政治统治的工具。为什么在晚期资本主义社会大众仍然保留了这种根深蒂固的形而上学思维方式呢？霍克海默认为，原因在于大众的"异化状态"与"理想信念"的冲突。"一个没有金钱、名望或有势力的亲戚的人，一个除了他天生的潜能外一无所有的人,当他仅仅作为一个人面对社会时,就会发现他在这个世界上的实际价值是什么。他马上发现,再也没有比他的人性品质更无足轻重的东西了。"① 正是这种大众的"异化"状态与"理想信念"之间的遥不可及的距离,才使"形而上学"以一种新的面貌充当了欺骗的工具。"形而上学涉及的是本来的、真正的实存。轻视经验证据、偏爱虚幻的形而上学世界的根源,在于资产阶级社会中解放了的个人与他在这个社会的命运之间相互冲突。这种对科学的哲学轻蔑,在个人生活中起着鸦片的作用,在社会里则起着欺骗的作用。"②

霍克海默对黑格尔形而上学思想的批判无疑击中了其要害。他认为,"尽管黑格尔如此断然拒绝远离尘世的直观,但他的学说仍然是一种形而上学体系。他并没有从世俗的启蒙角度去克服此岸和彼岸、有限与无限、尘世与神圣国家、知性世界与感官世界、神圣历史与非神圣历史之间的对立"③。他认为在黑格尔形而上学思想中到处洋溢着"同一性"的逻辑,正是借助这种"同一性"黑格尔构建了无所不包的形而上学大厦。"霍克海默对黑格尔形而上学还有其他一些意见,最强烈的批评可能是对黑格尔的基本信条:所有知识都是无限实体的自我认识,换言之,即主体和客体,心灵和物质的同一,这种同一建立在终极性的绝对主体之上。"④ 他认为,坚持"同一性"纯粹就是一种信仰,"根本不存在什么'抽象'的思想,而只有具体人的具体的思想,这种具体思想还受制于整个社会语境"⑤。霍克海默以一种"历史主义"原则和"否定性"的思维方式取代了"传统形而上学"的"肯定性"思维,展现了其反对"同一性"追求"差异性"的理

---

① [德]马克斯·霍克海默:《批判理论》,李小兵等译,重庆出版社1989年版,第132—133页。
② 同上书,第134页。
③ 曹卫东主编:《霍克海默集》,渠敬东、付德根译,上海远东出版社2004年版,第32页。
④ [美]马丁·杰伊:《法兰克福学派史》,单世联译,广东人民出版社1996年版,第47页。
⑤ 曹卫东主编:《霍克海默集》,渠敬东、付德根译,上海远东出版社2004年版,第37页。

论努力。这一思想被法兰克福学派的其他成员继承和发展。

(二) 对晚期资本主义的批判

霍克海默的批判理论是围绕对现代性的审视和批判展开的。在霍克海默的文本中,对现代性的批判主要体现在对晚期资本主义社会的"政治""科学"以及"文化"等方面。在法兰克福学派的早期工作中,"权威主义"研究是由霍克海默倡导并展开系统研究的,马尔库塞、赖希和弗洛姆等的思想在不同程度上受到了霍克海默思想的影响和启发。霍克海默对"权威主义"的研究和批判不仅揭开了"极权主义"的面纱,而且为法兰克福学派乃至其他研究"权威主义"的学者提供了重要的理论基础,是现在学界研究法西斯主义起源的重要理论素材之一;在法兰克福学派的理论家之中,霍克海默第一个喊出了"科学即意识形态"的口号,这种思想为马尔库塞和哈贝马斯所继承,形成了独具特色的法兰克福学派的"科技批判理论",为学界研究"科技异化"提供了重要理论资源;霍克海默对"文化工业"的研究和批判,奠定了法兰克福学派"文化研究"的理论基础,其思想为阿多诺和洛文塔尔等法兰克福学派其他成员所继承,对当代的"文艺批判"也产生了重要的理论影响。

(三) 对"实证主义"的批判

霍克海默认为"逻辑实证主义"在"工具理性"的支配下变得越来越敌视"人性",在逻辑实证主义的规则下,人的"主动性"被清除了,"人"的世界因此走向了消亡。逻辑实证主义高举"反形而上学"的大旗,结果却沦为了新的"朴素的形而上学",成为资本主义政治统治的工具,走向了讽刺的"悖论逻辑"。霍克海默认为,起源于休谟和莱布尼茨的早期的实证主义,强调经验对构建理论的重要意义,但在其理论架构中还未完全排除人的"主动性"。但最新的实证主义的流派——逻辑实证主义越来越追求纯粹的"逻辑性"和"客观性",变得越来越敌视人了。霍克海默认为逻辑实证主义强调的追求逻辑推理的客观性,既不可行也不可能。从现实上,逻辑实证主义这种理论追求忽视了"人性"基础,成为资本主义政治统治的帮凶。从理论构建上,排除"主体性"既不客观也不可能。逻辑实证主义认为康德的先验逻辑范畴是一种主观的"唯心主义"悬设,既不能被经验也不能通过逻辑所证明,因而并不科学。他认为完全排除"主观性"是不可能的,逻辑实证主义的努力很容易造成灾难性的后果。

事实上,当代逻辑实证主义的理论追求过分突出了"工具理性"的功能,在概念、句子中建构一种"非人"的世界,充满了"欺骗"和"谎言"。霍克海默认为:"这样的国家既像一个精神病院而又像一座监狱。"[①] 人们都变成了顺民,永远忠实于他们的统治者。霍克海默认为,逻辑实证主义自身存在着严重的"悖论",逻辑和经验既是联系的,也是对立的。逻辑的一般性规则既不能被经验所检验和证明,存在理论"悬设"的疑问,走向了先天判断。他认为在逻辑实证主义的规则下,充满了"计算"与"理性"的狡诈,个人被分离成了单子,并相互隔离,变成了逻辑推演的符号。因此,逻辑实证主义的发展展示了一种"悖论逻辑"倾向,它并没有驳倒形而上学,反而沦为了形而上学的附庸。霍克海默对实证主义的批判,为法兰克福学派其他成员从事晚期资本主义研究,特别是工具理性批判研究提供了重要的理论借鉴。

(四)"启蒙辩证法"的瓦解逻辑

在与阿多诺合著的《启蒙辩证法》一书中,霍克海默把对形而上学的追问与批判延伸至整个人类文明史,从启蒙的自我毁灭中考察人的"异化"状态,揭示造成资本主义后工业社会走向极权的文化基础。霍克海默认为,启蒙理性并没有指引人类走向"理想王国",人类还未真正走向人性状态,反而深深陷入野蛮状态,神话变成了启蒙,启蒙退化为神话。沿着形而上学批判的路径,霍克海默认为,导致启蒙倒退为神话以及资本主义社会极权化的内在原因在于人们追求"绝对性""同一性"的形而上学的思维方式。从启蒙理性到技术理性,并未真正意义上走出形而上学的窠臼,只不过是以一种新形而上学替代了旧形而上学,因为它们追求"同一性""绝对性"的思维倾向并未改变。霍克海默认为,人的精神本应该有一种反思和批判的功能,潜在一种"内在的否定性",但在启蒙理性以及工具理性的操作

---

① [德] 马克斯·霍克海默:《批判理论》,李小兵等译,重庆出版社1989年版,第155页。

下,精神丧失了批判的功能,沦为一种"物化"了的奴隶,"精神的真正功劳在于对于物化的否定。一旦精神变成了文化财富,被用于消费,精神就必定会走向消亡。精神信息的泛滥,枯燥游戏的普及,在提高人的才智的同时,也使人变得更加愚蠢"①。霍克海默认为人类精神被理性的"狡诈"所绑架,从"启蒙理性"到"技术理性"的转向,并未摆脱人的"奴役"状态。霍克海默在考察启蒙精神的辩证运动时,展示了强烈的人道主义关怀,即通过考察人类理性的演变,希望找到一条真正能指引人类走向"自由"的"理想王国"。

霍克海默认为从古至今,人类被奴役的"厄运"从未终结,"史前时期的人类的厄运,即那种不可名状的死亡,如今完全变成了人们不言而喻的真实生存状态。在把自然作为总体的幡然领悟中,人们极度的慌张畏惧,就像当今时代每时每刻都要爆发出来的恐慌一样:人们在期待,这个毫无结果的世界,将被一种总体性置于水深火热之中,人们自己已经成为这种总体性,并且在这种总体性面前它们已显得无能为力"②。启蒙精神的辩证运动充满了对大众的欺骗,当启蒙精神华丽转身变成了"技术理性"时,培根所倡导的"知识就是力量"的命题被改写为"力量就是知识","技术理性"借助"操纵"的"狡诈"成为统治人的现代范式。霍克海默对启蒙精神辩证运动的考察,内含了一种对形而上学的"否定性"因素,一种瓦解的逻辑企图。启蒙转变成神话,是理性"狡诈"的必然结果,成为人类无法摆脱的宿命,这样,霍克海默的形而上学批判打上了强烈的悲观主义色彩。"霍克海默、阿尔多诺对启蒙精神的批判,也就是对技术理性主义文化精神和工业文明弊端的批判,这是一种带有浓厚悲观主义色彩的文明论。虽然这种批判具有片面性,但是这种悲观主义文明论,上承卢梭等人的浪漫主义、尼采等人的非理性主义、卢卡奇等人的早期西方马克思主义,下续福柯等人的后现代主义、詹姆逊等人的后现代马克思主义。因而,它在

---

① [德]马克斯·霍克海默、西奥多·阿道尔诺:《启蒙辩证法——哲学断片》,渠敬东、曹卫东译,上海人民出版社 2006 年版,前言第 4 页。
② 同上书,第 2 页。

西方马克思主义和现代西方哲学中都占有重要地位。"①

(五) 创建批判理论

在霍克海默的理论工作中,最出彩的一笔乃是他领导和创建了法兰克福学派的社会批判理论。霍克海默的社会批判理论中蕴含着反"形而上学"的"否定性"逻辑,它不仅为法兰克福学派奠定了重要的理论基础,在西方马克思主义发展史、现代西方哲学发展史、后现代主义思潮乃至马克思主义发展史中都产生了连锁效应。"批判理论"以不同的"范式"成为霍克海默所处年代乃至之后众多学派研究的"代名词"。尽管霍克海默的批判理论在一段时间遭到了不应该有的"冷遇",但只要我们深入他的文本之中,就仍然能体认到那种字里行间散发出的"批判"的锋芒,只要我们这个时代还有不公正抑或"异化"的存在,霍克海默的批判理论将永远不会过时,它仍然像一把锋利的宝剑为斩除人间邪恶而散发光芒。霍克海默的批判理论不仅仅为这个时代提供"理论实践"的解读,而且只要我们认真思索并付之行动,它将转化为变革的"现实实践"。

二 拒斥形而上学——与后现代主义的不期而遇

后现代主义②是 20 世纪 60 年代以来西方理论家对资本主义"现代性"的理论反思。在建筑、文化、艺术、文学以及哲学等领域都有

---

① 王凤才:《启蒙精神的毁灭——霍克海默、阿尔多诺启蒙观析评》,《山东社会科学》2004 年第 9 期。

② "后现代主义"是一个非常模糊的概念,流派众多,至今学界并未形成统一的看法,学界对其褒贬不一,有些学者把其视为最具有反思批判时代气息的哲学话语,有些学者则斥责其扰乱了现代哲学的秩序,把现代西方哲学引入了歧途。从时间的节点上看,后现代主义最早出现在 20 世纪 20 年代,其表现形式多为建筑艺术、美学、电影等领域,后来逐渐演变为一种哲学反思。20 世纪 70 年代末利奥塔的《后现代状况》的发表标志着后现代主义作为一种哲学思考的开始和兴起。但学界对"后现代"一词看法并未一致,按照"Postmodern"一词的英文含义更接近"后近代"而非中国人理解的"后现代",按照这种说法,国内的"后现代"应该表述为"后后现代"。按照这种观点,"后现代"可最早追溯到 19 世纪的尼采等人,即一切反叛近代西方哲学的理论家都可以归为"后现代"行列。对于"后现代"的理解,刘放桐教授曾作出过较详细的表述,参见刘放桐《从西方哲学的现代转型看当代西方马克思主义和后现代主义》,《天津社会科学》2002 年第 5 期。以上我们提到的包括法兰克福学派在内的主要代表人物都属于此列。因此,本书我们无力把霍克海默和整个"后现代"的代表人物作出比较,我们仅仅选取"后现代"的典型人物代表"利奥塔"和霍克海默进行对比分析。

涉猎（本文仅探讨哲学层面上的后现代主义），它是一个相当"模糊"的概念，至今学界并无统一的看法，但总体上有广义和狭义两种理解。广义上的关于"后现代主义"的看法相当宽泛，泛指一切拒斥"近代西方"形而上学思维方式的哲学思潮（包括一部分近代西方哲学家和大部分现代西方哲学家），其中重要的思想家德里达、福柯、巴尔特、伽达默尔、蒯因、罗蒂、海德格尔、马尔库塞、哈贝马斯、阿多诺、库恩等都被归为后现代主义者；狭义上的关于"后现代主义"的看法，是以1979年让·利奥塔《后现代状况：关于知识的报告》的出版为标志。利奥塔在答记者问时，表达了对"后现代主义"的看法，"我认为后现代不意味着忘记现代。一旦人们忘记现代也就忘记了构成当代特点的忽视——对犯罪或战争等的忽视。每当我谈到'后现代'时，首先希望大家不要忘了'忘却'"[①]。利奥塔把"后现代主义"看成一种不同于现代主义的思维方式，在一定程度上他更同意把"后现代主义"理解为"重写现代性"。总之，学界对"后现代主义"的争论，是源于对"后"的不同理解。在考察霍克海默形而上学批判与后现代主义的复杂关联时，我们不能也没必要将其与整个"后现代主义"的流派和代表人物进行全景式的文化景观考察。我们赞成利奥塔关于"后现代主义"的理解，并将其"科学观"和霍克海默的"科技批判"进行比较分析，从中发现霍克海默形而上学批判与后现代主义的复杂关联，以期重现霍氏批判理论的重要意义。

20世纪30年代以来，霍克海默在《科学及其危机札记》、《启蒙辩证法》以及《理性之蚀》等文本中对科技造成的"异化"问题展开了系统的清理和批判，提出了"科学技术即意识形态"的论断。和胡塞尔对科学危机的分析一样，霍克海默试图从整个社会发展的状况对科学危机进行考察。他认为科学毫无疑问地使现代工业体系成为可能，对生产方式也产生了巨大影响，科学构成了生产手段。但这一切并

---

① ［法］利奥塔尔：《关于"后现代"一词的正确用法——J. F. 利奥塔尔答记者问》，《国外社会科学》1987年第11期。

未给人类带来本应该有的好处，同样不能证明科学知识的合法性。霍克海默认为，事实上科学发展日渐偏离社会发展的基础，充当了类似于形而上学的"保守性"特征，"科学的方法重视的是存在而非生成，一定的社会形式则被视为是一种恒常不变的方式运转的机制"①。由此，霍克海默认为"不仅形而上学，而且形而上学所批判的科学本身都是意识形态，因为科学保留着一种阻碍它去发现危机的真正原因的形式"②。霍氏的这一思想为法兰克福学派的"科技批判理论"打下了坚实的理论基础，同时也成了与利奥塔的"科学观"相比较的参照系。

（一）拒斥形而上学——一条通向后现代主义的通道

在拒斥近代西方哲学形而上学思维方式上，霍克海默和利奥塔不期而遇。霍克海默对传统的形而上学思维方式进行了深刻的批判，同样，利奥塔也反对"同一性"的元叙事话语。拒斥形而上学构成一条由霍克海默通向后现代主义的通道。在此基础上双方对形而上学的肯定性、同一性思维方式进行了深刻的批判，展现为以"不确定性"替代"确定性"、以"否定性"替代"肯定性"以及以"异质性"替代"同一性"的三条路径。

第一，以"不确定性"替代"确定性"

利奥塔是在"后现代"的背景下开始他的理论构思的，对于什么是"后现代"？他这样认为："简化到极点，我们可以把对元叙事的怀疑看成是'后现代'。"③ 正是抱着对元叙事的怀疑态度，利奥塔认为并不存在"确定性"的元叙事，在后现代状态下"不确定性"成为考察知识的基本特征。利奥塔把后现代定义为"不确定性"，延续了西方"后现代主义思潮"的基本理论倾向，"在'后现代星丛'中，尼采从'强力意志'、福柯从'圆形监狱'、德里达从解构主义、阿多诺从'同一性'质疑、贝尔从'后工业社会'的转向、詹姆逊

---

① 曹卫东主编：《霍克海默集》，渠敬东、付德根译，上海远东出版社2004年版，第160页。
② 同上书，第161—162页。
③ ［法］利奥塔尔：《后现代状态：关于知识的报告》，车槿山译，南京大学出版社2011年版，引言第4页。

从资本主义文化逻辑、罗蒂从'文化发生场'、女权主义从'科学的男权统治'、生态主义从环境伦理以及 SSK 从社会建构等视角,对自启蒙以来的现代性历史建构进程中的种种弊端进行了全面审视与形上拷问"①。可以看出,后现代主义的代表人物从不同的理论视角对"现代性"所倡导的"确定性"提出了质疑和批判,利奥塔延续了这种批判的视角,把对"现代性"的批判建构在"后现代状态"之下,对科学知识加以重新考察,提出以"不确定性"替代"确定性",重塑科学知识的合法化基础。利奥塔对元叙事的怀疑实际上反映了他对西方近代以来尤其现代以来把科学看作是评价知识的唯一标准的形而上学思维方式的批判,这种观点和霍克海默在一定意义上形成了"交集"。霍克海默形而上学批判的目标就是要对近代以来特别是现代以来以逻辑实证主义为代表的把实证科学看成是"确定不移"的唯一正确知识的形而上学思维方式进行彻底清算。在《对形而上学的最新攻击》一文中,霍氏展开了对逻辑实证主义的详细考察,对其"确定性"产生了怀疑,揭露了其沦为朴素形而上学的本质。以此为文本基础,霍氏在其《传统理论与批判理论》一文中,深刻分析了批判理论和传统理论的实质性区别,他认为,"真正的批判思想里,解释不只意味着一个逻辑过程,而且也意味着一个具体的历史过程"②。因此,在霍克海默的理论视野中,并不存在一种像传统理论所言说的脱离社会现实的"确定性"的理论悬设,一切理论都应而且必须随时代而变。可以看出,霍氏的观点和后现代主义的主要代表尤其是利奥塔形成了一定"共识"。

第二,以"否定性"替代"肯定性"

在《后现代状态》一书中,利奥塔对卢曼的社会系统理论进行了深入分析和批判。他认为系统意味着"个体"的"失语"和"同化",是一种新的"恐怖"操作,延续了传统形而上学的"肯定性"

---

① 炎冰、严明:《语言游戏与合法化误构——利奥塔的后现代概念谱系考辨》,《福建论坛》(人文社会科学版)2004 年第 11 期。

② [德] 马克斯·霍克海默:《批判理论》,李小兵等译,重庆出版社 1989 年版,第 202 页。

的思维方式。他认为,"系统仿佛是先锋派机器,他牵引着人类,使人类失去人性,以使人类在另一个规范能力的层面上重新获得人性"①。利奥塔认为,在系统理论中充满了"先设条件"和"元规定",这些形而上学的"假设"形成了一种骗人的"假象",使人们错误地认为可以借助这些"先天"因素形成一种"普遍共识"。他认为这纯粹是以一种"先验"的"肯定性"的思维方式替代"否定性"的思维,造成了新的"恐怖"。按照马尔库塞的观点,这种"恐怖"可能会造成"单向度的社会"和"单向度的人"。利奥塔展示了在后现代状态下,通过"否定性"替代"肯定性"的理论努力,延续了霍克海默的批判风格,具有明显的拒斥传统形而上学思维方式的理论倾向,为构建科学知识的合法化基础提供了一种新的路径选择。在一定意义上,我们可以把霍克海默的形而上学批判看成是对西方近代以来"肯定性"思维方式的拒斥。在霍氏看来,这种"肯定性"的思维方式在晚期资本主义社会可谓无孔不入,几乎渗透到了日常生活的每个角落。由此,霍氏展开了包括对当代科学、文化工业以及极权社会的多景观式分析和批判,其终极目的乃是恢复已经被"肯定性"思维方式吞噬的人们的"批判精神",使人们从思想上实现"自由人"的蜕变。在《启蒙辩证法》一书中,霍氏把"否定性"延伸到了整个人类文明史,以期分析人们"肯定性"思维方式的历史来源。可以看出,在对"肯定性"思维方式的批判和深刻洞见上,霍氏与利奥塔又一次相遇了。

第三,以"异质性"替代"同一性"

利奥塔和哈贝马斯关于"现代性"的争论,无疑成为学界研究的一个焦点话题。哈贝马斯对"现代性"持保守观点,认为"现代性"是一项未竟的事业,"现代性"虽有弊端,但仍是未完全展开的过程。对于晚期资本主义的"合法化危机",哈贝马斯试图通过"交往合理性"寻找"普遍共识",从而达到合法化。利奥塔认为:"像哈贝马

---

① [法]利奥塔尔:《后现代状态:关于知识的报告》,车槿山译,南京大学出版社2011年版,第218页。

斯那样，把合法化问题的建构引向追求普遍共识似乎是不可能的，甚至也是不谨慎的。"① 他认为，在后工业社会，知识状态发生重大变化，寻求通过"同一性"而到达的合法化已不可能，相反，在"后现代状态"下，应充分认识"不确定性"，考察知识的"异质性"，以"误构"构建科学知识的合法化。利奥塔由于对"现代性"的强烈拒斥，被国内外许多学者称为"激进的后现代主义者"。罗蒂认为："《后现代状态》（The Postmodern Condition）中关于'科学语用学'的讨论，其目的就是为了摧毁一个仍然潜存于哈贝马斯研究中的信仰，即通过对所有语言游戏中许可的'步骤'的调整，作为一个群体（或一般）主体的人类寻求共同解放，叙事的合法性就在于对那个解放的贡献。"② 利奥塔认为，在后现代状态下，依靠大叙事达到的合法化已不可能，寻求知识的"合法性"不可能再依赖精神辩证法和人类解放。利奥塔这种批判在一定程度上与霍克海默、阿多诺合著的《启蒙辩证法》中的反"同一性"思想形成了呼应，展示了以"异质性"考察科学知识合法化的理论努力，为重塑科学知识合法化提供了一种新的理论视角。在马丁·杰伊看来，在霍克海默的批判理论中充满了对"同一性"理论的拒斥，"对霍克海默而言，所有的绝对和同一理论都是可疑的，他后来指出，甚至包含在宗教之中的绝对正义的理想，也具有一种幻想性质，完全正义的想象'从未在历史上实现过，因为即使一个较好的社会代替眼下的混乱并发展起来，过去的苦难也不能成为善，周围自然的苦难也不能克服'"③。霍克海默批判理论的建构，旨在通过一种"否定性"的思维方式来解构被异化的现实世界，为人们的解放寻找出路。在对待"同一性"问题上，霍克海默和利奥塔再次遭遇了。

---

① ［法］利奥塔尔：《后现代状态：关于知识的报告》，车槿山译，南京大学出版社2011年版，第223页。
② ［美］R. 罗蒂：《哈贝马斯和利奥塔论后现代性》，李文阁译，《世界哲学》2004年第4期。
③ ［美］马丁·杰伊：《法兰克福学派史》，单世联译，广东人民出版社1996年版，第58页。

(二) 对待形而上学的态度——与后现代主义的分野

尽管霍克海默的形而上学批判与后现代主义尤其是利奥塔之间具有诸多的相似性，然而如果我们忽视它们之间的差异性，那么霍克海默形而上学批判在现代西方哲学尤其是在后现代主义思潮中的重要意义就不会完整地体现出来。因此，我们主张要深入挖掘它们之间的区别，以期对霍氏理论有一个全景观式的呈现。两者之间的区别主要体现在：对待现实的态度、理论建构的逻辑基础以及对待理性的反思三方面。

1. 相对主义与现实主义

利奥塔对科学知识的"合法化"批判，对于反思"科技万能论"具有积极意义，对于西方文学及其批评理论的影响颇大，受其启发或刺激在西方展开了一场关于"艺术表证危机"的讨论。但这一批判本身也存在悖论，以"误构"代替传统形而上学，把"误构"和"语言游戏"作为判别知识合法化的唯一标准，"误构理论"也由此沦为了新的形而上学。利奥塔的理论构建在一定意义上是基于"语用学"的基础，在分析的方式上类似于维特根斯坦的"语言哲学"。这样，他和其他后现代主义理论家一样，在批判西方近代哲学的"本质主义""基础主义"的同时导向了"相对主义"的立场。利奥塔以后现代主义的视角对科学知识的重新审视和考察，在一定程度上切中了问题的要害，但终究因偏离了社会的现实，而变成了一种"经院哲学"。和利奥塔不同，霍克海默自继任法兰克福大学社会研究所所长以来，继承了研究所重视经验研究的传统，其形而上学批判与经验研究是密切联系在一起的。霍氏批判传统形而上学的思维方式，但并未因此而流入"相对主义"。通过对霍克海默的文本考察，我们发现其对包括科技在内的造成晚期资本主义异化现实进行了深刻的洞察和批判。在其创建批判理论的构思中，专门另辟章节撰写了《传统理论与批判理论》，比较了两者实质性的区别，霍氏认为："批判思想既不是孤立的个人的功能，也不是个人的总体的功能。相反，它的主体是处在与其他个人和群体的真实关系之中的、与某个阶级相冲突的、因而是处在与社会整体和与自然的关系网络中的特定个人。"① 在霍氏的视野中，批判理论是与社会现实紧密相连的，是在社会现实之内而不是远离于社会现实之外。因此，和利奥塔不同，霍氏的形而上学批判没有远离现实，反而与其紧密相连。

2. 语言哲学与社会哲学

"语言游戏"是利奥塔进行其哲学思考的一个重要分析方法，他认为，"语言游戏意味着，各种类型的陈述都应该能用一些规则确定，这些规则可以说明陈述的特性和用途；这和象棋游戏一模一样，象棋是由一组规则说明的，这些规则确定了棋子的特性，即移动棋子的恰当方法"②。从这个定义来看，利奥塔把"语言游戏"比喻成了规则，是参与游戏的人们共同制定并遵守的"契约"。"语言游戏"的有效性在于参与游戏的人都必须遵循双方制定的规则，没有规则就没有游戏。因此，利奥塔认为说话就是斗争（意思是参加游戏），语言行为属于一种普遍的竞技，可观察的社会关系是由语言的"招数"构成的。由此，他认为，后现代状态下社会关系的性质也是建构在"语言游戏"的基础上，"社会关系的问题，作为问题，是一种语言游戏，它是提问的语言游戏。它立即确定提出问题的人、接受问题的人和问题的指谓：因此这个问题已经是社会关系了"③。利奥塔关于"语言游戏"的论述是后现代主义思潮的一种普遍理论倾向，"'游戏'（play）不仅是许多'后现代主义者'的共同语汇，而且成了他们思考问题的基本方式，甚至成了一种四处蔓延的文化精神"④。维特根斯坦在《哲学研究》中把语言看作一座古城，是由迷宫、小广场、旧房屋和新城区组成的非单一建筑。他在对语言的考察上同样坚持语言的"异质性"，不同的语言有不同的"游戏规则"。在考察语言的性质

---

① ［德］马克斯·霍克海默:《批判理论》，李小兵等译，重庆出版社1989年版，第201页。
② ［法］利奥塔尔:《后现代状态：关于知识的报告》，车槿山译，南京大学出版社2011年版，第37页。
③ 同上书，第62—63页。
④ 汪堂家:《德里达与"后现代主义"》，《天津社会科学》1996年第5期。

上，利奥塔表现出和维特根斯坦相似的理论倾向，他认为，"没有人能使用所有语言，这些语言没有共同的元语言"①。利奥塔正是运用"语用学"的分析，利用"语言游戏"的方法展开了他对科学知识的独特性考察，可谓在后现代"星丛"中独树一帜。

和利奥塔不同，霍克海默则展示了构建社会哲学的企图。在霍克海默的就职演说中，霍氏就公开提出要把经验主义研究和哲学研究结合起来，构建社会哲学。在之后他的诸多文本中，我们明显可以发现霍氏致力于把"理论与实践相统一"的研究特色。马丁·杰伊认为，霍克海默的批判理论是把理论与实践相结合的具有辩证法意味的开放式的体系，而不是相反，"批判理论的核心是对封闭哲学体系的厌恶，如果以为它是封闭的体系，那就歪曲了它本质的开放性、探索性及未完成性"②。因此，和利奥塔的"语言哲学"不同，在一定意义上，霍氏的社会哲学更像一门"实践哲学"。

3. 对理性的反思

利奥塔对理性的反思是与对科学知识合法化的批判分不开的。在一定意义上，利奥塔正是通过对科学知识在当代合法化形式的深刻洞察和质疑来开启其理性反思之路的。利奥塔认为，在当代社会中，知识和工具理性相结合，演变成了新的科学合法化形式。科学知识真正走向了合法化了吗？利奥塔对此表示了怀疑和批判，他认为，当代社会以"性能"为判别标准，流向了一种完全的"实用主义"。在研究领域，科学家按照规则组成"共同体"，通过各种各样的"招数"和反复的"举证"追求"性能"的最大化。但是，这样的合法化同样存在巨大的风险，其一是对"招数"的"共识"，"招数"的有效取决于科学家之间的"共识"，而"共识"具有"主观性"，这样科学知识合法化的过程中打上了"主观性"色彩，无法保证科学知识论证的"客观性"标准。其二是"举证的悖论"，即证据如何来证明？

---

① ［法］利奥塔尔：《后现代状态：关于知识的报告》，车槿山译，南京大学出版社2011年版，第142页。

② ［美］马丁·杰伊：《法兰克福学派史》，单世联译，广东人民出版社1996年版，第51页。

"举证"只不过是受制于"性能标准"的语言游戏,问题是如何证明证据?"现代性的普遍倾向是用一个关于条件的话语来定义一个话语的条件。"① 这样,就陷入了用一个话语条件去证明另一个话语条件的无限循环,"举证"变成了"悖论"。其三是"性能依附于力量",科学知识合法化的过程中,科学知识依附于权力。"性能优化原则是一些语言游戏,与这些语言游戏相关的不是真善美,而是高效:当一个技术'招数'获得更多、消耗更少时,它就是'好的'。"② "如果没有金钱,就没有证据、没有对陈述的检验、没有真理。科学语言游戏将变成富人的游戏。最富的人最有可能有理。财富、效能和真理之间出现了一个方程式。"③ 这样,科学知识在走向合法化的过程中,也走向了自身的反面,发生了严重的"异化","培根的'知识就是力量'在这里成了逆命题:不是知识是力量的源泉,而是力量是知识的源泉。科学的合法化实际地通过力量的中介完成了"④。利奥塔深刻地洞察到了科学与理性结合,并没有消除自身的危机,反而变成了一种操纵人的新的手段。这无疑是极富有见地的深刻洞见,然而利奥塔并没有认真辨别理性的形式,而是在"语言哲学"的范围内通过"误构"来消解理性的弊端。显然这种思维方式重新流向了带有"唯心主义"倾向的形而上学。

和利奥塔一样,霍克海默也洞察到了科技的异化给在晚期资本主义社会演变成新的异化形式,执行了意识形态的功能,变成了统治人们的新的工具。但是,霍克海默并没有全盘否定理性,也没有因此流向一种唯心主义形而上学的构建。相反,他把批判理论的建构致力于扎实的社会现实的基础之上,以理性的方式去批判"工具理性"。在《启蒙辩证法》以及《理性之蚀》等文本中,我们可以清楚地觉察

---

① [法]利奥塔尔:《后现代状态:关于知识的报告》,车槿山译,南京大学出版社 2011 年版,第 108 页。
② 同上书,第 154—155 页。
③ 同上书,第 155—156 页。
④ 炎冰、严明:《语言游戏与合法化误构——利奥塔的后现代概念谱系考辨》,《福建论坛》(人文社会科学版)2004 年第 11 期。

到，霍氏批判理论的指向是"工具理性"而不是"理性本身"。在《理性之蚀》一书中，霍氏区别了"主观理性"和"客观理性"，他认为，"在现代社会中占统治地位的理性形式既是主观的，又是工具性的，因为它总是在寻觅达到目标的合适的方法，而那些目标最终是和主体的自我持存联系在一起的。他认为，既是客观的，又是独立的客观理性的特征表现在以下方面：这种理性能够在自我持存之外发现更为广泛的目的，并认为自己完全有能力对这个更为广泛的目的进行理性判断"①。霍克海默批判的正是"主观理性"（或工具理性），并在此基础上实现了其构建社会哲学的目的。

三 时代化的批判理论——对马克思主义的推进和发展

早期西方马克思主义的代表人物（例如卢卡奇、柯尔施等）在反对教条的马克思主义的历史进程中，引入黑格尔的辩证法，对马克思主义进行了重新解释，并试图通过这种理论努力重新恢复马克思主义批判的本真精神。尽管和早期西方马克思主义在理论旨趣上有较大差别，但作为西方马克思主义继续推进过程中的重要学术派别，法兰克福学派的大多数成员都赞同恢复马克思主义理论中的辩证精神。"法兰克福学派是一种'批判的马克思主义'。他们认为马克思主义的本质就是批判，批判是马克思主义的真正功能之所在。他们把对当代西方社会的研究归结为对当代西方社会的批判，对现代文明社会采取一种势不两立的态度。"②霍克海默正是通过黑格尔辩证法的"三棱镜"对马克思主义进行了重新审视和解读，并把马克思主义理解为一种批判的理论，他之所以把自己创立的社会哲学称为批判理论，与继承了马克思主义批判精神的情结有莫大关联。马克思正是批判性的哲学话语，把哲学从"天国"拉到了"人间"，从对概念之物的关注转向了对非概念之物的关注，在深入研究了资本主义经济运行规律的基础上，提出了解放的诉求。马克思主义在本质上是一种辩证唯物主义哲

---

① ［德］罗尔夫·魏格豪斯：《法兰克福学派：历史、理论及政治影响》，孟登迎等译，上海人民出版社2010年版，第455页。
② 陈学明：《法兰克福学派的批判理论在当代中国的意义》，《江海学刊》2000年第5期。

学，他的哲学诉求不是为了千秋万代而营建，而是为自身的时代而拆解，它的本真精神乃是"与时俱进"。包括法兰克福学派在内的西方马克思主义的思潮，事实上是马克思主义在新的历史背景下时代化的表现，而霍克海默的批判理论正是马克思主义时代化的一种表现形式。在新的历史语境下，霍克海默继承了马克思主义的批判精神，在反对教条的马克思主义的进程中，对马克思主义进行了局部的推进和发展。霍克海默认为，"真正的理论更多是批判性的，而不是肯定性的，正如相应于理论的社会不能叫做'生产性的'一样"①。正是在这种批判精神的指引下，霍克海默深入到晚期资本主义的现实，用否定性的逻辑抗拒形而上学的思维方式，推进了马克思主义异化学说的新发展；引入黑格尔的辩证法因素，推进理论与实践的融合，发展了辩证唯物主义的思想；从无家可归的寻找乡愁的动力，揭示了晚期资本主义人的生存境遇，发展了马克思主义的人学理论。

（一）否定性逻辑——对异化理论的推进

马克思在《1844年经济学哲学手稿》中深入分析了异化劳动产生的根源以及表现形式。在资本主义的运行模式下，"工人生产的财富越多，他的生产的影响和规模越大，他就越贫穷。工人创造的商品越多，他就越变成廉价的商品。物的世界的增值同人的世界的贬值成正比"②。劳动从谋生的手段变成了劳动者的对立形式，造成了人与劳动产品、人与人、人与自我的深层异化。更为甚至，"劳动用机器代替了手工劳动，但是使一部分工人回到野蛮的劳动，并使另一部分工人变成机器。劳动生产智慧，但是给工人生产了愚钝和痴呆"③。劳动自身的异化从具体的劳动形式扩展到了人的精神领域，造成了人的精神异化。马克思主义对资本主义异化劳动的揭示和批判在真正意义上触动了资本主义社会运行本质。西方马克思主义的鼻祖卢卡奇在《历史与阶级意识》一书中提出的"物化"概念在另一个学术用语上达

---

① ［德］马克斯·霍克海默：《批判理论》，李小兵等译，重庆出版社1989年版，第229页。
② 《马克思恩格斯选集》第1卷，人民出版社2012年版，第51页。
③ 同上书，第53页。

到了和马克思主义"异化"概念的惊人类似。沿着马克思、卢卡奇的路线，在深入研究晚期资本主义社会现实的基础上，霍克海默提出了"工具理性"的思想。霍克海默在《启蒙辩证法》一书的"前言"中指出，"一方面，个体在他使用的机器面前消失不见了，另一方面，个体又从机器那里得到了莫大的好处。随着财富的不断增加，大众变得更加易于支配和诱导"①。在霍克海默看来，在科学技术的引领下，晚期资本主义社会表面上物质繁荣，实乃进入到了一个全面技术操控的时代，这种操控对民众的压制较马克思所处的时代有过之而无不及。马尔库塞认为晚期资本主义社会的特征是"虚假的繁荣"，并形象的将这一社会状态比喻成"单向度"的社会，生活于其中的人，变成了"单向度"的人。霍克海默认为在工具理性的操作下，在科学、政治以及文化工业领域，仍然保留着传统的形而上学的思维方式，它使人们在现实面前沉默，丧失了批判性的思维。在新的历史境遇中，霍克海默把马克思的"异化"思想和卢卡奇的"物化"理论推进到另一种形式，即由工具理性主导的全面的技术操控。霍克海默这一思想对解释和补充马克思的"异化"思想提供了丰富的理论素材，是在新的历史境遇中对马克思主义理论的重要补充和发展。

（二）理论与实践的张力——对辩证唯物主义的继承和发展

恩格斯在《路德维希·费尔巴哈和德国古典哲学的终结》一文中对马克思主义的实质进行了解释，"辩证哲学推翻了一切关于最终的绝对真理和与之相应的绝对的人类状态的观念。在它面前，不存在任何最终的东西、绝对的东西、神圣的东西；它指出所有一切事物的暂时性；在它面前，除了生成和灭亡的不断过程、无止境地由低级上升到高级的不断过程，什么都不存在"②。在恩格斯看来，马克思主义的本质乃是它的辩证唯物主义本性，即马克思第一次在哲学上把包括人类历史在内的一切领域都看成是辩证的唯物的过程，从而揭示了人类

---

① ［德］马克斯·霍克海默、西奥多·阿道尔诺：《启蒙辩证法——哲学断片》，渠敬东、曹卫东译，上海人民出版社2006年版，前言第4页。

② 《马克思恩格斯选集》第4卷，人民出版社2012年版，第223页。

历史的真正秘密。在霍克海默的文本中，我们发现辩证唯物主义对其产生了深刻影响。在霍克海默创立批判理论之初，就展示了试图把辩证法和唯物主义融入理论构建的企图。我们可以在《唯物主义与形而上学》《传统理论与批判理论》等文本中体认到这种理论努力。霍克海默认为，"在采取了批判态度的人看来，现存社会整体的两面性是一个有意识的对立。他们认为现存经济形式及由此产生的全部文化都既是人类劳动的产物，又是人类目前能够并且已经给自己提供的组织的产物"①。正是基于这种辩证的唯物主义情怀，霍克海默认为批判理论永远都不可能有一个固定的研究范式，它的最大特征就是历史性，即随着历史的不断变化发展，会形成不同的研究课题。在这种思想的指引下，霍克海默实现了"形上"与"形下"的融合，确立了批判理论的辩证逻辑结构。事实上，关于辩证法和唯物主义的信念，一直伴随着霍克海默一生，"霍克海默直到晚年仍坚持历史唯物主义的基本信念，即一个时代的理念反映了经济基础的状况、关系和发展过程"②。批判理论的创立，在一定程度上实现了理论与实践的融合，为法兰克福学派提供了重要理论支撑，促进了辩证唯物主义在新时代的发展。

（三）寻找乡愁的动力——对人学理论的发展

带着无家可归的心情，寻找乡愁的冲动构成了马克思和霍克海默批判不公世界的原始动力。生活在资本主义社会初期的马克思，把资本主义的原始积累看成了一部血和泪的历史；生活在晚期资本主义社会的霍克海默则把技术全面控制的社会看成是一所监狱。两个伟大的思想家出生在不同的时代，有着相似的"忧国忧民"的人本主义情怀。马克思在《黑格尔法哲学批判》"导言"中指出："当旧制度还是有史以来就存在的世界权力，自由反而是个人突然产生的想法的时候，简言之，当旧制度本身还相信而且也必定相信自己的合理性的时

---

① ［德］马克斯·霍克海默：《批判理论》，李小兵等译，重庆出版社1989年版，第198页。
② ［德］H. 贡尼、R. 林古特：《霍克海默传》，任立译，商务印书馆1999年版，第101页。

候，它的历史是悲剧性的。"① 正是对自由的渴望，和对人民的同情，构成了马克思批判旧世界的精神动力。同样，霍克海默在《传统理论与批判理论》一文中言道："批判理论的每个组成部分都以对现存秩序的批判为前提，都以沿着由理论本身规定的路线与现存秩序斗争为前提。"② 可以说，对晚期资本主义社会的不公的抗争，始于霍克海默对自由世界的渴望。和马克思主义对资本主义进行的宏大的经济研究不同的是，霍克海默更多关注的是晚期资本主义社会的具体经验事实，并将其上升为一种哲学批判。如果《资本论》的完成标志着马克思主义的科学社会主义的人道主义理性得到验证的话，那么批判理论的完成则标志着霍克海默历史人本主义的正式问世。虽然，霍克海默的人本主义缺乏像马克思主义一样的坚实的经济学研究的根基，但是它却在另一个维度展示了"拯救人们于水火"的理论努力。霍克海默的人本主义思想与其对传统形而上学肯定性思维方式的批判形影不离，正是通过对晚期资本主义社会经验现象中隐藏的形而上学和流行的实证主义的朴素形而上学倾向的清理和批判，霍克海默展现了拯救人们精神沦丧的理论努力。霍克海默的人本主义思想中，虽然夹杂着悲观主义的因素，但他从批判形而上学的角度拯救人们精神的努力，为发展马克思主义人学理论提供了丰富的理论素材，在一定程度上推进了马克思主义人学在当代的新发展。

四 批判理论化时代——对中国当代的启示意义

霍克海默创立的批判理论对西方主要资本主义社会现代性带来的问题进行了深刻的批判，其犀利的批判语言风格，针砭社会不公的理论勇气，为他赢得了世界性的声誉。那么，问题的关键是现代性是一个普遍性的问题还是西方的特例？批判理论仅仅属于西方还是具有普世价值？我们认为，对现代性的理解应基于不同的历史语境和不同国别的具体实际，中国现代性的步伐既和西方有共性，也有差别。因

---

① 《马克思恩格斯选集》第1卷，人民出版社2012年版，第5页。
② [德] 马克斯·霍克海默：《批判理论》，李小兵等译，重庆出版社1989年版，第217页。

此，研判中国的现代性的话语必须具有中国特质，对西方现代性问题要加以甄别，批判地继承和发展。《法兰克福学派史》的作者马丁·杰伊在一篇"序言"中这样写道："批判理论正在进入中国。中国当然不同于产生批判理论思想的社会，也不同于二十年前这些最早得以传播的西方国家。批判理论的这种穿越迄今为止不为人知的领域的旅行将不可避免地产生意料不到的后果，这种结果只能受到欢迎。法兰克福学派总是对被一个社会制度接纳为正统教规感到不安，并且引起积极而有创造力的反响。学派的成员懂得，批判并没有停留在他们自己的理论中……当理论旅行时，思想得到了传播，正是那种因此而产生的杂交才是重要的。"[1] 中国对法兰克福学派的关注始于20世纪70年代末，后经八九十年代的翻译和评介，到现代已经形成了一大批有实力的研究院校和理论工作者。中国的理论工作者当然知道，中国当下所处的历史阶段已经和霍克海默创建批判的20世纪30年代的历史状态有天壤之别，中国的现代性步伐也和当今的主流资本主义社会有较大差别。那么中国学界翻译、评价霍克海默的批判理论的初衷何为呢？批判理论又能否指导中国的现代化进程呢？对于此，《法兰克福学派史》的译者单世联在中译本"序"中写道："急速转型的社会结构使知识分子在饱受政治摧残后又遭经济白眼，愈益边缘化、异己化，这些都可能使其本能地接近批判理论……利益标准、物化机制、交换原则渗透到一切非经济领域，精神萎缩、道德失范、艺术衰颓等等已绝非盛世危言。而大众文化却凭借其利润效果和现代传媒迅速播散，客观上操纵着文化主流，诱使文化平庸化、均质化、模式化，使大众丧失自由选择的空间和自我决断的资禀……当现代化在世纪末真正成为中国社会的主题时，批判理论才终于成为中国社会的内在需要。"[2] 这或许为我们提供了一条线索。尽管，批判理论被介绍到中国之后，褒贬各异，但越来越多的学者投入这一领域的研究，至少可以

---

[1] 赵勇：《法兰克福学派的中国之旅——从一篇被人遗忘的"序言"说起》，《书屋》2004年第3期。

[2] [美]马丁·杰伊：《法兰克福学派史》，单世联译，广东人民出版社1996年版，序言第4—5页。

说明一个问题,即随着中国改革开放步伐的深入,和中国特色社会主义市场经济的推进,中国的确遭遇了像霍克海默所处年代体认的一些问题,例如,在工业化背景下,人们如何自处?如何获得自主性,并实现解放的理想;在文化工业大发展后,文化的艺术性如何自存?现代化过程中如何实现人的全面发展?如何实现人的自由?等等。这些话题在20世纪30年代的中国,根本不可能产生,也不可能引起学界的共鸣,原因在于那个时代中国还不具备像西方发达国家一样的现代化状态。但是,今日拥有GDP世界排名第二的中国,俨然充当了世界的加工厂,已经今非昔比。然而,现代性的问题也随之而来,中国现代性中暴露出来的种种问题再一次提醒我们要对这个来自西方的批判理论进行重新审视和考察。

那么中国能利用批判理论避免西方资本主义现代性的"卡夫丁峡谷"[1],而实现跨越式发展吗?我们认为,在研究和评判批判理论时要引入辩证的观点,不能教条地套解批判理论。批判理论针对的是20世纪早期西方晚期资本主义社会的现代性问题,但是,"现代性从来都不只是西方自身范围内的事情。或者说,西方的现代性建构从来就没有离开过非西方,其中当然包括中国"[2]。中国人在享受现代性的饕餮盛宴时,当然也需要像霍克海默一样要对现代性的问题进行认真反思和考察。霍克海默的批判理论无疑成为中国人看待现代性问题的重要的理论资源。批判理论中对工具理性的批判,对科学的深思、对文化工业的反省,以及对自由人的向往,这些理论原则在某种程度上仍

---

[1] 公元前321年第二次萨姆尼特战争时期,萨姆尼特人在古罗马卡夫丁城(今意大利蒙泰萨尔基奥)附近的卡夫丁峡谷包围并击败了罗马军队。按照意大利双方交战的惯例,罗马军队必须在由长矛交叉构成的"轭形门"下通过。这被认为是对战败军的最大羞辱。"通过卡夫丁峡谷"("通过卡夫丁轭形门")一语即由此而来。马克思在《给维·伊·查苏利奇的复信》使用此词,他指出:"在整个欧洲,它(指俄国——笔者注)是唯一在一个巨大的帝国内的农村生活中尚占统治地位的组织形式。土地公有制赋予它集体占有的自然基础,而它的历史环境,即它和资本主义生产同时存在,则为它提供了大规模组织起来进行合作劳动的现成的物质条件。因此,它可以不通过资本主义制度的卡夫丁峡谷,而占有资本主义制度所创造的一切积极成果。"参见《马克思恩格斯选集》第3卷,人民出版社2012年版,第837、1112页。

[2] 曹卫东:《法兰克福学派的历史效果》,《读书》1997年第11期。

然适用于当下的中国社会。然而，对于批判理论，我们也应该谨慎地接受和利用，去其糟粕，取其精华，使批判理论能够紧接中国地气，这样才能更好地指导中国实际。然而，中国能否跨越资本主义现代性的"卡夫丁峡谷"，这不仅仅是个重大的理论问题，更重要的是一个实践问题。这不仅需要理论者对中国的现代性问题进行理论的解读和批判，更需要实现理论与实践的结合，使经过改造的批判理论"化中国"。

第二节　形而上学批判的局限性

　　作为法兰克福学派的第二代代表，哈贝马斯既继承了霍克海默的批判风格，又不断开疆拓土，实现了法兰克福学派批判范式的转型。在哈贝马斯的视野中，霍克海默无疑继承了马克思批判理论的衣钵，具有重要的理论意义和现实意义，然而，霍克海默所开创的批判理论，仍然停留在意识哲学的范畴，存在着严重的理论悖论。因此，哈贝马斯抱着重建批判理论的伟大抱负，认为现代性仍是一项未竟的事业，从批判形而上学走向了后形而上学的构建。

　　哈贝马斯考察了从 20 世纪初期展开的关于"现代性"的三次重要争论（即 20 世纪初的"表现主义论证"、40 年代的"文化工业争论"以及 60 年代末期的"文化合法性论战"），认为这三次争论围绕的主题仅仅局限在"文化现代性"领域。哈氏认为，对"现代性"的考察不应该仅仅局限在文化领域，而应该深入到社会的各个领域进行全面的研究。霍克海默对"现代性"持否定态度，认为在"工具理性"操作下的"现代性"变成了统治人的工具，具有传统形而上学的"肯定性"的特征，人们变成了"顺民"，丧失了批判的功能。利奥塔认为"现代性"隐藏着"举证"的"悖论"。韦伯认为，"工具理性"的泛滥最终导致了"意义的丧失和自由的丧失"，而这恰恰是资本主义"现代性"的重要特征。哈氏则认为霍克海默和韦伯都误读了"现代性"概念，认为"现代性"虽然具有"工具理性"的特征,但"工具理性"并不是"现代性"的全部特征。"现代性"过程中所造成的各种诘难,并不意味着它的终结,反而恰恰说明"现代性"还未完全展开,他认为,"启蒙运动开启的现代性设计并未完全失败,尽管它所提出的价值和理性在资本主义200多年的历史中一再遭遇挫折,直到今天尚未全面实现,但它们毕竟体现了进步的逻辑,为人类的未来指明了方向,因此,现代性仍然是一项'未竟的工程'"[1]。哈贝马斯纠正了蕴含在霍克海默批判理论中的"悲观主义"倾向,用一种"希望"的逻辑改造霍氏的"瓦解"的逻辑,用"实践哲学"拯救霍克海默的"意识哲学"。哈贝马斯认为,不能因为"现代性"在发展中出现了问题,就把"婴儿和洗澡水"一起倒掉,对其嗤之以鼻,完全"否定"是不科学的。他认为,"尽管当今现实存在着阴暗面,世界面临巨大的风险,许多矛盾和问题需要解决,但我们决不能丧失信心、放弃希望,相反,必须在理论上批判形形色色非理性思潮对现代性所作的否定主义和失败主义的断言,在实践中通过重建交往理性和话语伦理,整合残缺和破碎的生活世界的合理结构,在政治、经济和法律中真正贯彻民主和公正的原则。惟有如此,现代性工程才能被逐步推进并最终得以完成"[2]。

霍克海默的批判理论对形而上学的"否定性"逻辑,展现了西方近代哲学向现代哲学转型的一个缩影,是现代西方哲学拒斥形而上学倾向的一种理论表达。这种倾向和海德格尔的"存在主义"、德里达的"解构主义"、福柯的"权力理论"、利奥塔的"后现代主义"一样,构成了现代西方哲学反形而上学的"理论星丛"。在对待形而上学的态度上,哈贝马斯与现代其他学者的观点较为一致,认为从近代哲学到现代哲学的转型后,形而上学已失去了存在的基础。哈氏认为,"'一'和'多'一开始就是形而上学的主体。形而上学试图把万物都追溯到'一'。自柏拉图以来,形而上学就明确表现为普遍统

---

[1] 章国锋:《关于一个公正世界的"乌托邦"构想:解读哈贝马斯〈交往行为理论〉》,山东人民出版社2001年版,第66页。
[2] 同上书,第72页。

一的学说；理论针对的是作为万物的源泉和始基的'一'"①。这种追求"一"的普遍学说，内含了一种"同一性"的思维方式，构成了不同时代的形而上学追求的主题，也是现代"工具理性"的形而上学基础。哈氏认为，要摆脱传统形而上学的思维方式，就要走出"意识哲学"的窠臼，从"主体性"转向"主体间性"。因此，哈氏认为，尽管霍克海默所开辟的"否定性"的批判道路锋芒无比，但从根本上还未走出"意识哲学"，具有"先验"悬设的影子。他希望用一种"实践哲学"替代"意识哲学"，重新考察资本主义社会的"合法化问题"。他认为造成资本主义"合法化危机"的根源在于"统治世界"与"生活世界"相分离，要摆脱这一危机，就要用"交往理性"替代"工具理性"，实现批判范式的"后形而上学"转换。因此，哈氏重新划分了生活领域，把生活世界划分为客观世界、社会世界和主观世界，考察了与之相对应的三种有效性（真实性、正确性、真诚性），构建了后形而上学的规范性。哈氏这一理论努力展现了他希望通过构建一种规范化的后形而上学，使人们摆脱在"工具理性"操作下而遭受的"奴役状态"，消除资本主义世界的"合法化危机"，使这个世界走向一个充满"希望"而不是"绝望"之路。作为法兰克福学派的第二代领军人物，哈贝马斯不是简单地复述霍克海默的"社会批判理论"，而是对之做出了重大的修正和改造。在《交往行为理论》和《后形而上学思想》两本著作中，表现了哈贝马斯试图通过"交往理性"构建社会批判理论规范化的企图。对于哈贝马斯来说，重新制订批判理论的必要性是由20世纪历史的发展进程所决定的。斯大林主义的产生，群众性革命在西方的失败，无产阶级觉悟的丧失，以及马克思主义理论的瓦解，这一切，都被哈贝马斯看作是现时代的重要特征。哈贝马斯认为，"早期批判理论的缺陷主要体现在：一是局限于工具理性批判，而没有对复杂的社会现实进行经验分析，由此陷入了抽象的文化哲学批判中，从而使批判理论缺乏规范基础；

---

① [德]于尔根·哈贝马斯：《后形而上学思想》，曹卫东、付德根译，译林出版社2012年版，第137页。

二是未能扬弃黑格尔的理性概念，不能真正把握理性的含义；三是未能认真对待资产阶级民主，不能客观地评价后期资本主义社会福利政策所取得的成就。总之，早期批判理论仍然以马克思的历史哲学为根据，始终未跳出主体哲学窠臼"①。正是考虑到资本主义世界的新变化以及以霍克海默为代表的前期的批判理论只"批判"而"无构建"的理论缺陷，哈贝马斯试图构建一种"规范性"的社会批判理论。这种思想倾向直接影响了法兰克福学派的第三代代表人物霍耐特。在《为承认而斗争》一书中，霍耐特以哈贝马斯交往行为理论为基础，把关注重心放在对政治伦理的研究上，企图建立一种以正义和关怀为核心的政治伦理学。

和其他理论家一样，霍克海默对形而上学的批判最终难逃形而上学"幽灵"的纠缠，其"否定性"的逻辑批判不过是另一种形而上学的范式而已。甚至，在霍克海默的批判当中，我们总会捕捉到一种带有悲观主义情怀的"无奈"，一方面，他认为形而上学的"肯定性"思维方式是造成极权主义（或法西斯主义）的哲学基础，需要对其进行彻底清理和批判；另一方面，他又认为形而上学是慰藉深受苦难折磨民众的心理良药，无论从现实角度和情感角度，人们都无法摆脱形而上学。事实上，霍克海默的形而上学批判时常在这种矛盾的境遇中徘徊，他对形而上学的批判本身蕴含着悖论。早期形而上学批判无奈的退守式的理论选择，最终变成晚期主动的实践式的退守。1968 在法国发生的学生造反运动，即"五月风暴"，迅速席卷了西欧和北美，成为第二次世界大战后最有影响的西方政治事件。然而，当学生打出批判理论的大旗进行革命时，霍克海默却表现得沉默和退却了。事实上，"到了 60 年代末，以哈贝马斯为代表的右翼以及晚年的霍克海默，由于摒弃了社会批判的基本立场，倒退为接受'较少罪恶'的改良主义立场，则反映了资产阶级自由派的要求与主张"②。

---

① 王凤才：《从批判理论到后批判理论（上）——对批判理论三期发展的批判性反思》，《马克思主义与现实》2012 年第 6 期。
② 欧力同、张伟：《法兰克福学派研究》，重庆出版社 1990 年版，第 21 页。

这样，霍克海默实际上在晚期背离了早期理论与实践结合的努力。霍克海默的形而上学批判更多是一种"理论实践"的批判，它既缺少像马克思主义那样的群众基础，更没有付诸革命的实践。霍克海默的形而上学批判仅仅体现了一个理论家对极权社会下苦难现实的理论关注，或者表现为理论家对极权主义现实的痛斥和生活于这个现实下被奴役人们的同情。批判的力量理应正视苦难，向往幸福。但是，由于受叔本华悲观主义的影响，霍克海默在完成《启蒙辩证法》一书后，走向了瓦解的逻辑。试问，如果人们按此逻辑，从批判人间疾苦，走向悲观的绝望，离开了快乐，幸福的意义何在呢？霍克海默的批判尽管悲壮，但悲壮能通向幸福之路吗？如果人们一开始就注定预见到了悲观的结局，那何来通向幸福的动力呢？！人们有时更需要一种善意的鼓励！

从霍克海默的"否定性"的逻辑到哈贝马斯的"后形而上学"，尽管发生了批判的范式的转化，但双方对传统形而上学的态度是一致的，都主张用一种新范式替代传统形而上学。在霍克海默的"否定性"逻辑中表现为一种对人类文明史以来所有形而上学倾向的否定，并最终倒向一种"瓦解"的逻辑，隐藏一种挥之不去的"悲观主义"色彩。而哈贝马斯试图通过以话语伦理构建的"后形而上学"被许多学者视为一种不切实际的乌托邦理想。在霍克海默的批判理论中，我们看到的更多的是一种"否定性"的因素，批判多于重建，悲观多于乐观。霍氏的理论虽对资本主义的极权统治展开了振聋发聩的批判，但却隐藏着一种无法调和的"悖论"，即批判理论的前提从何而来？当认真考察霍氏的批判理论前提时，我们会发现霍氏的理论仍然没有摆脱传统"意识哲学"的窠臼，即从主体性的意识出发做出的理论悬设。由于深受叔本华"生活意志论"的影响，霍氏的理论中表现出一种从"否定"走向"瓦解"的悲观主义情绪。这样，霍克海默从批判形而上学最终走向了"否定"的形而上学。哈贝马斯批判了霍克海默的"瓦解"逻辑中的"绝望"，希望通过一种"交往理性"重拾人们已失去的"希望"。哈氏试图构建的"后形而上学"同样遭到了许多学者的诘难，被视为一种"乌托邦"的理想。"甚至反形而上学的理论也要做出形而上学的假设,但他们忽略了这个问题。因此,后形而上学批判理论有其自己的'秘密形而上学',拒绝这种想法恰恰是他们不愿意接受这个事实。"[1] 罗蒂认为哈氏试图通过"主体间性"替代"主体性"的努力而构建一种"真理共识论",并没有跳出唯理论和经验论无法调和的"悖论",福柯将哈贝马斯的"交往行为理论"斥之为"交往的乌托邦和一个被'应该'的乐观主义召唤出来的幻影"[2]。布尔迪厄亦称,"像他那一代的所有思想家一样,哈贝马斯将语言置于其思维的中心,语言构成了一种乌托邦视角的基础"[3]。哈贝马斯从批判传统形而上学到"后形而上学"的构建,并没有摆脱形而上学的"幽灵",最终走向了一种充满希望的"乌托邦"理想。

任何理论都有使用的界限,批判理论自然也不能例外。理论超越了自身的界限必然走向绝对,不管是以肯定的方式(例如传统的形而上学),还是以否定的形式(例如霍克海默的《批判理论》,阿多诺的《否定辩证法》),一旦走向绝对就意味着走向一种新的形而上学。霍克海默对晚期资本主义社会的科学、文化工业、极权政治的批判无疑是掷地有声的,但从另一方面看,正是这些因素创造了资本主义文明的诸多形式,它们是资本主义现代性的一种重要表征,在一定程度上促进了资本主义现代工业文明的大发展,具有积极意义。如果采用粗暴的方式把"婴儿和洗澡水"一起倒掉,资本主义现代文明的根基也将不复存在。霍克海默的形而上学批判的局限性不是一个个案,而具有理论家的普遍性特征,"形而上学批判乃是人类生存之必需的一维。在对以往形而上学进行了激烈的批判之后,他们都期待一种'未来'的形而上学。所以,形而上学不仅是未完成的,也许永远也不会完成"[4]。从人类思维的"我思"出发,人们会不断追求一种"超越

---

[1] J. C. Berendzen, "Postmetaphysical thinking or refusal of thought? Max Horkheimer's materialism as philosophical stance" *International Journal of Philosophical Studies*, No. 5, 2008, pp. 695–718.

[2] 章国锋:《关于一个公正世界的"乌托邦"构想:解读哈贝马斯〈交往行为理论〉》,山东人民出版社2001年版,序言第18页。

[3] 同上。

[4] 谢永康:《形而上学的批判与拯救》,江苏人民出版社2008年版,第321页。

性",因此,形而上学批判的历史常常表现为"一种形而上学"代替"另一种形而上学"的交替往复的历史。即便霍克海默形而上学存在着不彻底性,但我们仍有理由相信这种理论在20世纪30年代引起的对极权社会的警醒至今仍然铿锵有力,他那充满"否定性"意味的批判对当今时代仍然是一种有益的教诲。因此,问题的关键是如何在肯定和否定之间寻找恰当的张力?这是辩证法的秘密所在,也是霍克海默留给现代人的一个没有完成的历史课题。

结　　语

　　法兰克福学派的批判理论是和霍克海默的名字联系在一起的。作为德国第一位社会学教授，在1930年继维也纳大学著名的马克思主义研究者、法学家卡尔·格吕贝格后任法兰克福大学社会研究所所长。霍克海默把"批判理论"作为马克思主义的代名词，在继承研究所重视经验主义研究的基础上，提出构建"社会哲学"的理论诉求，突出了哲学在经验和历史研究中的重要地位。在霍克海默看来，纯粹经验的研究没有批判性内容，他倡导研究所从事一种"跨学科式"的社会哲学的批判，并由此形成了社会批判理论，为法兰克福学派奠定了研究的理论基础。然而，霍克海默的批判理论并没有获得与之相配的国际声望和地位，从目前国内外的文献来看，和学界对阿多诺、马尔库塞、弗洛姆、哈贝马斯等法兰克福学派的其他成员关注度相比，霍克海默明显要逊色许多。无疑，这和霍克海默所创立的"批判理论"的伟大意义相比，其遭遇了不应该有的冷遇。原因何在呢？我们认为，其一，即便在流亡美国期间，霍克海默仍然坚持用德语写作（除了像《理性之蚀》等少量著作用英文写作外），在英语作为世界语言的这一时期以及之后的时期，他的德文著作没有引起广泛的关注；其二，和德国其他伟大的思想家一样，霍克海默的著作艰涩而深刻，涉猎的领域广、人物多，没有坚韧的意志力和良好的西方哲学背景，很难对其进行深入的理解和把握；其三，第二次世界大战后，主要资本主义国家把主要精力集中在经济发展方面，出现了短暂的"黄金发展阶段"，在一定程度上缓解了战后的阶级矛盾。因此，在资本主义世界，无论是官方还是普通民众，更期望一种"和谐哲学"，而不是霍克海默的"批判哲学"。问题的关键是，伴随着资本主义社会进入"黄金发展阶段"以及带来的"物质繁荣",资本主义世界真的"天下为公",彻底消除"异化"了吗?显然答案是否定的!在资本主义社会物质繁荣的背后,仍然无法根除人的生存"危机"。在物质匮乏的年代,这种"危机"表现在"人与自然"的对立,在物质繁荣的时代,则表现为"人与人"以及"人与自身精神世界"的"危机"。我们认为,只要人类没有从真正意义上摆脱这种"异化"状态,就仍然需要像霍克海默构建的具有"否定"精神的批判哲学。因此,为便于人们对霍克海默有一个全面的认识和公正的对待,我们从"形而上学"批判的视角对批判理论进行一种新的解读,试图通过这样一种尽力还原霍克海默批判理论的原貌。为此,我们将试图通过回答几大疑问来消除大家的疑惑。

疑惑之一:怎样理解霍克海默的形而上学批判?整个西方哲学发展史在一定程度上就是一部围绕"形而上学"的构建和批判的历史,"形而上学问题"构成了不同时代的相同主题。在西方哲学史中,对形而上学的理解大致可以分为两种不同的方式,一是把形而上学看成是一种对超验存在追思的学问,即把形而上学作为第一哲学;二是把形而上学看成是与辩证法相对的追求肯定与统一的一种知性思维方式。我们认为,霍克海默的形而上学批判属于第二种,即把"形而上学"定义为一种"肯定性"的思维方式。正是从这个角度出发,霍克海默对晚期资本主义的经验主义研究、对实证主义的批判以及对传统理论的批判,实际上乃在于揭示隐藏于它们之中的形而上学的"肯定性"思维方式。霍克海默的批判理论在一定程度上可以被理解为带有"否定性"的关注人们生存境遇的"人本主义"。霍克海默的理想不是做形而上学家,而是要做社会哲学家,即他关注的不是形而上学的具体形态的研究,而是试图通过对晚期资本主义经验领域和哲学思维方式的批判,实现从"形而上学"到"行而上学"的过渡。因此,霍克海默的形而上学批判的目的乃在于开创社会哲学式的拯救之路。

疑惑之二:如何正确理解霍克海默的批判理论产生的理论背景?霍克海默的批判理论构建绝不是"空穴来风",也不是"空中楼阁",它是在特定的理论背景中产生出来的具有鲜明"时代性"特征的一种理论。霍克海默在大学时期就研修了现代西方哲学,其思想深受康德、黑格尔、叔本华、弗洛伊德等思想家的影响,在其后来的著作中我们看到了现代西方学家对其思想的影响。此外,霍克海默和法兰克福学派的其他成员一样,虽然坚持"无党派性"的独立的创作,但思想仍然受到了早期西方马克思主义主要代表人物尤其是卢卡奇的影响,因深受马克思主义批判哲学的影响,霍克海默把自己创立的新哲学称为"批判理论"。正是从一个角度出发,我们认为,如果试图还原霍克海默真实的理论背景必须对其进行语境分析,深入考察其与马克思主义、现代西方哲学、早期西方马克思主义的复杂关联,进而揭示其真实的理论渊源。

疑惑之三:霍克海默批判理论的唯物主义基础如何正确理解?在《唯物主义与形而上学》一文中,霍克海默专门探讨了唯物主义与唯心主义、唯物主义和实证主义之间的复杂关联。霍克海默所理解的唯物主义和朴素唯物主义及机械唯物主义有本质的区别,和唯心主义及实证主义之间也有重要差别,毋宁说它是一种关注社会现实发展、具有"人本主义"情怀的"否定性"的唯物主义。霍克海默所坚持的唯物主义原则是和其倡导的进行"交叉学科式"的社会哲学研究是一致的,即他试图从关注社会现实中,为在晚期资本社会中深陷"奴役"之苦的人们寻找一种出路。

疑惑之四:如何理解霍克海默的经验主义研究和现代性批判之间的关联?在一定意义上,霍克海默的经验主义研究和现代性批判是等同的。晚期资本主义社会在给人们带来富裕的物质生活的同时,并没有如人们所期望的一样走向"幸福"的殿堂,这个社会反而在全面技术的操控之下,进入了"全面异化"的状态。霍克海默认为,正是现代性导致了人的"全面异化",因此,要消除"异化",必须对现代性的领域进行全面考察,揭示其秘密所在。正是从这个角度出发,霍克海默对晚期资本主义社会的政治、科学、文化等领域进行深入的分析和批判。霍克海默认为"极权主义"的诞生具有深层的形而上学基础,科学变成了一种新的意识形态,文化工业中隐藏着形而上学的"图式",总之,在晚期资本主义社会,在"工具理性"的全面操控下，经验的领域披上了"形而上学"的隐形外衣，成为统治民众的无孔不入的政治工具。霍克海默的经验主义研究乃在于清除隐藏在晚期资本主义社会中形而上学的"肯定性"思维方式，唤醒沉睡中的人们的"批判意识"，进而为实现人的解放寻找一条出路。

疑惑之五：霍克海默对实证主义的批判是什么意义上的一种批判？霍克海默认为，纯粹经验性的研究可以为我们提供必要的理论素材，但如果离开哲学的思考，就不会有批判性的反叛。在《对形而上学的最新攻击》一文中，霍克海默试图把经验的批判上升为哲学的批判，清理造成晚期资本主义社会异化的现实的哲学基础。霍克海默认为，现代社会中流行的实证主义思潮打着"为科学而战"的口号吸引了不少民众的注意力，影响了他们的思维判断。霍克海默认为，实证主义乃是一种"肯定性"的哲学思潮，在晚期资本主义社会完全变成了一种"犬儒哲学"，成为资本主义的政治统治的帮凶。实证主义在反对形而上学的征途中最终沦为了一种朴素的形而上学。需要指认的是，霍克海默虽然认为实证主义无法真正摆脱形而上学的纠缠，但并无意去肯定形而上学，而是把实证主义作为形而上学发展史的一种特殊"变种"把它与形而上学一起加以批判。

疑惑之六：霍克海默的形而上学批判和批判理论之间存在什么样的关联？在《传统理论与批判理论》一文中，霍克海默对传统理论进行了深入的分析和批判，认为传统理论的主要特征乃是认为理论是一种完全独立于人类社会生活之外的一种活动，因而，在传统理论的视野中从来不关心"人性"的社会基础，沦为了一种"学究式"的学院哲学。霍克海默认为，传统理论是一种典型的形式逻辑，一切都是"速记的符号"，是命题的推理、判断，唯独没有"真实的人"的存在，这样在传统理论中，人以及人的真实的生活都变成抽象的符号。霍克海默认为，传统理论的消极影响成为晚期资本社会政治统治的帮凶，在一定意义上变成了"官方哲学"。批判理论产生于社会生活之中，因而，总是密切关注社会现实生活并对社会的不合理状态提出质疑和批判。批判理论的逻辑是辩证逻辑，它总是以一种"历史性"的眼光审视这个世界，因而，总能得出"理论与实践相结合"的理论诉求。霍克海默对传统理论的批判,实乃清理隐藏在其内的"形而上学"的"肯定性"的思维方式,恢复人们的批判意识,在这个层面上,霍克海默的形而上学批判构成了批判理论的逻辑前提、重要内容和思想内核。

疑惑之七:霍克海默的形而上学批判和哈贝马斯的后形而上学构建有什么关联?学界一般认为到了哈贝马斯,法兰克福学派的批判理论发生了范式转型。问题的关键是,为何发生转型以及在何种层面上发生了转型?霍克海默的形而上学批判和哈贝马斯的后形而上学是不同时代的产物,我们认为,不能在两者之间简单地画上等号或者不等号,任何对两者之间抱着简单判断的做法都是对这两位伟大思想家的严重蔑视。霍克海默和哈贝马斯出生在不同时代,理所当然对资本主义社会有不同的体认。作为有犹太血统的霍克海默,在德国法西斯主义盛行之时,曾深受其害,他和法兰克福学派的大多数成员曾在第二次世界大战期间被迫流亡国外。在流亡美国期间,霍克海默曾多次公开反对法西斯主义的立场,他的批判理论在一定意义上是对法西斯主义的反思。在霍克海默看来,任何体系的理论,都可能形成一种"形而上学"的思维方式,都可能成为"极权主义"的帮凶,因而,他反对体系哲学,反对规范性的理论建构。然而,我们反观哈贝马斯,他没有犹太血统,第二次世界大战时还处在幼年,对法西斯主义的体认当然无法和霍克海默相提并论。此外,第二次世界大战之后,资本主义社会表面繁荣的现象也不可避免地成为哈贝马斯理论的时代背景,受这种影响,哈贝马斯认为要对资本主义社会的合理性以及现代性进行重新拷问。他认为,尽管现代性存在很多弊端,但我们不应简单将其丢弃,而应对其加以改造,由此,他提出了"交往行为理论",走向了"改良主义"的"后形而上学"构建之路。尽管批判理论在哈贝马斯那里实现了范式转型,但是,我们认为,霍克海默开创的注重"历史性"以及"理论与实践相统一"的研究风格仍然对包括哈贝马斯在内的后来者产生了直接或间接的影响,从这个意义上讲,霍克海默的形而上学批判虽经历挫折,但仍屹立不倒。

对以上"七个疑惑"的解答乃是对本书做的粗线条的阐述。今天的学界，对霍克海默的态度褒贬不一，但是，只要我们深入霍克海默的批判之中细细地品味，慢慢地咀嚼，一定会发现这个与我们相隔不同时空的理论中仍然悬着一把变革现实的"利剑"，这种理论所散发出来的张力，不仅仅会影响我们的大脑，而且会变成支配我们的行动。因此，我们更有理由相信，在深化改革的当今中国，在披荆斩棘的改革之路上，这种来自西方的理论仍然能给我们这个时代提供一种深刻的教诲。

参考文献

一 中文著作

《马克思恩格斯全集》第2卷，人民出版社1957年版。

《马克思恩格斯全集》第4卷，人民出版社1957年版。

《马克思恩格斯选集》第1—4卷，人民出版社2012年版。

［德］阿道尔诺：《否定的辩证法》，张峰译，重庆出版社1993年版。

［德］阿多诺：《文化工业再思考》，高丙中译，《文化研究》第1辑，天津社会学院出版社2000年版。

［法］奥古斯特：《孔德》，黄建华译，商务印书馆1996年版。

［英］佩里·安德森：《西方马克思主义探讨》，高铦等译，人民出版社1981年版。

［英］卡尔·波普尔：《科学发现的逻辑》，查汝强等译，中国美术学院出版社2008年版。

［英］A. F. 查尔默斯：《科学究竟是什么》，鲁旭东译，商务印书馆2013年版。

［德］曹卫东主编：《霍克海默集》，渠敬东、付德根译，上海远东出版社2004年版。

陈学明、王凤才：《西方马克思主义前沿问题二十讲》，复旦大学出版社2008年版。

陈振明：《法兰克福学派与科学技术哲学》，中国人民大学出版社1992年版。

［德］威廉·狄尔泰：《精神科学引论》，董奇志、王海鸥译，中国城市出版社2002年版。

［法］笛卡尔：《谈谈方法》，王太庆译，商务印书馆2009年版。

［美］埃里希·弗洛姆：《逃避自由》，刘林海译，国际文化出版公司 2007 年版。

［德］H. 贡尼、R. 林古特：《霍克海默传》，任立译，商务印书馆 1999 年版。

［美］罗伯特·A. 戈尔曼主编：《新马克思主义研究辞典》，中央编译局当代马克思主义研究所译，社会科学文献出版社 1989 年版。

［意］葛兰西：《实践哲学》，徐崇温译，重庆出版社 1993 年版。

顾海良、梅荣政：《马克思主义发展史》，武汉大学出版社 2006 年版。

［美］布鲁斯·昂：《形而上学》，田园等译，中国人民大学出版社 2006 年版。

［奥］哈勒：《新实证主义》，韩林合译，商务印书馆 1998 年版。

［德］阿克塞尔·霍耐特：《为承认而斗争》，胡继华译，上海人民出版社 2005 年版。

［德］阿克塞尔·霍耐特：《自由的权利》，王旭译，社会科学文献出版社 2013 年版。

［德］哈贝马斯：《作为"意识形态"的技术与科学》，李黎、郭官义译，学林出版社 1999 年版。

［德］海德格尔：《形而上学导论》，熊伟、王庆节译，商务印书馆 1996 年版。

［德］黑格尔：《精神现象学》上卷，贺麟、王玖兴译，商务印书馆 1979 年版。

［德］黑格尔：《哲学史讲演录》，贺麟、王大庆等译，上海人民出版社 2013 年版。

［德］马克斯·霍克海默、西奥多·阿道尔诺：《启蒙辩证法——哲学断片》，渠敬东、曹卫东译，上海人民出版社 2006 年版。

［德］马克斯·霍克海默：《批判理论》，李小兵等译，重庆出版社 1989 年版。

［德］于尔根·哈贝马斯：《合法化危机》，刘北成、曹卫东译，上海人民出版社 2009 年版。

［德］于尔根·哈贝马斯：《交往行动理论》第 1 卷，《行动的合理化

与社会的合理化》，洪佩郁译，重庆出版社 1993 年版。

［德］于尔根·哈贝马斯：《交往行动理论》第 1 卷，《论功能主义理论批判》，洪佩郁、蔺青译，重庆出版社 1993 年版。

［德］于尔根·哈贝马斯：《交往与社会化理论》，张博树译，重庆出版社 1989 年版。

［德］于尔根·哈贝马斯：《现代性的哲学话语》，曹卫东等译，译林出版社 2008 年版。

［德］于尔根·哈贝马斯：《重建历史唯物主义》，郭官义译，社会科学文献出版社 2013 年版。

［德］于尔根·哈贝马斯：《后形而上学思想》，曹卫东、付德根译，译林出版社 2012 年版。

何萍：《马克思主义哲学史教程》上、下卷，人民出版社 2009 年版。

洪谦：《论逻辑经验主义》，商务印书馆 2005 年版。

洪谦：《维也纳学派哲学》，商务印书馆 1989 年版。

洪谦主编：《逻辑经验主义》，商务印书馆 1989 年版。

［美］马丁·杰伊：《法兰克福学派的宗师——阿多诺》，吴康译，湖南人民出版社 1989 年版。

［美］马丁·杰伊：《法兰克福学派史》，单世联译，广东人民出版社 1996 年版。

［德］卡尔·柯尔施：《卡尔·马克思——马克思主义的理论和阶级运动》，熊子云、翁廷真译，重庆出版社 1993 年版。

［德］卡尔·柯尔施：《马克思主义和哲学》，王南湜、荣新海译，重庆出版社 1993 年版。

［德］康德：《未来形而上学导论》，李秋零译，中国人民大学出版社 2013 年版。

［美］卡尔纳普：《科学哲学导论》，张华夏、李平译，中国人民大学出版社 2007 年版。

［美］卡尔纳普：《世界的逻辑构造》，陈启伟译，上海译文出版社 1999 年版。

［美］凯尔纳等：《后现代理论：批判性的质疑》，张志斌译，中央编

译出版社 2011 年版。

［美］托马斯·库恩：《科学革命的结构》，金吾伦、胡新和译，北京大学出版社 2012 年版。

［美］威拉德·蒯因：《从逻辑的观点看》，江天骥等译，上海译文出版社 1987 年版。

［英］罗素：《西方哲学史》上卷，何兆武、李约瑟译，商务印书馆 2013 年版。

［奥］威尔海姆·赖希：《法西斯主义群众心理学》，张峰译，重庆出版社 1993 年版。

［法］利奥塔尔：《后现代状态：关于知识的报告》，车槿山译，南京大学出版社 2011 年版。

［美］利奥·洛文塔尔：《文学、通俗文化和社会》，甘锋译，中国人民大学出版社 2012 年版。

［匈］卢卡奇：《历史与阶级意识》，杜章智等译，商务印书馆 2012 年版。

［英］伯特兰·罗素：《逻辑与知识》，苑莉均译，商务印书馆 2012 年版。

［英］罗素：《西方哲学史》下卷，何兆武、李约瑟译，商务印书馆 2013 年版。

刘放桐主编：《新编现代西方哲学》，人民出版社 2012 年版。

刘卓红、石德金等：《早期西方马克思主义社会历史观》，社会科学文献出版社 2011 年版。

［法］莫里斯·梅洛-庞蒂：《辩证法的历险》，杨大春、张尧均译，上海译文出版社 2009 年版。

［美］赫伯特·马尔库塞：《单向度的人——发达工业社会意识形态研究》，刘继译，上海译文出版社 2012 年版。

［美］赫伯特·马尔库塞：《爱欲与文明——对弗洛伊德思想的哲学探讨》，黄勇、薛民译，上海译文出版社 2008 年版。

［英］戴维·麦克莱伦：《马克思以后的马克思主义》，李智译，中国人民大学出版社 2008 年版。

欧力同、张伟:《法兰克福学派研究》,重庆出版社 1990 年版。

[法]昂利·彭加勒:《科学与假设》,李醒民译,商务印书馆 2009 年版。

强以华:《存在与第一哲学》,武汉大学出版社 1997 年版。

[德]叔本华:《作为意志和表象的世界》,石冲译,商务印书馆 2012 年版。

[奥]维特根斯坦:《哲学研究》,韩林合译,商务印书馆 2013 年版。

[德]罗尔夫·魏格豪斯:《法兰克福学派:历史、理论及政治影响》,孟登迎等译,上海人民出版社 2010 年版。

[德]韦尔默:《后形而上学现代性》,应奇、罗亚玲译,上海译文出版社 2007 年版。

[美]M. W. 瓦托夫斯基:《科学思想的概念基础——科学哲学导论》,范岱年等译,求实出版社 1989 年版。

王凤才:《蔑视与反抗——霍耐特的承认理论与法兰克福学派批判理论的"政治伦理转向"》,重庆出版社 2008 年版。

王晓升:《为个性自由而斗争——法兰克福学派社会历史理论评述》,社会科学文献出版社 2009 年版。

王晓升等:《西方马克思主义意识形态理论》,社会科学文献出版社 2008 年版。

谢永康:《形而上学的批判与拯救:阿多诺否定辩证法的逻辑和影响》,江苏人民出版社 2008 年版。

[德]卡尔·雅斯贝尔斯:《大哲学家》,李雪涛等译,社会科学文献出版社 2012 年版。

[德]卡尔·雅斯贝尔斯:《当代的精神处境》,黄藿译,生活·读书·新知三联书店 1992 年版。

衣俊卿:《20 世纪的文化批判——西方马克思主义的深度解读》,中央编译出版社 2003 年版。

衣俊卿:《西方马克思主义概论》,北京大学出版社 2008 年版。

尹树广:《国家批判理论》,黑龙江人民出版社 2002 年版。

张一兵:《当代国外马克思主义哲学思潮》,江苏人民出版社 2012

年版。

张一兵：《文本的深度耕犁——西方马克思主义经典文本解读》，中国人民大学出版社 2004 年版。

张一兵：《折断理性的翅膀——西方马克思主义哲学批判》，南京出版社 2001 年版。

张志伟：《形而上学的历史演变》，中国人民大学出版社 2010 年版。

张志伟：《形而上学读本》，中国人民大学出版社 2010 年版。

章国锋：《关于一个公正世界的"乌托邦"构想：解读哈贝马斯〈交往行为理论〉》，山东人民出版社 2001 年版。

中国人民大学马列主义发展史研究所编：《马克思主义史》第 2、3 卷，人民出版社 1997 年版。

二 中文期刊论文

曹卫东：《法兰克福学派的历史效果》，《读书》1997 年第 11 期。

常健：《反形而上学还是后形而上学》，《文史哲》2002 年第 6 期。

陈学明：《法兰克福学派的批判理论在当代中国的意义》，《江海学刊》2000 年第 5 期。

陈学明、罗富尊：《评"西方马克思主义"对科学技术社会功能的批判》，《西南师范大学学报》（人文社会科学版）2005 年第 5 期。

崔永杰：《科学技术即意识形态——从霍克海默到马尔库塞再到哈贝马斯》，《山东师范大学学报》（人文社会科学版）2007 年第 6 期。

陈振明：《霍克海默对实证主义的批判》，《科学技术与辩证法》1991 年第 1 期。

陈蓓洁：《霍克海默对实证主义的批判及其存在论基础》，《云南大学学报》（社会科学版）2005 年第 6 期。

陈爱华：《论霍克海默科技伦理观的理论逻辑》，《伦理学研究》2010 年第 5 期。

[德] E. 卡西尔：《康德与形而上学问题——评海德格尔对康德的解释》，张继选译，《世界哲学》2007 年第 3 期。

傅永军：《哈贝马斯论形而上学之思和后形而上学之思》，《社会科学战线》2003 年第 5 期。

高亮华：《技术：社会批判理论的批判——法兰克福学派技术哲学思想述评》，《自然辩证法研究》1992 年第 2 期。

贺来：《论马克思哲学与形而上学的深层关系——"形而上学的终结"与"形而上维度的拯救"》，《哲学研究》2009 年第 10 期。

［德］霍克海默：《社会哲学的现状与社会研究所的任务》，王凤才译，《马克思主义与现实》2011 年第 5 期。

何宝峰、杨晗旭：《霍克海默批判理论的双重维度》，《湖北社会科学》2013 年第 3 期。

胡绪明、陈学明：《启蒙的逻辑与现代性的秘密——霍克海默、阿多诺〈启蒙辩证法〉文本学解读》，《学海》2007 年第 5 期。

韩东晖：《论实证主义的形而上学》，《中国人民大学学报》2003 年第 1 期。

郝苑、孟建伟：《逻辑经验主义的形而上学基础》，《山东社会科学》2011 年第 12 期。

［法］J. F. 利奥塔尔：《关于"后现代"一词的正确用法——J. F. 利奥塔尔答记者问》，《国外社会科学》1987 年第 11 期。

李隽：《霍克海默社会批判理论诠释》，《哲学堂》2004 年第 1 期。

李隽：《霍克海默的社会批判理论及其思想特色》，《理论探索》2005 年第 6 期。

李慧娟：《启蒙的界限——兼及霍克海默、阿多尔诺〈启蒙辩证法〉》，《社会科学战线》2001 年第 9 期。

李嘉美：《哈贝马斯的后形而上学理论》，《国外社会科学》2008 年第 2 期。

马俊领、刘卓红：《论霍克海默对实证主义的批判——启蒙批判早期进路研究》，《广西社会科学》2008 年第 11 期。

马汉广：《启蒙观念的辩证发展——康德、霍克海默、福柯》，《学术交流》2006 年第 6 期。

［美］M. 洛伊：《法兰克福学派的理性主义马克思主义》，多家瑜译，《国外社会科学》1984 年第 4 期。

［美］R. 罗蒂：《哈贝马斯和利奥塔论后现代性》，李文阁译，《世界哲学》2004年第4期。

［美］R. 庇平：《黑格尔的形而上学和矛盾问题》，吴忠译，《哲学译丛》1980年第2期。

孙正聿：《哲学的形而上学历险》，《天津社会科学》2011年第5期。

铁省林：《从形而上学到后形而上学——论哈贝马斯的后形而上学之思》，《河南师范大学学报》（哲学社会科学版）2003年第1期。

王凤才：《论法兰克福学派"科学技术即意识形态"理论》，《山东大学学报》（哲学社会科学版）1999年第3期。

王凤才：《启蒙精神的毁灭——霍克海默、阿多诺启蒙观析评》，《山东社会科学》2004年第9期。

王凤才：《从批判理论到后批判理论（上）——对批判理论三期发展的批判性反思》，《马克思主义与现实》2012年第6期。

王凤才：《〈工具理性批判〉与〈理性之蚀〉关系考》，《国外社会科学》2014年第5期。

吴友军：《人道主义伦理批判的实质和局限——论霍克海默的社会批判理论》，《哲学研究》2008年第4期。

吴友军：《霍克海默社会批判理论的形成及其困境》，《哲学动态》2008年第4期。

王雨辰：《技术祛魅与人的解放——评法兰克福学派的科技伦理价值》，《哲学研究》2006年第12期。

王天成：《黑格尔形而上学维度的革新》，《吉林大学社会科学学报》2007年第4期。

谢永康：《批判理论的范式转型及其问题——重思"后形而上学思想"与"否定的辩证法"的关系》，《中国社会科学》2009年第3期。

徐军：《社会批判理论内部的对话——哈贝马斯与法兰克福学派理论关系新探》，《福建论坛》（人文社会科学版）2002年第6期。

炎冰、严明：《语言游戏与合法化误构——利奥塔的后现代概念谱系考辨》，《福建论坛》（人文社会科学版）2004年第11期。

俞吾金：《形而上学发展史上的三次翻转——海德格尔形而上学之思

的启迪》,《中国社会科学》2009 年第 6 期。

叶秀山:《康德的"批判哲学"与"形而上学"》,《南京大学学报》(哲学·人文科学·社会科学)2010 年第 5 期。

仰海峰:《霍克海默与批判理论的早期规划》,《浙江社会科学》2009 年第 4 期。

杨礼银:《法兰克福学派的马克思主义观》,《马克思主义哲学研究》2011 年第 1 期。

[波兰]亚历山大维奇:《作为革命的形而上学的黑格尔哲学》,于民雄译,《国外社会科学》1990 年第 2 期。

赵勇:《法兰克福学派的中国之旅——从一篇被人遗忘的"序言"说起》,《书屋》2004 年第 3 期。

周超、朱志方:《不可通约性与科学合理性——库恩科学合理性理论研究》,《武汉大学学报》(哲学社会科学版)2004 年第 4 期。

张一兵:《黑暗中的本有:可以不在场的潜能———阿甘本的哲学隐性话语》,《社会科学战线》2013 年第 7 期。

张一兵:《反人类中心主义:工具理性与市场逻辑批判——〈启蒙辩证法〉中的一条逻辑主线》,《求是学刊》2000 年第 5 期。

张一兵:《工具理性对社会生活的渗透——中后期法兰克福学派的一种社会批判》,《教学与研究》2001 年第 7 期。

赵一凡:《阿多诺:西马之否定(上)》,《中国图书评论》2007 年第 5 期。

张秀琴:《意识形态理论的"辩证"阐释模式——阿多尔诺、霍克海默与马克思意识形态理论比较研究》,《学术研究》2007 年第 7 期。

朱艾雨:《叔本华对霍克海默的影响——以批判理论的视角和情调为例》,《吉林师范大学学报》(人文社会科学版)2008 年第 1 期。

周德刚:《批判及批判的价值——对〈启蒙辩证法〉的解读》,《理论界》2003 年第 5 期。

郑忆石、祁程:《否定与反证:早期法兰克福学派科技理性批判中的社会动力观》,《广东社会科学》2012 年第 1 期。

章国锋:《哈贝马斯访谈录》,《外国文学评论》2000 年第 1 期。

张桂权:《康德对形而上学的拯救》,《四川师范大学学报》(社会科学版) 2007 年第 2 期。

三　硕博论文

包桂芹:《霍克海默、阿多诺〈启蒙辩证法〉研究》,博士论文,吉林大学,2008 年。

李隽:《霍克海默批判的马克思主义思想探微》,硕士论文,山西大学,2003 年。

孙斯慧:《论霍克海默的工具理性批判理论》,硕士论文,辽宁大学,2012 年。

王迅:《霍克海默的批判理论述评》,硕士论文,苏州大学,2001 年。

谢永康:《形而上学的批判与拯救——阿诺否定辩证法的逻辑和影响》,博士论文,南开大学,2007 年。

张春艳:《霍克海默工具理性批判解析》,硕士论文,大连理工大学,2006 年。

张翠:《霍克海默社会批判理论特征分析》,硕士论文,长安大学,2010 年。

张志芳:《霍克海默的理性批判研究》,博士论文,复旦大学,2012 年。

郑劲超:《霍克海默"支配自然"的理论主题及其影响》,硕士论文,南京大学,2013 年。

四　外文文献

J. C. Berendzen, Suffering and theory: Max Horkheimer's early essays and contemporary moral philosophy, *Philosophy and Social Criticism*, Vol. 36, No. 9, 2010.

J. C. Berendzen. Postmetaphysical thinking or refusal of thought? Max Horkheimer's materialism as philosophical stance, *International Journal of Philosophical Studies*, Vol. 16, No. 5, 2008.

Ryan Gunderson, Horkheimer's pessimism and compassion, *Telos*, Vol. 2012, No. 160, 2012.

Max Horkheimer, *Eclipse of Reason*, New York: The Continuum Publishing Company, 1974.

Konstantinos Kavoulakos, From Habermas to Horkheimer's early work: directions for a materialist reconstruction of communicative critical Theory, *Telos*, No. 130, 2005.

Lenny Moss and Vida Pavesich, science, normativity and skill: reviewing and renewing the anthropological basis of critical theory, *Philosophy and Social Criticism*, Vol. 37, No. 2, 2011.

Peter M. R., Stirk, Max Horkheimer: A New Interpretation, Lanham: Barnes & Noble Books, 1992.

John O'Neill and Thomas Uebel, Horkheimer and Neurath: restarting a disrupted debate, *European Journal of Philosophy*, Vol. 12, No. 1, 2004.

Halina Walentowicz. Max Horkheimer and his philosophy, *Dialogue and Universalism*, Vol. 16, No. 5 - 6, 2006.

附　　录[①]

霍克海默主要著作目录

一　全集类

《霍克海默全集》(*Gesammelte Schriften*) 19卷，施密特 (Alfred Schmidt) 和施密特·诺尔 (Gunzelin Schmid Noerr) 编，S. Fischer Verlag, Frankfurt am Main, 1985—1996。

第1卷：《走出青春期；小说与日记：1914—1918》(*Aus der Pubertaet, Novellen und Tagebuchblaelltter 1914 – 1918*)。

第2卷：《早期哲学论文：1922 – 1932》(*Philosophische Fruehschriften 1922 – 1932*)。

第3卷：《论文：1931—1936》(*Schriften 1931 – 1936*)。

第4卷：《论文：1936—1941》(*Schriften 1936 – 1941*)。

第5卷：《启蒙辩证法；论文：1940—1950》(*Dialektik der Aufklaerung und Schriften 1940 – 1950*)。

第6卷：《工具理性批判；笔记：1949—1969》(*Zur Kritik der instrumentellen Vernunft und Notizen 1949 – 1969*)。

第7卷：《报告与散论：1949—1973》(*Vortraege und Aufzeichnun-*

[①] ［德］马克斯·霍克海默、西奥多·阿道尔诺：《启蒙辩证法——哲学断片》，上海人民出版社2006年版，第248—255页；［德］H. 贡尼、R. 林古特：《霍克海默传》商务印书馆1999年版，第114—115页；［德］曹卫东主编：《霍克海默集》，上海远东出版社2004年版，第385—388页。略有改动。

gen1949 – 1973，1. Philosophisches，2. Glueckwuensche und Gedenkworte，3. Gespraeche）。

第 8 卷：《报告与散论：1949—1973》（*Vortraege und Aufzeichnungen*1949 – 1973，4. Soziologosches，5. Universitaet und Studium）。

第 9 卷：《遗作：1914—1931》（*Nachgelassene Schriften* 1914 – 1931）。

第 10 卷：《遗作：1914—1931》（*Nachgelassene Schriften* 1914 – 1931）。

第 11 卷：《遗作：1914—1931》（*Nachgelassene Schriften* 1914 – 1931）。

第 12 卷：《遗作：1931—1949》（*Nachgelassene Schriften* 1931 – 1949）。

第 13 卷：《遗作：1949—1972》（*Nachgelassene Schriften* 1949 – 1972）。

第 14 卷：《遗作：1949—1972》（*Nachgelassene Schriften* 1949 – 1972）。

第 15 卷：《通信集：1913—1936》（*Briefwechsel* 1913 – 1936）。

第 16 卷：《通信集：1937—1940》（*Briefwechsel* 1937 – 1940）。

第 17 卷：《通信集：1941—1948》（*Briefwechsel* 1941 – 1948）。

第 18 卷：《通信集：1949—1973》（*Briefwechsel* 1949 – 1973）。

第 19 卷：《补论、目录与索引》（*Nachtraege，Vezeichnisse und Register*）。

二 专著文集类

1. 《康德的判断力批判作为理论哲学和实践哲学的联系环节》（*Kants Kritik der Urteilskraft als Bindeglied zwischen theoretischer und praktischer Philosophie*），Stuttgart，1925。

2. 《资产阶级历史哲学的起源》（*Anfaenge der buergerlichen Geschichtsphilosophie*），Stuttgart，1930。

3. 《社会哲学的现状和社会研究所的任务》（*Die gegenwaertige Lage der Sozialphilosphie und die Aufgaben eines Institut fuer Sozialforschung*），Frankfurt am Main，1931。

4. 《黄昏》（*Daemmerung*, *Notizen in Deutschland*），Zuerich，1934。

5. 《启蒙辩证法：哲学断片》（*Dialektik der Aufklaerung：Philosophische Fragmente*），与阿多诺合著，Amsterdam，1947。

6. 《论理性的概念》（*Zum Begriff der Verninft*），此文为霍克海默于1931年11月20日担任法兰克福大学校长发布的就职演说，后收入《法兰克福大学演讲集》（*Frankfurter Universitaetsreden*），第7卷，Frankfurt am Main，1953。

7. 《当前的大学问题》（*Gegenwaetige Probleme der Universitaet*），rankfurt am Main，1953。

8. 《论自由》（*Um die Freiheit*），Frankfurt am Main，1962。

9. 《社会学Ⅱ：演讲与报告》（*Sociologia Ⅱ：Reden und Vortraege*），与阿多诺合著，Frankfurt am Main，1962。

10. 《工具理性批判》（*Zur Kritik der instrumentellen Vernuft*），内容包括施密特（Alfred Schmidt）从英文本翻译过来的《理性之蚀》以及一些报告和短论，施密特编，Frankfurt am Main，1967。

11. 《批判理论》（*Kritische Theorie*），2卷本，施密特编，Frankfurt am Main，1968。

12. 《渴望真正的他者》（*Die Sehnsucht nach dem ganz Anderen*），Hamburg，1970。

13. 《社会哲学研究文集：1930—1972》（*Soziaphilosophische Studien，Aufsaetze，Reden und Vortraege：1930 - 1972*），布莱德（Werner Brede）编，Frankfurt am Main，1972。

14. 《社会转型研究》（*Gesellschaft im Uebergang, Aufsaetze, Reden und Vortraege：1942 - 1970*），布莱德（Werner Brede）编，Frankfurt am Main，1972。

15. 《走出青春期》（*Aus der Pubeitaet*），Muenchen，1974。

16. 《笔记：1950—1969》（*Notiaen 1950 bis 1969 —Daemmerung, Notizn in Deutschland*），Frankfurt am Main，1974。

三　重要论文

1. 《一种新型的意识形态？》（*Ein neuer Ideologiebegriff*？），载《格吕贝

格文库》（Gruenbergs Archiv），1930。

2. 《黑格尔与形而上学问题》（*Hegel und das Problem der Metaphysik*），载《格吕贝格纪念文集》（*Festschrift fuer Garl Gruenberg zum 70 Geburtstag*），Leipzig，1932。

3. 《科学危机及其札记》（*Bemerkungen ueber Wissenchaft und Krise*），载《社会研究杂志》（*Zeitschrift für Sozialforschung*），1932，第 1 期。

4. 《历史与心理学》（*Geschichte und Psychologie*），载《社会研究杂志》（*Zeitschrift für Sozialforschung*），1932，第 1 期。

5. 《唯物主义与形而上学》（*Materialismus und Metaphysik*），载《社会研究杂志》（*Zeitschrift für Sozialforschung*），1933，第 1 期。

6. 《唯物主义与道德形而上学》（*Materialismus und Moral*），载《社会研究杂志》（*Zeitschrift für Sozialforschung*），1933，第 2 期。

7. 《社会科学中的预言问题》（*Zum Problem der Voraussage in den Sozialwissenschaften*），载《社会研究杂志》（*Zeitschrift für Sozialforschung*），1933，第 3 期。

8. 《当代哲学中的理性主义论争》（*Zum Rationalismusstreit in der gegenwaertigen Philosophie*），载《社会研究杂志》（*Zeitschrift für Sozialforschung*），1934，第 1 期。

9. 《论柏格森的时间形而上学》（*Zu Bergssons Metaphysik der Zeit*），载《社会研究杂志》（*Zeitschrift für Sozialforschung*），1934，第 3 期；

10. 《论哲学人类学》（*Bemerkungen zur philosophischen Anthropologie*），载《社会研究杂志》（*Zeitschrift für Sozialforschung*），1935，第 1 期。

11. 《关于真理问题》（*Zum Problem der Wahrheit*），载《社会研究杂志》（*Zeitschrift für Sozialforschung*），1935，第 3 期。

12. 《关于权威与家庭的研究》（*Studien ueder Autoritaet und Famiie*），Paris，1936。

13. 《个人主义与自由运动》（*Egoismus und Freiheitsbewegung*），载《社会研究杂志》（*Zeitschrift für Sozialforschung*），1936，第 2 期。

14. 《论赫克：基督教与历史》（*Zu Theodor Haecher：Der Christ und die*

Geschichte),载《社会研究杂志》（Zeitschrift für Sozialforschung），1936，第3期。

15. 《对形而上学的最新攻击》（Der nereste Angriff auf die Metaphysik），载《社会研究杂志》（Zeitschrift für Sozialforschung），1937，第1期。

16. 《传统理论与批判理论》（Traditionelle und kritische Theorie），载《社会研究杂志》（Zeitschrift für Sozialforschung），1937，第2期。

17. 《哲学与批判理论》（Philosophie und kritische Theorie），与马尔库塞合著，载《社会研究杂志》（Zeitschrift für Sozialforschung），1937，第3期。

18. 《蒙田与怀疑主义的意义》（Mintaigne und die Funktion der Skepsis），载《社会研究杂志》（Zeitschrift für Sozialforschung），1938，第1期。

19. 《彻底集中的哲学》（Die Philosophie der absoluten Konzentration），载《社会研究杂志》（Zeitschrift für Sozialforschung），1938，第3期。

20. 《犹太人与欧洲》（Die Juden und Europa），载《社会研究杂志》（Zeitschrift für Sozialforschung），1939，第1期。

21. 《权威国家》（Autoritaerer Staat），载《本雅明纪念集》（Walter Benjamin zum Gedaechtnis），New York，1942。

22. 《有神论与无神论》（Theismus – Atheismus），载《阿多诺纪念文集》（Zeugnisse：Thodorw. Adorno zum sechzigsten Geburtstag），Frankfurt am Main，1963。

四 英文著作和论文

1. 《启蒙辩证法》（Dialectic of Enlightenment），约翰·卡明（John Cumming）译，New York：Continuum，1969。

2. 《哲学与社会科学：早期文选》（Between Philosophy and Social Science），弗里德里克·亨特（Frederick Hunter）等译，MIT Press，1993。

3. 《理性之蚀》（Eclipse of Reason），New York，1947。

4. 《西德社会科学通论》（Surney of the Social Sciences in Western Germa-

ny), Washington, 1952。

5. 《哲学的社会功能》(The Social Function of Philosophy)，载 SPPS，1934 – 1940。

6. 《狄尔泰著作中心理学与社会学的关系》(The Relation between Psychology and Sociology in the Work of Wihelm Dilthey)，载 SPPS，1939 – 1940。

7. 《艺术与大众文化》(Art and Mass Culture)，载 SPPS，1941，第 2 期。

8. 《理性的终结》(The End of Reason)，载 SPPS，1941，第 3 期。

霍克海默生平年表

1895 年

2 月 14 日出生于斯图加特（Stuttgart）；父亲莫里茨·霍克海默（Moriz Horkheimer）是一位纺织厂厂主。

1911 年

中学毕业，开始学习经商，结识了同为斯图加特工厂主之子的波洛克（Friedrich Pollock）。

1913—1914 年

和波洛克一起在比利时、法国以及英国等地游学。

1914—1916 年

回到斯图加特，在父亲的工厂里帮工。期间创作了许多小说。

1916 年

应征入伍服役。结识了罗莎·里克梅尔（Rosa Riekher），罗莎后来成了他的妻子。

1918 年

11 月革命爆发。

1919 年

在慕尼黑通过中学毕业会考，开始在慕尼黑大学注册学习，后来转往弗莱堡和法兰克福,分别学习:心理学,导师为舒曼(Sschumann)和格尔伯(Gelb);哲学,导师为胡塞尔(Edmund Husserl),海德格尔(Martin Heidegger);以及国民经济学。

1921—1922 年

完成了博士论文,题为:《视觉盲区中的格式塔变化研究》(*Gestaltveraenderung in der farbenblinden Zone des blinden Flenks im Auge*),由于同样内容的著作在哥本哈根已经出版,只好放弃重新开题。

1922 年

结识阿多诺和魏尔(Felix Weil),在法兰克福大学完成博士论文,题为:《关于目的论判断力的悖论》(*Zur Antionmie der teleologischen Urteilskraft*),并通过答辩,获得学位。

1924 年

法兰克福社会研究所正式成立,格吕贝格(Carl Gruenberg)担任首任所长。

1925 年

在汉斯·科内利乌斯(Hans Cornelius)那里完成教授资格论文《论康德的判断力批判》(*Ueber Kants Kritik der Urteilskraft als Bindeglied zwisdeglied theoretischer und praktischer Philosophie*)。

1925—1930 年

担任私人讲师。

1926 年

与罗莎结婚。

1928 年

法兰克福大学达到辉煌时期,诸多知名学者在那里执教,如蒂利希(Paul Tillch)、曼海姆(Karl Manheim)等。

1929 年

精神分析研究所成立。

1930 年

霍克海默成为社会哲学教授,并出任社会研究所所长。撰写《资产阶级历史哲学的兴起》。法兰克福市授予弗洛伊德歌德奖(Goethe – Preis），引起广泛争议。

1931 年

发表就职演说《社会哲学的现状和社会研究所的任务》。

1932—1939 年

主编《社会研究杂志》以及《哲学与社会科学研究》。

1933 年

霍克海默在法兰克福的家被党卫军占领，被迫迁往日内瓦，社会研究所及其图书被当作"共产主义的财产"而没收；社会研究所分别在伦敦和巴黎建立分支机构。

1934 年

《黄昏》一书在瑞士出版，流亡美国，社会研究所迁往纽约，与哥伦比亚大学建立松散的合作关系。

1936 年

《权威与家庭》和《利己主义与自由运动》出版。

1937 年

发表《对形而上学的最新攻击》和《传统理论和批判理论》。

1939 年

与弗洛姆分道扬镳。

1940 年

获得美国国籍。

1941—1944 年

与阿多诺合作《启蒙辩证法》。

1942 年

基希海默（Otto Kirchheimer），诺曼（Frann Neumann）以及马尔库塞（Herbert Marcuse）等人进入美国政府机构就职。霍克海默和阿多诺合作主编《本雅明纪念文集》。

1944 年

应哥伦比亚大学哲学系邀请，霍克海默开设题为《社会与理性》的系列讲座；《哲学断片》（后来改名为《启蒙辩证法》）在小范围内出版。

1944—1947 年

担任美国犹太人协会顾问；组织关于反犹太主义以及社会偏见的研究计划。

1945 年

霍克海默的父亲于 1 月 20 日在瑞士去世。

1946 年

霍克海默的母亲于 3 月 1 日在瑞士去世。社会研究所脱离哥伦比亚大学。

1947 年

《理性之蚀》出版。

1948 年

4—8 月，旅行欧洲。霍克海默参加在巴黎举办的为期两周的尤奈斯库国际研讨会；成为法兰克福大学客座教授。

1949 年

霍克海默成为法兰克福大学的哲学与社会学教授，阿多诺返回法兰克福，成为霍克海默的副手。

1949—1950 年

主编《偏见的研究》。

1950 年

社会研究所重新开张，霍克海默继续担任所长，阿多诺担任副所长。社会研究所集体从事对联邦德国国民政治意识的研究。

1951 年

霍克海默成为法兰克福犹太人协会的成员。社会研究所新址启用。霍克海默发表题为《论理性概念》的就职演说。

1951—1953 年

担任法兰克福大学校长。

1952 年

在一次学生集会上，霍克海默呼吁根据卢梭的民主模式继续把学生民主活动推向深入。

1953 年

霍克海默在汉堡举办《科学与自由》国际学术研讨会。荣获法兰克福市的歌德奖（Goethe – Plakette）。

1954 年

在慕尼黑的学生代表大会上，霍克海默发表题为《论责任问题》的演说，后来在一次内部讨论会上又发表题为《大学生对国家和民族的责任》的讲话。

1954—1959 年

担任芝加哥大学客座教授。

1955 年

社会研究所的系列文集《社会学：霍克海默六十寿辰纪念文集》（Sociologia）出版。

1956 年

出于对部分教授反犹主义态度的抗议，霍克海默请求提前退休。参与并组织纪念弗洛伊德百年诞辰活动。

1957 年

与波洛克一起移居瑞士的蒙塔诺拉（Montagnola）。

1958 年

阿多诺担任社会研究所所长。

1959 年

在柏林的第 12 届德国社会学大会上，霍克海默强调社会学与哲学之间的关系，并认为社会学思想是法国大革命传统的产物。

1960 年

霍克海默成为法兰克福市的荣誉市民。

1961 年

霍克海默正式退休。

1962 年

与阿多诺合编《社会学Ⅱ》（Sociologia Ⅱ: Reden und Vortraege）。

1967 年

霍克海默参加在法兰克福举办的"德国和美国友好周"活动，其间，反对越南战争的学生高呼"霍克海默滚出去"的口号。

1968 年

《批判理论》出版。

1969 年

阿多诺去世。霍克海默夫人去世。

1970 年

波洛克去世。

1971 年

荣获汉堡市的莱辛奖（Lessing – Preis）。

1973 年

7 月 7 日，霍克海默在纽伦堡去世，和他的妻子以及父母一起埋葬在伯尔尼的犹太人公墓。

后　记

　　本书是在我博士论文的基础上修改完成的。时光飞逝，离博士毕业已经4年。三年的博士生涯，在我人生的轨迹中镌刻成为最刻骨铭心的一笔精神财富。我把博士三年称为"一次艰难的学术历险"。接到《博士录取通知书》的那份喜悦的心情早已在博士一年级被繁重的课业替代了，之后的课程作业、文献阅读、开题报告以及论文构思接踵而至，我的生活好像一下子被莫名的紧张笼罩住了。选择霍克海默作为文本研究对象，使我进入了一个全新的领域，三年以来的学术历练更像是一个"解谜"的过程，从文献收集、阅读、整理到确定研究方向，再到论文的撰写，经历的过程犹如奥德修斯和塞壬的抗争，我失去了闲暇的自由，获得了精神的丰满！霍克海默的文本零碎、艰涩，涉猎领域广，涉及人物众多，研读他的文本让我感觉做学问不仅仅是一次思想生产劳动，而更是一场体力的拉锯战，既要保证思想的坚韧毅力，更要耐得住身体上的疲惫辛苦。然而，当我找到了问题的思路，思想上超越时空和那些思想家发生感应时，抑或在完成某一阶段的课题时，那种由于兴奋带来的幸福感好像一下冲走了一切压力和疲惫。学术论文的创作过程，就是一个思想实验的过程，尽管这种思想实验并不像科学家在实验室的体验，但它仍然能给我注入由于能捕捉到某种"灵感"的快乐。三年的学术历练，仅仅是这场思想实验的开始和初次尝试，未来的航线还很远！

　　首先要真诚的感谢我的论文指导老师王宏维教授。王老师是一位治学严谨的学者，早在我攻读博士之前已早有耳闻。王老师对我的学业要求宽严并济，从文献的选取和阅读、到论文的选题、思路、谋篇布局，再到论文的撰写修改，都离不开王老师的精心指导。王老师严谨的治学态度将继续激励我前行！

华南师范大学政治与行政学院向来治学严谨、学风端正，各位老师都具有良好的学术背景和人文情怀！在此，特别感谢陈金龙教授、刘卓红教授、尹树广教授、刘同舫教授对我学业的指导和对论文的宝贵建议，没有他们的帮助这篇拙作不可能得以顺利开展和完成。

感谢中山大学的旷三平教授、马天俊教授和徐长福教授在答辩期间给予的批评、建议和鼓励！

感谢我的博士后合作导师中央财经大学胡树祥教授长期以来对我学术上的指导和生活上的帮助，胡老师深厚的学术功底、严谨的治学态度、丰富的人生阅历对我而言是一批宝贵的人生财富。

感谢中国社会科学出版社的朱华彬等编辑对本书的编排以及提出的宝贵修改建议。

感谢我的父母、岳母、爱人、亲朋好友这些年来给予我在生活、学习、工作上的支持和帮助，感谢他们对我有时任性的大度和宽容，他们的陪伴在我的内心深处留下的将不仅仅是暂时的温暖，而将是一片永远的心灵的港湾！感谢我亲爱的同窗们，他们年轻的朝气、坚韧不拔的骨气、开拓创新的勇气已使我潜移默化受到了熏陶！最后，感谢那个一直能够坚守梦想并持之以恒的自己！路漫漫其修远兮，吾将上下而求索！

李晓培

2019 年 12 月 9 日于广州